高等职业教育"十二五"规划教材
重庆市高等学校会计专业核心课程教学团队建设成果

会计职业技能

主　编　陈文彬　黄　骥
副主编　夏　莉　牟艳梅
主　审　陈兴述

北京理工大学出版社
BEIJING INSTITUTE OF TECHNOLOGY PRESS

内 容 简 介

本书主要讲述会计工作所需要的技能，突出实用性和技能性，包括会计文字读写（常用汉字的书写、阿拉伯数字读写）、会计计算（珠算、珠算式脑算、传票算与账表算技能）、钞票点验、票据运用、结算方式运用、会计小键盘录入、常用办公设备操作、会计档案整理。

本书内容丰富，主要适合高职高专会计、财务、审计等相关专业的初学者，是经济管理类专业入门的专业课程教材，也可作为有关人员的岗位培训用书，还可以供成人教育和自学者使用。

版权专有　侵权必究

图书在版编目（CIP）数据

会计职业技能/陈文彬，黄骥主编 . —北京：北京理工大学出版社，2012.8（2018.2 重印）
ISBN 978 - 7 - 5640 - 6370 - 2

Ⅰ. ①会…　Ⅱ. ①陈…　②黄…　Ⅲ. ①会计学—基本知识　Ⅳ. ①F230

中国版本图书馆 CIP 数据核字（2012）第 170736 号

出版发行 /北京理工大学出版社
社　　址 /北京市海淀区中关村南大街 5 号
邮　　编 /100081
电　　话 /(010)68914775(办公室)　68944990(批销中心)　68911084(读者服务部)
网　　址 /http://www.bitpress.com.cn
经　　销 /全国各地新华书店
印　　刷 /三河市天利华印刷装订有限公司
开　　本 /787 毫米×1092 毫米　1/16
印　　张 /18.75
字　　数 /432 千字
版　　次 /2012 年 8 月第 1 版　2018 年 2 月第 7 次印刷
定　　价 /45.00 元

责任校对 /周瑞红
责任印制 /王美丽

图书出现印装质量问题，本社负责调换

高等职业教育"十二五"规划教材
重庆市高等学校会计专业核心课程教学团队建设成果
编委会

学术顾问（以汉语拼音为序）：

戴裕崴　天津轻工职业技术学院院长、研究员

赵丽生　山西省财政税务专科学校副校长，教授，太原理工大学、山西财经大学硕士生导师

主任委员：

黄　骥　重庆城市管理职业学院财贸学院教授、注册会计师

副主任委员（以汉语拼音为序）：

陈兴述　重庆财经职业学院院长、教授

程淮中　江苏财经职业技术学院副院长、教授

杨朝玉　重庆对外经贸（集团）有限公司财务部总经理、高级会计师

委　　员（以汉语拼音为序）：

曹　军　天津职业大学经管学院副院长、教授

陈立波　重庆电子工程职业技术学院会计与金融学院院长、教授

高翠莲　山西省财政税务专科学校会计系主任、教授

顾长根　苏州经贸职业技术学院工商系主任、教授

黄建飞　福建信息职业技术学院商贸管理系主任、教授

黄晓平　贵州商业高等专科学校会计系主任、教授

孔德兰　浙江金融职业技术学院会计系主任、教授

梁伟样　丽水职业技术学院副院长、教授

陆涵超　重庆康华税务师事务所所长、注册税务师

聂卫东　重庆财经职业学院金融系主任、教授

潘上永　浙江经贸职业技术学院财会系主任、教授

唐跃兰　重庆铁发渝遂高速公路有限公司副总经理、高级会计师、注册会计师

王庆国　长沙民政职业技术学院校长助理、教授

杨立琦　北京天圆全会计师事务所合伙人、注册会计师

张莲玲　番禺职业技术学院财经系主任、教授

张卫平　江苏财经职业技术学院会计系主任、教授

张　娅　重庆市水务资产经营有限公司财务部经理助理、高级会计师、副教授

周杨梅　金科地产集团股份有限公司财务部副总监、高级会计师

PREFACE 总序

　　我国高等职业教育的改革，在"十一五"期间可以概括为"有力度、有方法、有效果"。国家政策、各级政府配套法规与相应的资金支持有力度，以 2005 年国务院关于大力发展职业教育的决定［国发 35 号文件］为总纲，以 2006 年教育部关于全面提高高等职业教育教学质量的若干意见［教高 16 号文件］、教育部和财政部关于实施国家示范性高等职业院校建设计划，加快高等职业教育改革与发展的意见［教高 14 号文件］为操作依据，以 100 所国家级示范性高职院校建设为抓手，推动了以"工学结合、就业导向"的、以内涵建设为质量本体的，高职教育专业设置、课程改革、师资培养、实习实训场地和设施建设、校企合作等全方位的改革与发展，取得了高职教育改革发展巨大成果。在全国 5 所国家示范性高职会计专业建设成果的推广和影响下，我国的高职会计专业建设也取得了非常可喜的成就。重庆市教育委员会 2010 年［渝教高 2010 年 13 号文件］下达的高等学校市级教学团队中的"会计专业核心课程教学团队"，也是在全面提升高职教育质量这个背景下产生的。

　　"会计专业核心课程"是一个具有庞大内涵的话题，运行这样的课程团队建设，至少需要逻辑上界定以下四个层级关系：高职教育与高职专业教育、课程与核心课程、会计专业课程与会计专业核心课程、行政管理与团队建设；同时也需要从本质上回答课程与专业教育目标的内在联系，尤其是高职会计专业教育内容与达成培养目标实现途径的内在联系。带着这些问题，重庆市高职会计专业核心课程教学团队成员进行了艰苦、认真和积极的研究。我们认同以下的说法：课程是有范围、序列和进程的、包括教学方法和技术的设计等在内的"有计划"的教学活动的组合，也是有目的地达到预期的学习结果或目标的教学活动；在某个体系中处于中心的位置就是核心，核心课程是形成某种职业能力的关键课程。会计专业课程就是构成会计职业能力的全部专业课程，会计专业核心课程就是构成会计职业能力的关键课程。在既定的培养目标下，高职会计专业需要开设哪些课程，需要选择哪些课程来构建其核心课程，这些课程应该选择哪些内容，这些内容之间又怎么有机地联系起来，如此等等，都是我们团队在课程建设中需要不断思考和不断完善来逐渐形成的。

　　专业核心课程培养专业核心能力，会计专业核心能力是什么？有哪些表现形式？通过 3 年教育怎么达成学生的会计专业核心能力？这些核心能力又怎样得到社会认可（认证）？这也是教育工作者需要认真严肃思考和认真对待的。

　　会计专业的核心能力是：会计人员能依据财会法规，设置会计账簿，填制会计凭证，对会计业务进行确认、计量、记录和报告，依法计算和缴纳税费，实行会计监督，协调财务关系。

会计专业核心能力主要通过在会计工作表现出来的，主要内容有职业品行规范，专业知识扎实，业务技术娴熟，熟悉财会法规，知晓主要税收法规，团结协作，善于沟通。

在明确其培养目标、培养的人才规格的定位后，确定高职会计专业核心课程的内容。团队主持人黄骥教授从事会计职业教育33年，近年先后到中国香港、德国学习其的职业教育，长期参与国内培训、进修、研讨会议等，特别是全过程跟踪学习国家示范性高职会计专业建设的优秀做法，将高职会计教育与中职会计教育、本科会计教育的状况进行对比，提出核心课程框架，经团队成员反复研讨，确定高职会计专业核心课程有以下9门：

企业会计基础

会计职业技能

企业初级会计核算与报告

企业会计信息化

企业成本核算

企业税费计算及纳税申报

企业财务管理

企业中级会计核算与报告

企业会计核算与报告综合实训

要让学生达成会计专业职业核心能力，我们探索和创新地设计了会计专业教育的"1333人才培养模式"，基本含义是：一条职业素质教育主线，三大能力目标，职业社会能力，职业方法能力，专业岗位能力；三种证书融通，毕业证、课程等级证书、职业资格证书与培养计划衔接；三种有效培养途径，在校由专任教师培养，顶岗实习由企业专家培养，终身由学生自主互助修养。还设计了与这个人才培养模式相适应的"课程教学模式"和"实践教学体系"。

学生达成了会计职业应有能力又怎样获得社会认可（认证）呢？在课程教学与社会认可（认证）之间又怎样不走或者少走重复教学的弯路呢？这也是当前高职会计专业教育不可逾越的问题。高职会计专业学生毕业时，连一个会计从业资格证都没有，能迅速就业吗？因此在高职会计专业课程设计中，我们还无法回避受教育者需获得"会计从业资格证书"这个现实问题。

综合上述问题的研究，我们依凭重庆市高职会计专业核心课程教学团队的建设成果，吸取国内外职业教育先进理念，借鉴国内会计专业教育的优秀做法，召集西南地区11所高职院校的40余名会计专业教师，邀请10余名企业实际工作的高级会计师，共同参与教材的编写工作，经过反复研讨、甄别和取舍，对这套丛书系列教材，采取了"能力本位课程模式"与"项目化课程模式"相结合的"双课程模式结构"。"能力本位课程"模式主要为了使学生能较好地应对必须要参加会计从业资格证书、会计专业技术资格获得的考试的需要，在这9门核心课程中企业会计基础、企业初级会计核算与报告、企业中级会计核算与报告3门课程按这种模式设计，其余6门课程均按"项目化课程"模式设计，主要是为了培养学生专业能力，应对实际工作的直接要求。

在"双课程模式结构"下，这套教材具有以下特点：

1. 定位明确。高职会计专业就是要培养全部学生能获得会计从业资格的社会认证为标准，培养部分学生能考取助理会计师资格为目标，为学生终身学习和发展职业能力打下良好基础。基于这个培养目标的定位下，高职3年教育的职业核心能力、专业能力、职业道德、职业发展能力等问题就迎刃而解。

2. 学生实用。财政部《会计行业中长期人才发展规划（2010－2020年)》指出：当前和今后一个时期，我国会计人才发展的指导方针是：服务发展，以用为本；健全制度，创新机制；高端引领，整体开发。通过对这9门核心课程的学习，要求全部学生都能较好考取会计从业资格证书，部分学生能考取助理会计师的会计专业技术资格证书。同时这9本教材的逻辑起点和终点，既遵循教育的渐进规律，更尊重会计职业能力养成的递进规律，在内容选取、排序、表现形式等都有独到之处。比如企业会计基础一书，我们从认识会计的凭证、账簿和报表开始，给出了典型的会计凭证、账簿和报表的实物图形，学生能直观感受许多陌生的会计学概念；进而依次认识会计平衡公式、借贷记账法，逐渐推进到会计业务核算，会计凭证填制和会计账簿填写，最后再认识会计的发展。

3. 教师好用。本套系列丛书，是"4合1"的立体教学材料的有机融合。在主体教材中，还安排了一定的"教学案例、教学互动"等较为活泼的教学内容，安排了必要的发展性学习的"知识窗、拓展阅读"等内容，安排了配合能力形成的"能力训练"项目。除主体教材外，还配套编写了适应教师教学使用的"授课计划、教案、课件、能力训练参考答案"4种教学资源。

4. 结构创新。"能力本位课程模式"的结构，并没有按照传统的学科体系来编撰，而是打破了学科体系，按会计职业能力养成的递进规律重新排序编撰。"项目化课程模式"的结构，是按完成一项较为完整的会计工作任务，需要哪些职业能力和相应的职业知识，要具备的职业态度等要求来编排的，非常适合学生在学中做，在做中学，边学边做，逐步达成教育目标要求的职业能力。

5. 内容创新。内容或者表现内容的形式都有较多的创新。比如：企业会计基础，首次将"把握会计职业风险"的内容纳入教学，其内容编排的秩序充分体现了渐进性教育规律；会计职业技能，八个项目内容都依据现实的会计岗位能力需要编写，丰富的图片尽显操作要领；企业初级会计核算与报告与企业会计信息化，融理论知识、技能训练、职业资格认证于一体，既注重学生专业技能培训，又注重学生可持续发展；企业成本核算，引入"加强团队协作，共同降低成本"的理念；企业税费计算及纳税申报，以工作情景为导向的案例引入，难点浅显化，学习趣味化；企业财务管理，将"个人理财知识点融入企业财务管理"行为中；企业中级会计核算与报告，增加了外币折算的内容；企业会计核算与报告综合实训，充分体现实训教程的综合性、实作性、超前性，打破传统综合实训瓶颈，实现手工账与电算化的完美结合。

6. 模式创新。院校与出版社、作者与编辑之间进行了良好的互动和合作，可以概括为：编辑全程参与教学研讨、课程体系构建，作者全程参与教材编印制作的工作。

在这套教材出版之际，我们团队的全体成员，对长期关心团队建设的教育部经济类教指委和经济类教指委财会专业委员会的领导们、全国高职院校的会计教育专家们，以及来自企业行业的会计实践工作的专家们，对参考或借鉴的文献作者们，在此一并谢谢你们热情的帮助和无私的奉献。

这套教材能够顺利出版，得到了北京理工大学出版社有关领导给予的足够关注和实在的支持，有关编辑人员积极参与教材的研发，在编辑过程中付出了艰辛的劳动，在此请接受我们深深的谢意。

对关心重庆市高等学校会计专业核心课程教学团队建设的重庆市教委领导和专家们、重庆城市管理职业学院的领导们，也致以真诚的谢意。

高等职业教育"十二五"规划教材
重庆市高等学校会计专业核心课程教学团队建设成果
编委会
2012 年 6 月

FOREWORD 前言

为贯彻落实《国家中长期教育改革和发展规划纲要》、《教育部关于全面提高高等职业教育教学质量的若干意见》[教高〔2006〕16号文件] 以及财政部《会计行业中长期发展人才规划（2010—2020年)》等文件精神，我们依据财政部于2009年10月重新修订的会计从业资格考试大纲，以及我国的票据法、中国人民银行支付结算办法、反假货币工作指导等编写了此书。编者汲取我国会计工作实践和会计教学实践的经验，积淀编者几十年的会计职业教学经验和十几年的会计实务经验，汇集了中国西部多所高职院校具有丰富经验的会计专业教师，听取了来自会计行业、企业多名专家的意见，共同编写了这本《会计职业技能》，力图让学生经过学习，具备胜任会计工作的专业技能，为将来从事会计实际工作奠定坚实基础。

全书以会计职业工作中需要掌握的主要技能为主线，采用"项目制"结构体系，包括会计文字读写、会计计算、钞票点验、票据运用、结算方式运用、会计小键盘录入、常用办公设备操作、会计档案整理共八个项目的内容，每一项目按具体任务分别编写。

本书具有以下几个特点。

一、强调适用性

本书在内容的安排上和与实际工作的结合上有所创新，特别是在内容的安排上注重了科学技术的发展对会计人员知识技能的需求，如为了适应企业网络报税方式的需要，我们安排了税控系统操作技能等内容；结合办公自动化的普及和会计电算化的广泛应用，特增设了常用办公设备操作项目。在结构上也体现了新颖性和适用性的原则，将会计工作的基本技能安排成八个项目，可以循序渐进地或有选择地进行模块教学，具有较强的适用性。

二、强化技能性

本书以培养"高素质技能型"人才为宗旨，以"理论够用，强化实践技能"为指导思想，以会计工作过程为导向，以会计工作任务为驱动，在书中贯彻"教、学、做"一体化，以实现会计工作技能学习与运用的无缝对接。

三、追求易学性

本书主要适用对象为高职高专会计类专业的学生，同时有些项目也适用于统计、企业管理、市场营销等专业的学生。编者在编写时充分考虑到这些学生的学习能力以及他们自学成材的需求等情况，突出了本书的易读、易理解、易操作性；其结构清晰、层次分明、语言流畅、图文并茂；深入浅出、浅显易懂、可读性较强，便于学生课下预习和自学，并能培养、锻炼和提高学生的自学能力、理解能力和实际动手操作能力。

四、注重衔接性

本书是会计类专业必备的一门专业基础课教材，注重专业技能的培养和训练，有些项目的内容与"企业会计基础""计算机基础"等相关课程的内容侧重点不同，可以通过项目的选择来避免相关课程内容的重复与脱节。

五、体现灵活性

在教学过程中，教师可利用各种教学工具、相关设备、多媒体投影、录像等方式进行直观教学，有些项目的教学内容也可以现场教学，如计算机开票及网络报税技能、常用办公设备的操作技能等，并通过组织学生现场模拟或实际操作来实现教学目标，完成教学任务，定会收到良好的教学效果。

本书作为2010年重庆市高等学校会计专业核心课程教学团队建设的成果之一，可供财务会计专业或相关的经济类、管理类专业学生使用，也可作为岗位培训和相关人员的自学用书。

本书由重庆工程职业技术学院陈文彬高级会计师与重庆城市管理职业学院黄骥教授共同担任主编，重庆城市管理职业学院夏莉会计师、重庆商务职业学院牟艳梅高级讲师担任副主编。项目一、项目五由黄骥编写，项目二由陈文彬编写，项目三由夏莉编写，项目四由黄骥、夏莉共同编写，项目六由牟艳梅、夏莉共同编写，项目七由牟艳梅编写，项目八由牟艳梅、陈文彬共同编写。本书由重庆财经职业学院院长陈兴述教授主审。

本书在编写过程中，融合了重庆市高等学校会计专业核心课程教学团队建设的成果，广泛听取了来自会计行业专家的意见，在此对他们的辛勤劳动表示衷心的感谢！

本书参考、借鉴了相关文献资料，在此对作者表示诚挚的谢意。

北京理工大学出版社有关领导、编辑等人员，积极参与本书的研发并给予积极的关心和支持，在此表示深深的谢意。

由于我们水平有限，书中的疏漏和错误在所难免，敬请读者批评指正！

编　者

CONTENTS 目录

项目一
会计文字读写

项目介绍

会计文字读写是会计专业学习者跨入会计行列需要训练的必备技能，在本项目中读者将学到读写会计名词术语、会计科目名称以及财会专业用字词等，学习财会中金额用字、金额阅读方法，获得书写规范、正确、工整、美观的财会金额、文字等重要技能。

学习目标

了解会计文字读写的知识，掌握书写工整美观的会计数字的方法；运用娴熟的书写技能，处理日常会计工作任务，能辨认错误的金额书写，养成严谨、细致书写的职业习惯。

教学导航

教学指引：教师要带头书写规范、正确、工整和美观的财会文字，通过读写本教材遴选的财会字词，帮助学习者获得会计工作的基础能力。

学习引导：克服在计算机与打印机普及时代手工书写用处不大的偏颇思想，树立书写规范、正确、工整和美观的财会文字是会计人员的基本素质的正确理念，纠正过去书写中错误的习惯，勤奋练习财会文字的书写。

教学准备

学生自己准备《新华字典》、《现代汉语词典》各一本，符合会计档案要求的书写用笔和墨水。

教学单位给每一学生印制两本（48页/本）《财会文字读写练习册》(可以参考本项目后的训练，适当增加内容编制)，要求学生每周读写5页会计文字。

任务一 字词读写
Mission one

任务描述

正确阅读与书写常用的财会名词术语、会计科目、金额等用字，辨认、阅读不常见的财会字词。

任务分析

借助《财会文字读写练习册》的描写字格，从临摹开始，耐心训习，长期不间断书写；教师需对学生书写的财会文字进行点评，勤于督促和鼓励。

任务实施

一、会计名词术语

账户，账户编号，记账方法，记账规则，单式记账法，复式记账法，三式记账法，借贷记账法，增减记账法，收付记账法。账户对应关系，对应账户，账项调整，记账，过账，算账，对账，结账；会计账簿，订本式账簿，活页式账簿，分类账簿，总分类账簿，明细分类账簿，卡片式账簿，备查账簿，序时账簿，银行存款日记账，现金日记账，联合账簿。总分类账户，明细分类账户，从属账户，成本计算账户，表外账户，调整账户，备抵账户，备抵附加账户，债权结算账户，债务结算账户，暂记账户，资金来源账户，资产负债账户，资金运用账户，结算账户，集合分配账户，计价对比账户，跨期摊提账户，盘存账户，附加账户，实账户，虚账户。多栏式日记账核算形式，通用日记账核算形式，汇总记账凭证核算形式，日记总账，日记总账核算形式。结账分录，坏账。

会计凭证，一次凭证，累计凭证，原始凭证，汇总原始凭证，专用记账凭证，复式记账凭证，单式记账凭证，转账凭证，自制原始凭证，外来原始凭证，收款凭证，付款凭证，通用记账凭证，记账凭证，记账凭证核算形式，记账凭证汇总表核算形式。

报表，会计报表，资产负债表，损益表，现金流量表，股东权益变动表，会计科目表，试算平衡表，资产表账户，损益表账户。

簿记，单据，复核，签字，盖章，汇总，钩稽关系，财产清查，定期清查，不定期清查，全面清查，局部清查，定期盘存制，永续盘存制，调整分录，转回分录，补充登记法，平行登记，工作底稿，复合分录，红字更正法，划线更正法，会计科目，会计核算形式，会计分录，简单分录，会计循环，融资，筹资，借款，贷款，承兑，票据，背书，转让，背书人，被背书人，进账，放款，负债，股权，股东，债权人，债务人，商誉，合并，重组，工伤保险费，国际会计惯例，公允价值，减值准备。

二、会计科目名称

1. 资产类

库存现金，银行存款，存放中央银行款项，存放同业，其他货币资金，结算备付金，存出保证金，交易性金融资产，买入返售金融资产，应收票据，应收账款，预付账款，应收股利，应收利息，应收代位追偿款，应收分保账款，应收分保合同准备金，其他应收款，坏账准备，贴现资产，拆出资金，贷款，贷款损失准备，代理兑付证券，代理业务资产，材料采购，在途物资，原材料，材料成本差异，库存商品，发出商品，商品进销差价，委托加工物资，周转材料，消耗性生物资产，贵金属，抵债资产，损余物资，融资租赁资产，存货跌价准备，持有至到期投资，持有至到期投资减值准备，可供出售金融资产，长期股权投资，长期股权投资减值准备，投资性房地产，长期应收款，未实现融资收益，存出资本保证金，固定资产，累计折旧，固定资产减值准备，在建工程，工程物资，固定资产清理，未担保余值，生产性生物资产，生产性生物资产累计折旧，公益性生物资产，油气资产，累计折耗，无形资产，累计摊销，无形资产减值准备，商誉，长期待摊费用，递延所得税资产，独立账户资产，待处理财产损溢。

2. 负债类

短期借款，存入保证金，拆入资金，向中央银行借款，吸收存款，同业存放，贴现负债，交易性金融负债，卖出回购金融资产款，应付票据，应付账款，预收账款，应付职工薪酬，应交税费，应付利息，应付股利，其他应付款，应付保单红利，应付分保账款，代理买卖证券款，代理承销证券款，代理兑付证券款，代理业务负债，递延收益，长期借款，应付债券，未到期责任准备金，保险责任准备金，保户储金，独立账户负债，长期应付款，未确认融资费用，专项应付款，预计负债，递延所得税负债。

3. 共同类

清算资金往来，货币兑换，衍生工具，套期工具，被套期项目。

4. 所有者权益类

实收资本，资本公积，盈余公积，一般风险准备，本年利润，利润分配，库存股。

5. 成本类

生产成本，制造费用，劳务成本，研发支出，工程施工，工程结算，机械作业。

6. 损益类

主营业务收入，利息收入，手续费及佣金收入，保费收入，租赁收入，其他业务收入，汇兑损益，公允价值变动损益，投资收益，摊回保险责任准备金，摊回赔付支出，摊回分保费用，营业外收入，主营业务成本，其他业务成本，营业税金及附加，利息支出，手续费及佣金支出，提取未到期责任准备金，提取保险责任准备金，赔付支出，保单红利支出，退保金，分出保费，分保费用，销售费用，管理费用，财务费用，勘探费用，资产减值损失，营业外支出，所得税费用，以前年度损益调整。

三、金额数字

阿拉伯数字：0，1，2，3，4，5，6，7，8，9，10，100，1 000，10 000。

中文小写数字：零，一，二，三，四，五，六，七，八，九，十，百，仟，万，亿。

中文大写数字：零，壹，贰，叁，肆，伍，陆（音 liù），柒，捌，玖，拾，佰，仟，万，亿，整（正）。

人民币单位字：元（圆），角，分。

四、专业用字词读音

会计　　kuai ji（繁体写法　會計）

账簿　　zhang bu

稽核　　ji he

缴纳　　jiao na

租赁　　zu lin

差错　　cha cuo

档案　　dang an

汇兑　　hui dui

商贾　　shang gu

统驭　　tong yu

恪守　　ke shou

贿赂　　hui lu

牟取　　mou qu

隐匿　　yin ni

掮客　　qian ke

债券　　zhai quan

抚恤金　　fu xu jin

徇私舞弊　　xun si wu bi

公允　　gong yun

确凿　　que zao

任务二　金额读写
Mission two ←

 **任务描述**

　　金额是财会工作中时时处处都要遇到的特殊文字，正确阅读、书写财会数字是会计人员的主要工作任务，也是会计人员应具备的基本素质。

 **任务分析**

　　学生借助《财会文字读写练习册》，及时达到训练要求；教师及时点评与指导。

任务实施

一、金额阅读

财经数字的阅读，需要采用"定位"阅读法。所谓定位阅读法，就是在读出第一个数字后务必读出数位的方法。如 67 508.93 元，应读作"陆万柒仟伍佰零捌元玖角叁分"。

数字中间有零或者连续多个零的，只读出一个零就可以了，如 80 100.36 元，读作"捌万零壹佰元叁角陆分"。

金额数字最低位是 0 的，或者从最低位往高位算起都是 0 的（整数），在读到 0 前面的次高位后的那个货币单位时要后缀一个"整"字或"正"字。如 346.80 元，读作"叁佰肆拾陆元捌角整（正）"；元位以后是 0 或者整数后的所有位数都是 0 的，读作某某元整（正），或者某某万（十万、千、百、十）元整（正）。如 708.00 元，读作"柒佰零捌元整（正）"，如 200 000 元，读作"贰拾万元整（正）"。再如 40 500 元，读作"肆万零伍佰元整（正）"，或者读作"肆万伍佰元整（正）"。

阿拉伯金额数字万位或元位是零的，或者中间连续几个零，万位、元位也是零，但仟位、角位不是零的，读数时可以读出零，也可以不读出零。如 504 230.30 元，可读作"伍拾万零肆仟贰佰叁拾元零叁角整（正）"，或读作"伍拾万肆仟贰佰叁拾元叁角整（正）"。

忌：从高位数字起只读数字，不读出数位，纯粹念数字的读法。

财会数字的书写主要规范有以下三方面：一是字体要求用楷书，正楷和行楷都可以，忌用草书；也可用行书，不宜用魏书。二是字号要求，由于财会数字大多都写在会计凭证、会计账簿、会计报表等固定格式的地方，其字号要与证、账、表列示的固定位置相匹配，以显得整齐、大方、美观。一般来说，字体占固定格子的 1/2 到 2/3 的高度比较适宜。三是金额数字需要针对阿拉伯数字金额与汉字数字金额大写有不同的要求。

二、阿拉伯数字金额

阿拉伯数字书写规范。财会工作中书写的阿拉伯数字比数学中书写的阿拉伯数字❶有其特殊的要求，因而形成了一定的特殊书写样式，被称为"财会标准数码字"，简称"标准数码字"，其样式如下：

阿拉伯数字手写体字样

1234567890

---

❶ 数学中要求的数字书写，一般是印刷体，整齐划一，比较刻板，字形是上下垂直的，而这些就不能满足财会数字书写的要求。

在财会工作中，填写银行结算票据、会计凭证、会计账簿、会计报表等都要求书写标准数码字。书写阿拉伯数字金额的核心要求是：不易涂改，字迹工整，整体美观。具体要求可归纳为以下几点：

（1）笔序。单个字码自上而下，自右向左，金额数字从左往右，从高数位到低数位。

（2）字位。每个数字紧贴底线，上端不可顶格，其高度占 1/2 到 2/3 的位置即可，为更正错误数字留有空间，但是 6、7、9 三个数字例外，6 字可以向上半格伸出 1/4，7、9 两个数字可以越底线向下一格的上半格伸出 1/4。

（3）字体倾斜度。一般要求是数码字体向右倾斜 60°～70°。

（4）特别字体。1 字不能写得太短，也必须倾斜，防止比较容易地将 1 字改作 4、6、7、9；0 字务必要封口，防止改作 6、8、9 等；6 字除上半部分要高一点外，下半部的圆圈要圆，防止改作 8。

（5）笔风。每个数码字的字形必须独立成形，单个数字之间不能连笔书写；除 4、5 两个数字需要 2 笔写成外，其余数字只能一笔写成。

（6）字体。单个字工整，但是不呆板；匀称，高低有致；单个字体规范，整篇则美观，如一幅精美的书法作品。

（7）阿拉伯金额数字前面应当书写货币币种符号或者货币名称简写和币种符号。币种符号与阿拉伯金额数字之间不得留有空白。凡阿拉伯数字前写有币种符号的，数字后面不再写货币单位。

（8）所有以元为单位（其他货币种类为货币基本单位，下同）的阿拉伯数字，除表示单价等情况外，一律填写到角分；无角分的，角位和分位可写"00"，或者符号"——"；有角无分的，分位应当写"0"，不得用符号"——"代替。

三、大写金额

（1）汉字大写数字金额如零、壹、贰、叁、肆、伍、陆、柒、捌、玖、拾、佰、仟、万、亿等，一律用正楷或者行书体书写，不得用 0、一、二、三、四、五、六、七、八、九、十等简化字代替，不得任意自造简化字。大写金额数字到元或者角为止的，在"元"或者"角"字之后应当写"整"字或者"正"字；大写金额数字有分的，分字后面不写"整"或者"正"字。

（2）大写金额数字前未印有货币名称的，应当加填货币名称，货币名称与大写金额数字之间不得留有空白。

（3）阿拉伯金额数字中间有"0"时，汉字大写金额要写"零"字；阿拉伯金额数字中间连续有几个"0"时，汉字大写金额中可以只写一个"零"字；阿拉伯金额数字元位是"0"，或者数字中间连续有几个"0"、元位也是"0"但角位不是"0"时，汉字大写金额可以只写一个"零"字，也可以不写"零"字。

（4）填写范例 3 张。

① 普通机打发票填写范例：

重庆市国家税务局普通机打发票（监制印章　略）

重庆市电力公司　　　　　　　　发票联　　　　　　　发票代码　1500001151234

开票日期:2012－01－12　20:11:49　　　　　　　　发票号码　16737518

户号　151769××20　　户名 尚××	抄表段号　591011××86

地址　渝北区龙溪街道办事处××路××号××栋19楼××室

应收电费　462.81

实收金额（小写）　463.00　（大写)人民币肆佰陆拾叁圆整　实收违约金（小写）0.00（大写)人民币零圆整

上次余额 0.59　　　本次余额 0.78

计费月份 201110

应收电费明细:

用电类别		止数	起数	倍率	加减电量	合计电量	电价	金额
城镇居民生活用电（总）		2834	1944	1	0	890	0.4632	412.25

项　目	电量	电价	金额	项目	电量	电价	金额
农网还贷	890	0.0200	17.80	公用事业附加	890	0.0200	17.80
库区移民基金	890	0.0083	7.39	可再生能源附加	890	0.0010	0.89
库区移民	890	0.0005	0.45	国家重大水利	890	0.0070	6.23

备注

单位　利安社区电超市　　　　收费日期　2012－01－12　20:11:49（收费单位公章　略）

此外,在金融票据中,对票据涉及的日期、金额等项目的书写还有特殊的要求。

② 差旅费报销单填写范例:

××股份有限公司

差 旅 费 报 销 单

报账日期:2012 年 8 月 28 日

姓名	张大充	职务	业务员	出差事由		运送××产品到购物方			

××年		途　程	旅　费　金　额						合计
月	日		飞机费	火车及轮船费	短途车费	伙食费	住宿费	其他	
8	8	本公司——武汉造船厂				50.00			50.00
8	20	本公司——武汉造船厂				50.00			50.00
		合　　　计				￥100.00			￥100.00
备注		（金额大写）壹佰元整							

批准人: 李四平　财务总监: 王红梅　分管领导: 年 稀　单位主管: 牛士怀　经办人: 张大充

③ 记账凭证填写范例:

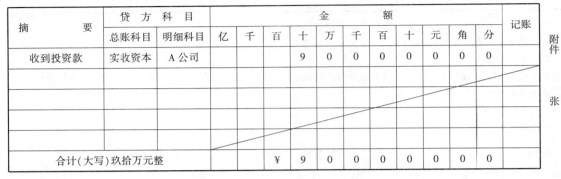

收 款 凭 证

借方科目：银行存款 　　　2012 年 10 月 18 日 　　　银收字第　001 号

摘　　　　　要	贷 方 科 目		金　　　　　额										记账
	总账科目	明细科目	亿	千	百	十	万	千	百	十	元	角	分	
收到投资款	实收资本	A公司				9	0	0	0	0	0	0	0	
合计(大写)玖拾万元整			¥	9	0	0	0	0	0	0	0		

会计主管　　　　记账　　　　出纳　　　审核　尚正光　　　制单　陈 立

附件　　张

四、票据和结算凭证日期书写规范

票据和结算凭证是银行、单位和个人凭以记载账务的会计凭证，是记载经济业务和明确经济责任的一种书面证明。因此，填写票据和结算凭证，必须做到标准化、规范化，并且要素齐全、数字正确、字迹清晰、不错漏、不潦草，防止涂改。

（1）中文大写金额数字应用正楷或行书填写，如壹、贰、叁、肆、伍、陆、柒、捌、玖、拾、佰、仟、万、亿、元、角、分、零、整（正）等字样。不得用一、二（两）、三、四、五、六、七、八、九、十、念、毛、另（或0）填写，不得自造简化字。如果金额数字书写中使用繁体字，如贰、陆、亿、萬、圆的，也应受理。

（2）中文大写金额数字到"元"为止的，在"元"之后，应写"整"（或"正"）字，在"角"之后可以不写"整"（或"正"）字。大写金额数字有"分"的，"分"后面不写"整"（或"正"）字。

（3）中文大写金额数字前应标明"人民币"字样，大写金额数字应紧接"人民币"字样填写，不得留有空白。大写金额数字前未印"人民币"字样的，应加填"人民币"三字。在票据和结算凭证大写金额栏内不得预印固定的"仟、佰、拾、万、仟、佰、拾、元、角、分"字样。

（4）阿拉伯小写金额数字中有"0"时，中文大写应按照汉语语言规律、金额数字构成和防止涂改的要求书写，举例如下：

① 阿拉伯数字中间有"0"时，中文大写金额要写"零"字。如￥1 409.50，应写成"人民币壹仟肆佰零玖元伍角"。

② 阿拉伯数字中间连续有几个"0"时，中文大写金额中间可以只写一个"零"字。如￥6 007.14，应写成"人民币陆仟零柒元壹角肆分"。

③ 阿拉伯金额数字万位或元位是"0"，或者数字中间连续有几个"0"，万位、元位也是"0"，但仟位、角位不是"0"时，中文大写金额中可以只写一个"零"字，也可以不写"零"字。如￥1 680.32，应写成"人民币壹仟陆佰捌拾元零叁角贰分"，或者写成"人民币壹仟陆佰捌拾元叁角贰分"；又如￥107 000.53，应写成"人民币壹拾万柒仟元零伍角

叁分", 或者写成"人民币壹拾万零柒仟元伍角叁分"。

④ 阿拉伯金额数字角位是"0", 而分位不是"0"时, 中文大写金额"元"后面应写"零"字, 如¥16 409.02, 应写成"人民币壹万陆仟肆佰零玖元零贰分"; 又如¥325.04, 应写成"人民币叁佰贰拾伍元零肆分"。

（5）阿拉伯小写金额数字前面, 均应填写人民币符号"¥"（或草写：¥）。阿拉伯小写金额数字要认真填写, 不得连写以致分辨不清。

（6）票据的出票日期必须使用中文大写。为防止变造票据的出票日期, 在填写月、日时, 月为壹、贰和壹拾的, 日为壹至玖和壹拾、贰拾和叁拾的, 应在其前加"零"; 日为拾壹至拾玖的, 应在其前加"壹", 如1月15日, 应写成"零壹月壹拾伍日"。再如10月20日, 应写成"零壹拾月零贰拾日"。

（7）票据出票日期使用小写填写的, 银行不予受理。大写日期未按要求规范填写的, 银行可予受理, 但由此造成损失的, 由出票人自行承担。

转账支票填写范例, 参见本书项目四中"支票填写"的相关内容, 此处省略。

 ## 拓展阅读

A篇：成都工商代理公司，记账对文字、数码字书写的要求

文字书写的字体, 一般以楷书为主, 可适当地运用行书, 但必须接近楷书, 不得过分潦草。

文字书写时要严谨、认真, 不得有错别字, 不得乱用简化字。数字应用阿拉伯字书写。

数字的书写必须写得符合规范。会计凭证、账簿、表格的金额栏, 一般都印有金额线, 数字必须填写在金额线内, 高度约占格子的三分之二或二分之一, 使行与行之间有匀称的间隔, 这不仅使所作的记录整齐、美观, 而且还为更改错账留有余地。

数字要大小匀称, 必须一个一个地写, 不可连笔写, 字体一般自左向右略为倾斜, 但倾斜度要前后一致, 通常在60°～70°。

B篇：关于阿拉伯数字

在数学史上, 阿拉伯数字被称作"印度—阿拉伯数字"。它是古代印度人发明的, 后来由印度传到阿拉伯, 12世纪初又由阿拉伯传到欧洲, 欧洲人称它为"阿拉伯数字"。印度数码早在公元8世纪初叶就传到了中国, 但没有流行开来。也有史料说13世纪, "印度—阿拉伯数字"才传到中国。由于我国古代有一种数字叫"筹码", 写起来比较方便, 所以阿拉伯数字当时在我国没有得到及时的推广运用。直到20世纪初, 随着近代数学在中国的兴起, 阿拉伯数字才被广泛地使用。阿拉伯数字是世界上最完善的数字。它的优点是：笔画简单、结构科学、形象清晰、组数简短, 所以被世界各国普遍应用, 成为一套国际通行的数字体系。在我国, 一段时期以来, 特别是出版物实行横排之后, 阿拉伯数字的使用范围扩大了, 不仅用于数学及其他自然科学出版物, 一般出版物凡是在涉及数字（如表示时间、长度、质量、面积、容积等量值）时, 也开始使用阿拉伯数字, 但由于缺乏统一的体例, 各种出版物上数字用法十分混乱。为改变这种混乱状况, 1987年1月1日, 国家语言文字工作委员会、国家出版局、国家标准局、国家计量局、国务院办公厅秘书局、中宣部新闻局、中宣部出版局联合发布了《关于出版物上数字用法的试行规定》。这个规定试行了8年, 后经修订于1995年12月13日由国家技术监督局正式作为国家标准颁布, 从1996年6月1日起实施。

关键词（中英文对照）

会计文字书写	Accounting text writing	阿拉伯数字	Arabic numeral
会计名词术语	Accounting terminology	标准数字	Standard digital
金额大写	Amount in words	职业技能	Vocational skills

项目训练

实训一 根据附表一的样式，练习常用会计文字书写。

实训二 根据附表二的样式，练习阿拉伯数字读写。

实训三 中文大写金额辨误勘正。

中文大写金额辨误勘正

小写金额	大写金额		
	错误书写	错误原因	正确书写
￥800.00	人民币捌佰元		
￥4 270.40	人民币肆仟贰佰柒拾元肆角零分		
￥130 005.00	人民币拾叁万另伍元整		
￥9 860.30	人民币　九仟捌佰陆拾元零三角		

附表一：常用会计文字书写练习

附表二：阿拉伯数字书写练习

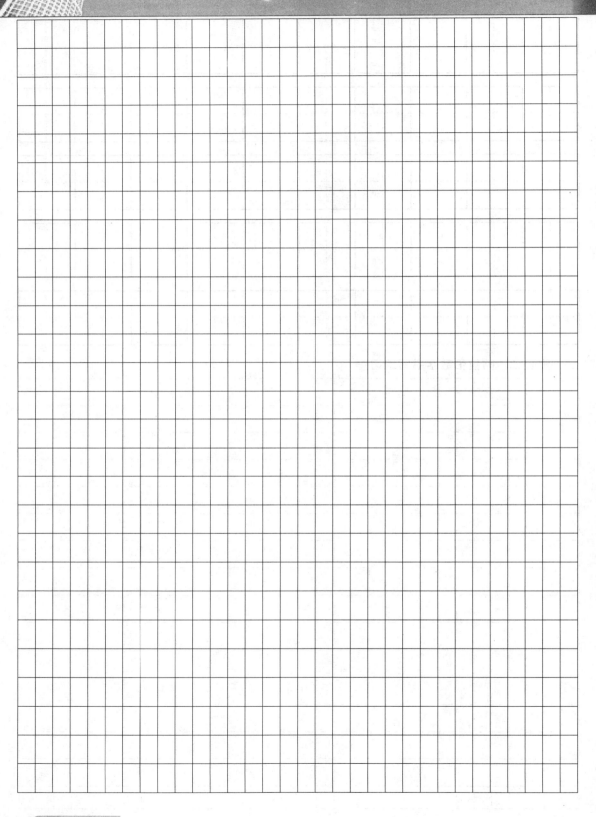

 项目评价

项目实训一　字迹工整，整体美观。
项目实训二　字迹工整，整体美观。
项目实训三　中文大写金额辨误勘正评价标准。

中文大写金额辨误勘正

小写金额	大写金额		
	错误书写	错误原因	正确书写
￥800.00	人民币捌佰元	漏写了"整"字	人民币捌佰元整
￥4 270.40	人民币肆仟贰佰柒拾元肆角零分	"肆角零分"应为"肆角整"	人民币肆仟贰佰柒拾元肆角整;或人民币肆仟贰佰柒拾元零肆角整
￥130 005.00	人民币拾叁万另伍元整	"拾叁万"应写"壹拾叁万","另"字错误	人民币壹拾叁万零伍元整
￥9 860.30	人民币　九仟捌佰陆拾元零三角	人民币与大写金额数字之间留有空格,"玖"写成"九","叁"写成了"三",分位是零的应加"整"	人民币玖仟捌佰陆拾元零叁角整

项目二
会计计算

项目介绍

　　会计工作离不开计算，会计计算是会计人员必备的技能之一。本项目从珠算技能入手，介绍珠算的加、减、乘、除基本算法及技巧，在掌握珠算技能的基础上训练脑算技能、传票算与账表算技能。

学习目标

　　掌握珠算加法及珠算减法的各种算法技巧，熟悉珠算乘法和珠算除法的算法，重点掌握在脱离算盘情形下的脑算技能、传票算与账表算技能。

教学导航

　　教学指引：为了节省篇幅，本项目省去了对珠算基本知识的描述，但教师需要掌握这部分知识。故教师需要先对珠算的发展、算盘的结构、基本的拨珠指法进行了解。同时，教师应在熟悉所有算法技巧的基础上，选择对学生最适用的算法进行详细、重点讲解。

　　学习引导：珠算技能部分是基础，脑算、传票算与账表算是脱离算盘实物的珠算。故要求学生从珠算技能入手，通过对珠算加、减、乘、除的熟悉进而掌握脑算、传票算与账表算技能。

教学准备

　　学生自己准备算盘、书写用纸、笔和墨水。

　　教学单位准备教学用算盘，提供课堂练习和课后练习使用的训练习题。

任务 珠算加减法的运算技能
Mission one

 任务描述

掌握珠算加减法的各种算法技巧。

 任务分析

珠算技能是脑算技能、传票算与账表算技能的基础，而珠算加减法又是珠算的基础。同时，加减法在会计实务中运用最为广泛，故学生首先必须掌握以算盘为工具的珠算加减技能。

 任务实施

珠算是以算盘为工具，以数学理论为基础，以珠计数，并采用拨珠方式进行数值计算的一门计算技术。它是我国古代劳动人民重要的发明创造之一，是一门古老而年轻的科学技术。据有关资料记载，珠算至今已有 1 800 多年的历史，我国现有的有梁多档现代算盘，约在唐、宋时期即已形成。说年轻，是因为在现代，珠算在国内外得到广泛的运用，内涵十分丰富，其功能还有待于进一步开发和应用，其逻辑系统性还有待于进一步概括整理，使之趋于完备。珠算有着无限广阔的发展前景，这主要是由于其不仅计算方法简便易学，尤其做加减运算方面优于其他计算技术，而且有良好的教育和启智功能，其作用是巨大的。因此，古老的珠算科技不仅不会被淘汰，而且还会随着社会的发展焕发青春，更好地服务于社会主义市场经济。

珠算加减法和笔算加减法不同，珠算比笔算快捷而方便。根据珠算的特点，在进行加减运算前，必须先确定个位档的位置，以做到数位的一一对应。确定个位档时，最好在个位档的右边留出两档作为小数的位置。通常选择算盘梁上右边第一个计位点的左一档作为个位档，如图2－1所示。

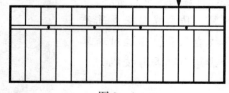

图 2－1

算盘梁上的计位点，应标在两档之间（如图2－1所示），这样，可以与数字的分节号、小数点一一对应，而且一目了然，运算时便于判断首位数字，不易错位。

珠算加减法最基本的操作是一位数的加减法，只要掌握了一位数的加减法，学习多位数的加减法就会比较容易。其基本规则是：高位算起，同位相加减。

一、基本加法

其具体的运算步骤和方法如下：

第一步，首先确定个位档，然后将被加数按对应个位自左向右拨入盘中；

第二步，高位算起，将加数对准个位逐位按"同位相加"的原则相加；

第三步，最后盘上的数就是所求的和。

下面结合拨珠指法，分别介绍直接的加法、补五的加法、进十的加法和破五进十的加法四种基本类型。

1. 直接的加法

在算盘上加 1～9 各数时，只需拨珠靠梁即完成运算，而不发生进位和拨珠离梁的情况，也就是"见几加几"。

例1　256 + 631 = 887

运算步骤如下：

（1）定好个位档，将被加数 256 拨上算盘。

（2）在百位 2 这一档上，用中指和拇指拨一颗上珠 5 与一颗下珠 1 靠梁，即加上 6；在十位 5 这一档上，用拇指拨三颗下珠靠梁，即加上 3；在个位档 6 这一档上，用拇指拨一颗下珠靠梁，即加上 1，如图 2-2 所示。

（3）算盘上读出 887 即答案。

例2　6 502 + 1 375 = 7 877

先从左到右拨上被加数 6 502，加看外珠，在千位上直加 1，在百位上直加 3，在十位上直加 7，在个位上直加 5，答案为 7 877。

"直接的加法"是珠算加减法中最简单的一类。但这里应重点强调使用正确的拨珠方法。其运算方法总结为："加看外珠，够加直加。"

2. 补五的加法

在算盘上加 1、2、3、4 各数时，已有部分下珠，下珠不够加，需用上珠 5 来凑，然后将多加的数在下珠中减去。其运算规律是"下珠不够，加五减凑"。其拨珠指法为：双下。

凑数的定义为：如果两个数字之和为 5 时，那么这两个数互为凑数，其中一个数叫另一个数的凑五数。如 1 与 4，2 与 3 互为凑数。以 3 + 4 为例，在加 4 时，本档下珠不够加，必须拨一颗上珠靠梁，同时将多加的 1 拨去离梁。

例3　3 344 + 3 214 = 6 558

运算步骤如下：

（1）定好个位档，将被加数 3 344 拨入算盘，如图 2-3 所示。

（2）从高位算起，千位加上 3 时，下珠不够，则用中指拨一颗上珠靠梁，同时用食指拨去多加的两颗下珠离梁。

（3）用同样道理加上其余各数，盘上的数 6 558 即答案，如图 2-4 所示。

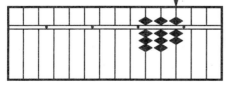

图 2-2

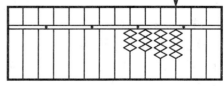

图 2-3

例4　3 421 + 3 244 = 6 665

先拨上被加数 3 421，再逐位加上 3 244，下珠不够，加五减凑。从左到右依次加 5 减去 3 的凑数 2；加 5 减去 2 的凑数 3；加 5 减去 4 的凑数 1 等。

补五的加法运算方法为："下珠不够，加五减凑。"

3. 进十的加法

在算盘上加 1～9 各数时，本档满十，需向左档进一，然后将多加的补数在本档中减去。其运算规律是："本档满十，减补进一。"在减补数时采用直接的减法。

补数的定义：如果两个数的和为 10，100…即 10N（N 为自然数）时，那么这两个数互为补数，其中一个数称为另一个数的补数，而其和数称为齐数。

例 5 37 + 85 = 122

运算步骤如下：

（1）定好个位档，将 37 拨入算盘，如图 2－5 所示。

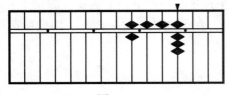

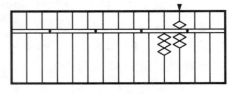

图 2－4   图 2－5

（2）在十位档加 8 时，本档超过 10，用食指拨去两颗下珠（减去 8 的补数 2）的同时用拇指在左档拨一颗下珠靠梁（进 1），如图 2－6 所示。

（3）个位档加 5 时，本档超过 10，用中指拨去上珠五的同时，用拇指拨左档一颗下珠靠梁。其盘上现显的数字 122 即答案，如图 2－7 所示。

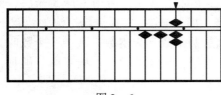

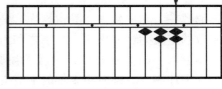

图 2－6   图 2－7

例 6 634 + 978 = 1 612

（1）拨被加数 634 入盘。

（2）在百位上加 9，本档超十，用食指拨去一颗下珠（减 1），再向左档进 1。

（3）在十位上加 7，本档超十，用食指拨去三颗下珠（减 3），再向左档进 1。

（4）在个位上加 8，本档超十，用食指拨去二颗下珠（减 2），再向左档进 1。

进十的加法运算方法是："本档直接减补，向左档进一。"

4. 破五进十的加法

在算盘上加 6、7、8、9 四个数时，本档满十，需向左档进一，本应将多加的数 4、3、2、1 在本档减去，可是本档下珠不够减，需破去上珠五才够减。其运算规律也是"本档满十，减补进一"，它与进十加法的区别在于减补数时要采用破五的减法。

"破五进十的加法"条件是本档已有上珠靠梁，加数为 6、7、8、9 时才适用。

例 7 6 + 8 = 14

运算步骤如下：

（1）定好个位档，拨上被加数6，如图2-8所示。

（2）加8时，应减去2，但无靠梁的下珠，我们就用拇指拨三颗下珠靠梁，同时用中指拨去上珠5，再向左档进1即可，如图2-9所示。

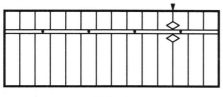

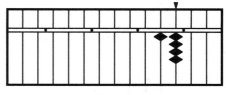

图2-8

图2-9

例8　6 556 + 6 798 = 13 354

（1）拨被加数6 556入盘。

（2）在千位档加6时，本档超十，加1去5向左档进1。

（3）在百位档加7时，本档超十，加2去5向左档进1。

（4）在十位档加9时，本档超十，加4去5向左档进1。

（5）在个位档加8时，本档超十，加3去5向左档进1，其结果13 354即答案。

破五进十的加法运算方法是："本档减补（加凑减5），左档进一。"

以上所述四种加法类型的运算方法，在实际工作中是融合在一起的，必须持之以恒地加以练习，才能达到不假思索、见数拨珠的熟练程度。

例9　53 765 + 24 775 = 78 540

（1）定好个位档，将被加数53 765拨入算盘，如图2-10所示。

（2）从高位算起，先在万位档上加2，用"直接加法"。

（3）在千位档加上4，用"补五加法"。

（3）在百位档加上7，用"破五进十加法"。

（4）在十位档加上7，用"破五进十加法"。

（5）在个位档加上5，用"进十加法"。其盘上显现的数字78 540即答案，如图2-11所示。

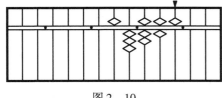

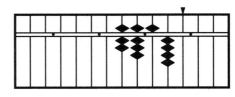

图2-10

图2-11

二、基本减法

具体的运算步骤和方法如下：

第一步，首先确定个位档，然后将被减数按对应个位自左向右拨入盘中；

第二步，高位算起，将减数对准个位逐位按"同位相减"的原则相减；

第三步，最后盘上的数就是所求的差。

下面结合拨珠指法，分别介绍直接的减法、破五的减法、退十的减法和退十补五的减法四种基本类型。

1. 直接的减法

在算盘上减 1～9 各数时，只需拨珠离梁即完成运算，而不发生退位和拨珠靠梁的情况。也就是"见几减几"。

例1 786 − 275 = 511

（1）定好个位档，将被减数 786 拨入算盘，如图 2 – 12 所示。

（2）在百位档上减去 2 时，直接用食指拨去两颗下珠离梁；用同样方法在十位上减去 7 时，用中指拨去上珠五离梁的同时用拇指拨去两颗下珠；在个位档上减去 5 时，直接用中指拨去一颗上珠离梁即可。其结果 511 即答案，如图 2 – 13 所示。

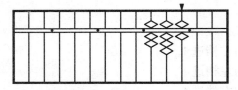 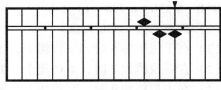

图 2 – 12 　　　　　　　　　　　　　　图 2 – 13

例2 7 842 − 2 531 = 5 311

（1）置数，将被减数 7 842 按对应个位拨入算盘中。

（2）在千位档上减去 2，在百位档上减去 5，用食指拨去千位两颗下珠离梁的同时用中指拨去百位一颗上珠离梁（联拨）。

（3）在十位档上减去 3，用食指拨三颗下珠离梁。

（4）在个位档上减去 1，用食指拨一颗下珠离梁。

（5）盘上的数字为 5 311，就是答案。

"直接的减法"的运算方法是："减看内珠，够减直减。"

2. 破五的减法

在减 1、2、3、4 各数时，下珠不够直接减，必须破去上珠五才够减的减算，同时把多减的数在下珠中加上。其运算规律为："下珠不够，去五加凑。"其拨珠指法为：双上。

例3 6 556 − 4 324 = 2 232

（1）定好个位档，将被减数 6 556 按对应个位拨入算盘，如图 2 – 14 所示。

（2）在千位档上减去 4 时，下珠不够减，必须动用上珠，同时将多减的数 1 在下珠加上。操作过程是：用拇指拨一颗下珠靠梁同时，用中指拨去上珠离梁。同理减去 324，得出运算结果 2 232，如图 2 – 15 所示。

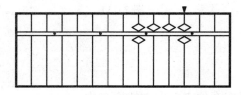 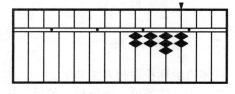

图 2 – 14 　　　　　　　　　　　　　　图 2 – 15

"破五的减法"的运算方法是："下珠不够，去五加凑。"

3. 退十的减法

在减1～9各数时，本档被减数不够减，需左档退一才够减的减算，将多减的补数在本档还上。其运算规律为："左档退一，本档加补。"在加补数时采用直接的加法。

例4　1 635 - 856 = 779

（1）定好个位档，将被减数1 635拨入算盘，如图2-16所示。

（2）数位对齐，在百位的6上减去8，很明显不够减，需从左档退1来减，退1当10再把多减的2在本档加上，其操作过程为：用食指在左档拨一颗下珠离梁，同时用拇指在本档拨两颗下珠靠梁。同理，在十位的3上减去5时，也不够减，需左档退1，本档加上5；在个位的5上减去6时，也不够减，需左档退1，本档加上4即可。其结果779即答案，如图2-17所示。

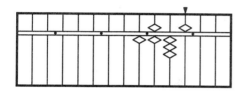

图2-16

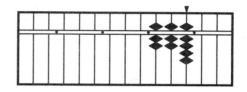

图2-17

"退十的减法"的运算方法是："本档不够减，退十加补。"

4. 退十补五的减法

在算盘上减6、7、8、9四个数时，本档不够减，需左档退一，本应在本档加上4、3、2、1，可是本档下珠不够加，需用补五的加法。其运算规律也是"左档退一，本档加补"。它与退十的减法的区别在于加补数时要用补五的加法。

例5　14 343 - 9 786 = 4 557

（1）定好个位档，将被减数14 343拨入算盘，如图2-18所示。

（2）位数对齐，在千位的4上减去9，不够减，需万位退1，然后在本档千位上加上9的补数1，可千位下珠已满，只能用"补五的加法"，即加5减凑数4。

操作过程：用食指从左档拨一颗下珠离梁，再用中指将本档的上珠拨下靠梁，同时用食指拨去四颗下珠离梁。

（3）同理，用上述方法完成786各档的运算。其结果4 557即答案，如图2-19所示。

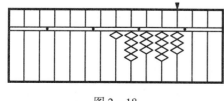

图2-18

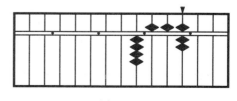

图2-19

"退十补五减法"的运算方法是"左档退一，本档加补数"，只是加补数时要用到补五的加法。

同加法运算原理一样，减法运算在实际工作中也是四种类型的综合应用。

例6 4 537 − 3 874 = 663

（1）定好个位档，将被减数4 537拨入算盘，如图2-20所示。

（2）位数对齐，逐位相减。4-3，用直接的减法；5-8，不够减，用退十的减法；3-7，不够减，用退十补五的减法；7-4，用破五的减法。其结果663即答案，如图2-21所示。

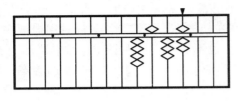
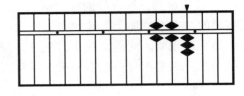

图2-20   图2-21

5. 隔档退位减法

在算盘上减1～9各数时，本档不够减，需隔档退位才够减的减算，称为隔档退位减法。其处理方法为：隔几档退位还几个9，本档加上减数的补数。

例7 303 − 9 = 294

（1）定好个位档，将被减数303按对应个位档拨入算盘，如图2-22所示。

（2）在个位的3上减去9，不够减，应由十位档退一，但十位档是0，必须再由百位档退位，即在百位档退一，隔一档退位，还一个9，本档加上9的补数1，答案为294，如图2-23所示。

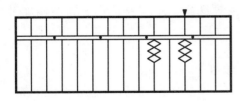
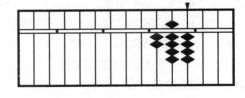

图2-22   图2-23

例8 5 001 − 7 = 4 994

（1）定好个位档，将被减数5 001拨入盘中，如图2-24所示。

（2）根据隔档退位减法运算方法，千位退1，还两个9，个位加上补数3。

运算时，个位的1减去7，不够减，应由十位档退1，但十位档是0，只能再由百位档退1，可是百位档也是0，必须再由千位档退1（用"破五的减法"），隔两档退位，还两个9，本档加上7的补数3，答案4 994，如图2-25所示。

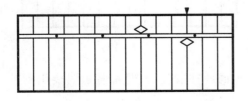
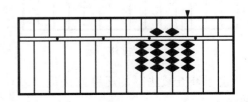

图2-24   图2-25

三、其他加减法

1. 补数加减法

补数加减法是指运用补数原理进行加减法的运算。

其运算方法是：在加减运算中，当某数接近 10^n（n 为自然数）时，可运用补数原理进行简化运算。加法运算方法是：加齐减补；减法运算方法是：减齐加补。

求补数的方法为"前位凑九，末位凑十"。

例1　　138 562 + 99 964
　　　　= 138 562 + 100 000 − 36
　　　　= 238 526

（1）确定个位档，将被加数 138 562 拨入算盘，如图 2 − 26 所示。

（2）加数 99 964 接近 100 000，加上齐数 100 000，如图 2 − 27 所示。

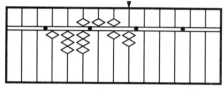

图 2 − 26

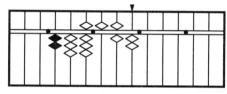

图 2 − 27

（3）减去加数的补数 36，得 238 526，如图 2 − 28 所示。

例2　　6 384.52 − 995.78
　　　　= 6 384.52 − 1 000 + 4.22
　　　　= 5 388.74

（1）确定个位档，将被减数 6 384.52 拨入算盘，如图 2 − 29 所示。

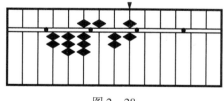

图 2 − 28

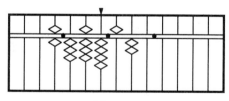

图 2 − 29

（2）减数 995.78 接近 1 000，即减齐数 1 000，如图 2 − 30 所示。

（3）加上减数的补数 4.22，得差 5 388.74，如图 2 − 31 所示。

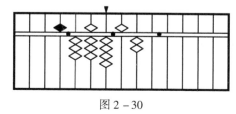

图 2 − 30

图 2 − 31

2. 并行加减法

并行加减法是把几个加数或减数的同位数用心算将两行、三行或多行进行并算后的和

（或差）一次拨入算盘。这种运算方法提高了心算能力，成倍地减少了拨珠次数，大大提高了运算速度和准确率。

（1）一目二行。一目二行即在加减运算中采取一次看二行同数位上的数字，并心算出和（或差），然后拨入对应档位的方法。一般有"直加法"、"正负抵消法"等。

① 直加法。

例3

$$
\begin{array}{r}
14\ 372 \\
3\ 216 \\
1\ 084 \\
+\ \ 7\ 503 \\
\hline
26\ 175
\end{array}
$$

心算首两行合并从高位算起，将上下两行同位数的和直接拨入算盘，首两行计算完毕，再计算三四行，依此类推。

a. 心算万位之和，心算得1，在算盘的相应档位上拨入1，如图2-32所示。

b. 心算千位之和，心算得7，对应地拨入算盘，如图2-33所示。

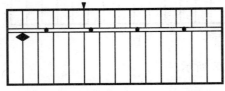

图2-32

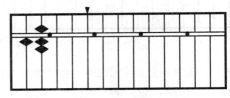

图2-33

c. 心算百位之和，心算得5，对应地拨入算盘，如图2-34所示。

d. 心算十位之和，心算得8，对应拨入算盘，如图2-35所示。

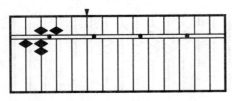

图2-34

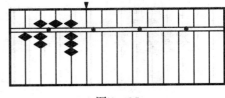

图2-35

e. 心算个位之和，心算得8，对应拨入算盘，如图2-36所示。

f. 用同样的方法将三四两行并行心算结果依次加在前两行之和上，即在17 588对应档上依次加上8、5、8、7，答案为26 175，如图2-37所示。

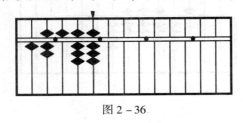

图2-36

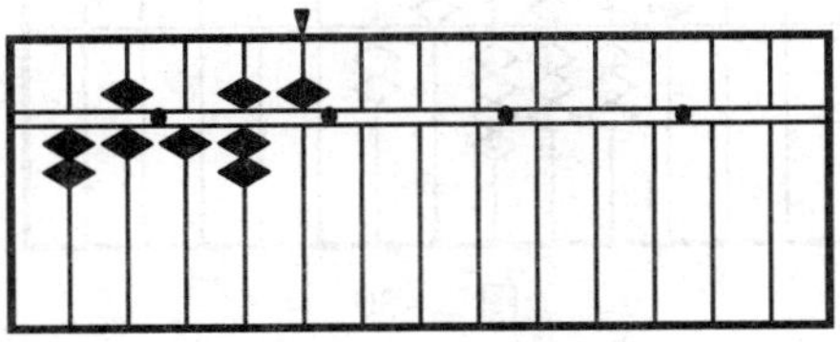

图2-37

② 正负抵消法。

例 4

$$
\begin{array}{r}
5\ 671 \\
-\quad 735 \\
294 \\
-\quad 2\ 413 \\
\hline
2\ 817
\end{array}
$$

a. 第一、二两行千位两数差为加 5，将其对应拨入盘中，如图 2 - 38 所示。

b. 百位两数为加 6，减 7，相抵消后为 - 1，从前档退 1 运算，前档减 1，本档拨入余数 9，如图 2 - 39 所示。

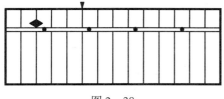

图 2 - 38

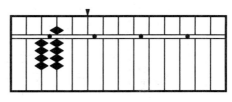

图 2 - 39

c. 十位两数为加 7，减 3，相抵消后为 + 4，对应拨入盘中，如图 2 - 40 所示。

d. 个位两数为加 1，减 5，相抵消后为 - 4，从前档退 1，本档拨入余数 6，如图 2 - 41 所示。

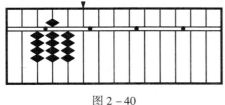

图 2 - 40

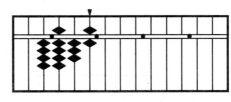

图 2 - 41

e. 用同样的方法将第三、四两行抵消后，分别在千位档减 2，百位档减 2，十位档加 8，个位档加 1，依次在算盘对应档上该加则加，该减则减，答案为 2 817，如图 2 - 42 所示。

（2）一目三行法。在竖式加减法运算中，用心算求出三行同位数上的数字的和（或差）然后拨入对应档位，称一目三行法。一目三行运算一般有"直接加减法"、"正负抵消法"、"提前进位法"、"弃九弃十法"等。

① 正负抵消法。

例 5

$$
\begin{array}{r}
254.36 \\
-\quad 72.98 \\
9.45 \\
\hline
1\ 063.27 \\
-\quad 41.62 \\
-\quad 815.79 \\
\hline
396.69
\end{array}
$$

a. 从高位算起，前三行百位上只有第一行有数字，第二、三行无数字，视为 0，所以本档为加 2，对应拨入算盘，如图 2 – 43 所示。

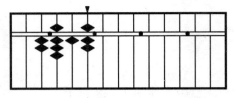

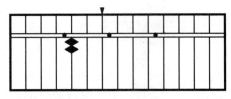

图 2 – 42　　　　　　　　　　　　　　图 2 – 43

b. 前三行十位上第一、二行有数字，第三行无数字，视为 0，第一、二行两数相抵消后为减 2，不够减，从前档退 1 减后得 8，对应拨入算盘，如图 2 – 44 所示。

c. 前三行个位上三个数相抵消后为加 11，对应拨入算盘，如图 2 – 45 所示。

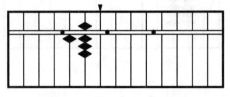

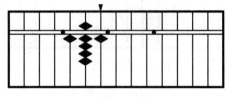

图 2 – 44　　　　　　　　　　　　　　图 2 – 45

d. 前三行十位上三个数相抵消后为减 2，不够减，从前档退 1 后减得 8，对应拨入算盘，如图 2 – 46 所示。

e. 前三行百位上三个数相抵消后为加 3，对应拨入算盘，如图 2 – 47 所示。

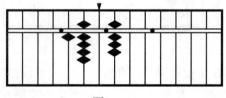

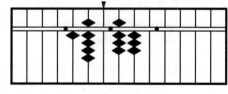

图 2 – 46　　　　　　　　　　　　　　图 2 – 47

f. 用同样的方法，将第四、五、六三行并行抵消后，分别求出千位档上加 1，百位档上减 8，十位档上加 1……依次在算盘上该加则加，该减则减，答案为 396.69，如图 2 – 48 所示。

② 提前进位法。一目三行提前进位法是指在运算时，心算本位三个数的和的同时，目测后三位数是否要进位，如后三位要进位，则把该进的数加入本档数一并拨入盘中。

例 6

$$4\ 937$$
$$5\ 186$$
$$+\ 2\ 603$$
$$\overline{12\ 726}$$

a. 从高位算起，千位上三个数之和为 11，因后一位需进位 1，则算盘上万位拨入 1，千位档拨入 1 + 1，即 2，如图 2 – 49 所示。

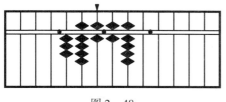

图 2 – 48

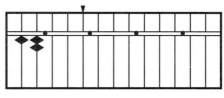

图 2 – 49

b. 百位上三个数之和为 16，因十位已提前进位，本档拨入 6，因后一位需进位 1，则应拨入 6 + 1，即 7，如图 2 – 50 所示。

c. 十位上三个数之和为 11，十位已提前进位，本档拨入 1，因后一位需进位 1，则应拨入 1 + 1，即 2，如图 2 – 51 所示。

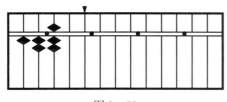

图 2 – 50

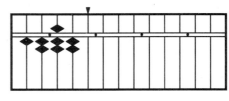

图 2 – 51

d. 个位上 3 个数之和为 16，因十位已提前进位，本档无后进，则个位应拨入 6，答案为 12 726，如图 2 – 52 所示。

③ 一目三行弃九弃十法。一目三行弃九弃十法也是一种提前进位的方法。它是利用补数加齐减补，即计算时按照"首位或前位加 1，中位弃九，末位弃十，够弃加余，欠弃减差"的原则进行运算，主要适用于加法运算。

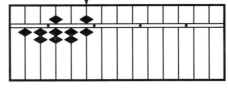

图 2 – 52

a. 够弃加余。首位或前位加 1，中位弃 9，末位弃 10，够弃加余。计算时，从高位算起，如果前几位 3 个数之和都不满 9 时直加，满 10 或超 10 时即在其前一位上先进 1，然后在其右一档起直至末位档的左一位所有各档（中位）先弃掉 9，末位档弃掉 10，弃 9 弃 10 后的余数照加，一般简称"余几加几"。

b. 欠弃退减。首位或前位加 1，中位弃 9，末位弃 10，欠弃退减。计算时，从高位算起，若中位三行同位数之和不满 9，或末位三行同位数之和不满 10，则先弃掉这个数，然后差多少，则在盘中对应的档位上减去多少，一般简称"少几减几"。

例 7

$$6\ 235$$
$$984$$
$$+\ 8\ 623$$
$$\overline{15\ 842}$$

从高位算起，千位 6 + 8 之和超过 9，在前一档进位 1（万位档），然后所有中位各档都弃 9，千、百、十位都是中位，依次拨弃 9 后的余数，分别为 5、8、4，末位弃 10 后拨入余数 2，答案为 15 842，如图 2 – 53 所示。

例 8

$$
\begin{array}{r}
43\ 021 \\
9\ 168 \\
+\quad 2\ 705 \\
\hline
54\ 894
\end{array}
$$

从高位算起，千位三个数之和大于 9，则向万位先进 1，万位档应拨入 5；千位档三个数之和大于 9，拨入弃 9 后的余数 5；百位档三个数之和小于 9，拨减 9 与百位三个数之和的差 1；十位档同样是三个数之和小于 9，拨减 9 与十位三数之和的差 1；个位档三数之和大于 10，拨入弃 10 后的余数 4。答案为 54 894，如图 2 – 54 所示。

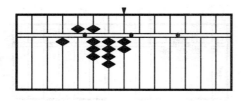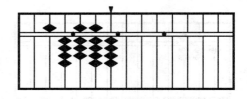

图 2 – 53   图 2 – 54

（3）一目多行法。在一目二行、一目三行已熟练掌握的基础上，为进一步将珠算与心算结合起来，加快运算速度，提高计算水平，可以逐步过渡到一目四行、一目五行等一目多行的运算方法，常用的一目多行有"直加直减法"、"提前进位法"、"弃双九弃双十法"等。

① 一目多行直加法。

例 9

$$
\begin{array}{r}
5\ 732 \\
18\ 604 \\
21\ 956 \\
187 \\
+\quad 4\ 310 \\
\hline
50\ 789
\end{array}
$$

a. 万位上两个数之和为 3，对应档位拨入盘中，如图 2 – 55 所示。

b. 千位上 4 个数之和为 18，对应档位拨入盘中，如图 2 – 56 所示。

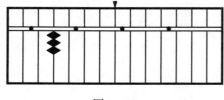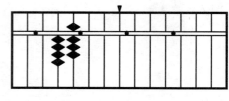

图 2 – 55   图 2 – 56

c. 百位上 5 个数之和为 26，对应档位拨入盘中，如图 2 – 57 所示。

d. 十位上 5 个数之和为 17，对应档位拨入盘中，如图 2 – 58 所示。

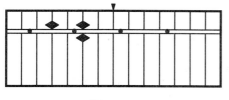

图 2 – 57

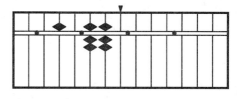

图 2 – 58

e. 个位上 5 个数之和为 19，对应档位拨入盘中，答案为 50 789，如图 2 – 59 所示。

② 一目多行提前进位法。一目多行提前进位法类似一目三行提前进位法，在运算时，心算本位多个数之和的同时，目测后位是否要进位，后位需要进几则本位加进几。

例 10

$$
\begin{array}{r}
7\ 231 \\
1\ 684 \\
9\ 563 \\
+\ 2\ 475 \\
\hline
20\ 953
\end{array}
$$

a. 从高位算起，千位 4 个数之和为 19，目测后一位须进位 1，则盘上万位档应拨入 2，本档为 0（本档为 9 加后位进 1），如图 2 – 60 所示。

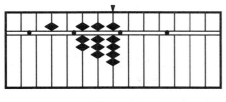

图 2 – 59

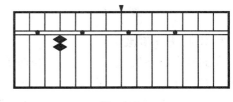

图 2 – 60

b. 百位 4 个数之和为 17，由于十位已提前进位，本档应拨入 7，目测后一位需要进位 2，则盘上百位档应拨入 7 + 2，即 9，如图 2 – 61 所示。

c. 十位 4 个数之和为 24，如图 2 – 62 所示。

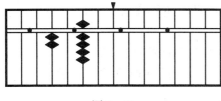

图 2 – 61

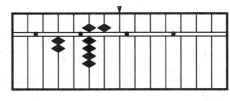

图 2 – 62

d. 个位 4 个数之和为 13，十位已提前进位，所以本档只需要拨入 3，答案为 20 953，如图 2 – 63 所示。

③ 一目多行弃双九弃双十法。一目多行弃双九弃双十法类似一目三行弃九弃十法，同样是利用提前进位，补数加齐减补，即前位加 2，中位弃双 9，末位弃双 10，少减多加，进行一目多行的运算方法。

例 11

$$
\begin{array}{r}
3\ 251 \\
65\ 092 \\
836 \\
79\ 408 \\
\hline
347 \\
+\ \ \ 8\ 024 \\
\hline
156\ 958
\end{array}
$$

从高位算起，小数点前万位 2 个数之和为 13，加上提前进位的 2，算盘上十万位档应拨入 1，万位档应拨入 5；千位档 6 个数之和大于 18，拨加弃双九后的余数 7；百位档 6 个数之和小于 18，拨减 9 与该 6 个数之和弃一个九后的差 1；十位档 6 个数之和大于 18，拨加弃双九后的余数 5；个位档 6 个数之和大于 20，拨加弃双十后的余数 8，答案为 156 958，如图 2－64 所示。

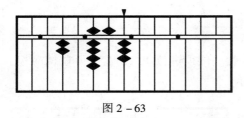

图 2－63

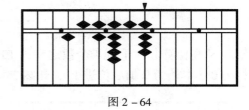

图 2－64

3. 借减法（倒减法）

在加减混合运算过程中，往往会遇到不够减的情况。为了不改变运算的顺序，可以利用虚借"1"的方法（也可以运用顶九法或压二法），来加大被减数，然后继续运算，求出结果，这种方法被称为借减法（倒减法）。借减法一般有以下几种情形：

（1）有借有还。在加减混合运算过程中，当出现不够减时，就在减数的前一位档上虚借"1"，来加大被减数减去减数，直加或进位所得一旦够还时，需及时归还所虚借的"1"，即随借随还。如果又遇上不够减时，还可以再借，够还时再及时归还。运算结束所虚借的"1"已经归还，那么盘上的数就是我们所求的值，且为正值，称作有借有还。

（2）有借无还。如果运算结束，算盘上的数尚不足归还所虚借的"1"，那么盘上数的补数才是我们所求的值，且为负值，称作有借无还。

（3）借大还小。在加减混合运算过程中，虚借"1"两次或两次以上，前次借数小，后次借数大，借大数的同时需及时归还前次所虚借的"1"（同一档只准许虚借"1"），称作借大还小。

当第一次虚借"1"没有归还，又遇上不够减时，就要再虚借"1"；第二次虚借"1"时不能从原先虚借"1"的同档上再借，而必须在第一次虚借"1"的前档上虚借"1"，同时要及时归还第一次虚借的"1"，保证只虚借"1"，即借大还小，答案也存在两种情况。

例 12　284.37 － 612.59 ＋ 461.03 ＝ 132.81

① 将被减数 284.37 拨入盘中，减去 612.59 不够减，从千位虚借 1，把被减数看做

1 284.37，如图 2 - 65 所示。

② 减去 612.59，得 671.78，如图 2 - 66 所示。

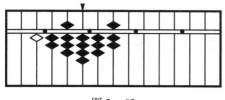

图 2 - 65

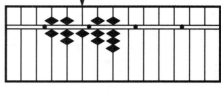

图 2 - 66

③ 加上 461.03，及时归还千位上虚借的 1，得 132.81，如图 2 - 67 所示。

例 **13**　432.95 - 591.67 - 28.53 = - 187.25

① 将被减数 432.95 拨入盘中，减去 591.67 不够减，从千位虚借 1，把被减数看做 1 432.95，如图 2 - 68 所示。

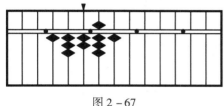

图 2 - 67

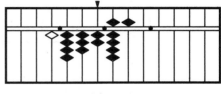

图 2 - 68

② 减去 591.67，得 841.28，如图 2 - 69 所示。

③ 再减去 28.53，得 812.75，如图 2 - 70 所示。

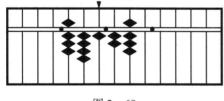

图 2 - 69

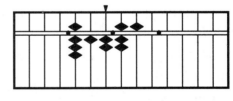

图 2 - 70

④ 因虚借的 1 一直未归还，算盘上的数不是答案，而是它的补数，且是负值。即为：- 187.25。

例 **14**　3 567 - 8 192 - 27 405 + 615 284 = 583 254

① 将被减数 3 567 拨入算盘，减去 8 192 不够减，从万位上虚借 1，把被减数看做 13 567，如图 2 - 71 所示。

② 减去 8 192，得 5 375，如图 2 - 72 所示。

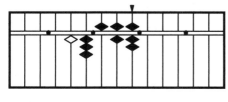

图 2 - 71

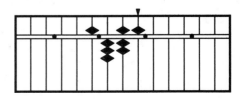

图 2 - 72

③减去27 405，又出现不够减，只能从十万位上再虚借1，同时归还万位上虚借的1，即借大还小，盘面得95 375，如图2－73所示。

④减去27 405，得67 970，如图2－74所示。

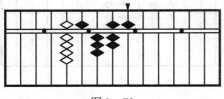
图2－73

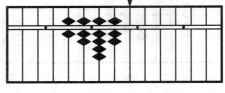
图2－74

⑤加上615 284，及时归还十万位上虚借的1，得583 254，如图2－75所示。

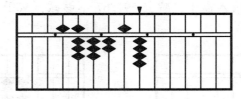
图2－75

进行借减法运算时，一定要记住虚借"1"的档位。其运算要点是：在减算时，不够减时就在减数的前档虚借"1"，随借随还，借大还小，还清得正，未还得负。

四、加减法的验算

加减法容易发生的错误主要有：尾差、错位（串位）、漏数、重复、错看正负号、数字颠倒、运算规律错误、看错数字、用力不当或小指带珠等。

加减法的验算一般采用重算或还原运算的方法。

1. 加法验算

加法的重复运算是指运用加法的交换律或结合律对算题重算。

例1	原题	重算	重算
	3 687	5 764	3 687
	4 076	4 076	4 076
	+ 5 764	+3 687	+ 5 764
	13 527	13 527	13 527

加法的还原运算是利用加减法互为逆运算的原理，将其和数减去一个（或几个）加数，结果等于另一个（或最后一个）加数，即正确。

例2	原题	还原
	3 687	13 527
	4 076	－ 3 687
	+ 5 764	－ 4 076
	13 527	5 764

2. 减法验算

减法的重复运算是将减数交换位置或先将减数求和，再从被减数中减去的方法。

例 3
原题	重算	重算
13 526	13 526	13 526
− 3 687	− 4 076	− 3 687
− 4 076	− 3 687	− 4 076
5 763	5 763	5 763

减法的还原还可利用差数加上减数等于被减数的方法进行验算。

例 4
原题	还原
13 526	5 763
− 3 687	3 687
− 4 076	+ 4 076
5 763	13 526

实践证明，差错的发生常常是有规律的，我们完全可以找出规律，及时更正，保证计算结果准确无误。

一般来说，对于尾差，我们可以采用只打尾数的方法来更正；对于错位，可以将两次运算的结果之差除以 9，同原数对照；对于漏数和重复，可用两次运算结果之差到原数中去查找；对于两数颠倒，可用两次运算结果之差除以 2，到原数中去查找；对于用力不当或小指带珠，则需加强基本功练习，计算时需沉着、谨慎，养成良好的习惯，是非常重要的。

总之，以上方法行之有效，是快速、高效查错和改错的好方法，在实际工作中灵活运用，能达到事半功倍的效果。

五、几种常见的练习方法

1. 指法练习

指法是打好算盘的基础，拨珠指法的正确与否、频率的高低，直接影响计算的速度和准确性。因此，在进行指法练习时，要用力适度，不可太重也不可太轻，手指离盘面的高度要控制好，拨珠要顺畅有序，速度要均匀，且有节奏。力求做到：手指拨珠轻巧灵敏，动作协调连贯。

2. 打定数

（1）打百子。先做加百子，从个位档开始，从 1 起连续加 2、3、4、……一直加到 100，答数为 5 050，也可把答数读成"我灵我灵"。

后做减百子，就是从 5 050 中依次减去 1、2、3、4、……一直减到 100 为止，算盘上还原为 0。

为了便于检查计算过程中是否有误，现列出各段得数，如表 2−1、表 2−2 所示。

表 2−1

加数	10	20	36	50	60	70	80	90	100
和	55	210	666	1 275	1 830	2 485	3 240	4 095	5 050

表 2 – 2

减数	10	20	30	50	60	70	80	90	100
差	4 995	4 840	4 585	3 775	3 220	2 565	1 810	955	0

（2）九盘清。先在算盘上拨入 123 456 789，再在各档分别加上 123 456 789，加一次称为一盘，连加九次称为九盘（连同原数一共加了十遍），答案 1 234 567 890，称九盘清。

（3）三盘成。先将 123 456 789 拨在算盘上，然后看到档上的数是多少就加多少，三次后，算盘上的数字为 987 654 312，再在最末位数 2 上加 9，得数 987 654 321 正好是原数倒过来的数字。因为本题的做法是原档是几就加上几，所以也叫"见子打子"或"三回头"。

（4）一条心。将 625 连续加 16 次，得数为 10 000，所以叫"一条心"。

传统的加减练习方法还有很多，以上只是简单介绍几种。

3. 练习方式

（1）听算。它是由一个人念数，学习者听数，并用手指拨珠运算的一种方式。它有助于提高学生的注意力，并且互相带动，共同提高，也便于对照答案。

（2）看算。它是学习者自己边看边算。根据计算资料的不同，分为算题、表册算和传票算等。

① 算题。它是最常用的练习方式，有横式和竖式之分。

② 表册算。它是对账表或簿册所记载的数据进行汇总计算。为防止漏算和重复，看数时可用左手指点（算一笔数移动一下）。

③ 传票算。它是财会工作的基本功之一。会计实务中的传票，有一行数和多行数之分。应做到边看、边翻、边打。这其中翻页是首要的，只有翻得快，才能打得快，而且还应看得准。总之，珠算技术非一日之功，唯有下工夫，才会有真正的效果。

任务二 珠算乘除法的运算技能
Mission two

任务描述

掌握珠算乘除法的算法技巧。

任务分析

珠算乘除法运算技能是除了珠算加减法运算技能之后的又一比较重要的技能，在会计实务中运用较多，故要求学生掌握。

任务实施

一、珠算乘法

（一）积的定位法

1. 数的位数

（1）正位数。在一笔数中，最先出现的不为零的数字称为最高位数字，也称首位数字。含有整数部分的数称为正位数，有几位整数就是正几位数。例如，10、35.90、58 都是正 2 位数。用"+2"表示；100、305.28、318 都是正 3 位数，用"+3"表示。

（2）零位数。属纯小数，是指小数点到最高位数字之间"无零"间隔的数，称为零位数，即十分位上的数字就是这笔数的最高位数字。例如，0.24、0.740 2、0.807 4 都是零位数，用"0"表示。

（3）负位数。属纯小数，是指小数点到最高位数字之间"有零"间隔的数，称为负位数，间隔几个"零"就是负几位数。例如，0.005 7、0.006 9 都是负 2 位数，用"-2"表示；0.077、0.070 8 都称为负 1 位，用"-1"表示。

2. 积的定位法

（1）公式定位法。它是一种算后定位法，即需先将乘积算出后，用积的首位数字与两因数首位数字大小比较以及两因数位数来确定积的位数的一种定位方法。一般设被乘数的位数为 m，乘数的位数为 n。则积的定位公式有：

$$m + n \cdots\cdots\cdots\cdots\cdots\cdots\cdots\cdots\cdots\cdots（ⅰ）$$
$$m + n - 1 \cdots\cdots\cdots\cdots\cdots\cdots\cdots\cdots（ⅱ）$$

运用时具体有下列三种情形：

① 当积的最高位数字小于被乘数或乘数的最高位数字时（其中包括一个小于，另一个等于），其积的位数用公式（ⅰ）定位。例如，$31 \times 42 = 1\ 302$，因 1 小于 3 或 4，所以积的位数为 $m(2) + n(2) = +4$ 位，其积是 1 302；又如，$16 \times 71 = 1\ 136$，积的首位数字 1 等于被乘数首位数字 1，小于乘数首位数字 7，所以同样用公式（ⅰ）定位，即 $m(2) + n(2) = +4$ 位，其积为 1 136。

② 当积的最高位数字大于被乘数或乘数的最高位数字时（其中包括一个大于，另一个等于），其积的位数用公式（ⅱ）定位。例如，$35 \times 23 = 805$，因为 8 大于 3 或 2，所以积的位数为 $m(2) + n(2) - 1 = +3$ 位，其积是 805；又如，$21 \times 14 = 294$，积的首位数字 2，等于被乘数首位数字 2，小于乘数首位数字 1，所以同样用公式（ⅱ）定位，即 $m(2) + n(2) - 1 = +3$ 位，其积为 294。

③ 当积的最高位数字与被乘数和乘数首位数字相同时，则依次比较它们的第二位数字；若第二位数字再相同，则比较它们的第三位数字，依次类推，然后再按上述方法来确定积的位数。

例如，$12 \times 11 = 132$，积与被乘数和乘数的最高位数字都相同，则比较次高位数字，因 3 大于 2 或 1，所以用公式（ⅱ）定位，即 $2 + 2 - 1 = 3$ 位。

再如，$99 \times 99 = 9\,801$，积与被乘数和乘数的最高位数字都相同，则比较次高位数字，因 8 小于 9，所以用公式（ⅰ）定位，即 $2 + 2 = 4$ 位。

上述定位方法也可简记为："积首大减一，积首小不减。"

例 1　$9.53 \times 73.26 = 698.167\,8$

定位：积的最高位数字 6 小于被乘数最高位数字 9，用公式（ⅰ）定位，即 $1 + 2 = +3$ 位，积为 $698.167\,8$。

例 2　$0.34 \times 0.254\,7 = 0.086\,598$

定位：积的最高位数字 8 大于被乘数最高位数字 3，用公式（ⅱ）定位，即 $0 + 0 - 1 = -1$ 位，积为 $0.086\,598$。

（2）盘上公式定位法。它就是根据积的首位数字是否落在标准首位档上来确定积的位数的一种定位方法。具体方法如下：

① 确定标准首位档。一般以算盘左框第一档，作为积的标准首位档（标准首位档是指被乘数首位数字与乘数首位数字相乘积的十位数加积所确定的算档）。

② 按以下规则定位。

a. 两因数相乘，若积的首位数字落在算盘标准首位档上，用公式（ⅰ）定位，即积的位数等于被乘数位数加上乘数位数。

b. 两因数相乘，若积的首位数字落在算盘左框第二档上，标准首位档为空档，用公式（ⅱ）定位，即积的位数等于被乘数位数加上乘数位数再减一。

例 3　$625 \times 0.08 = 50$

将算盘左边第一档确定为标准首位档（用空盘乘法），如图 2 – 76 所示。

计算如下：用被乘数第一位数字 $6 \times 8 = 48$，第二位数字 $2 \times 8 = 16$，第三位数字 $5 \times 8 = 40$，其结果为：如图 2 – 77 所示。

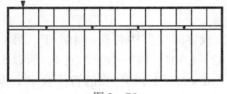

图 2 – 76

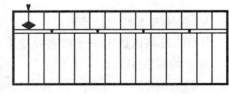

图 2 – 77

因积的首位数字落在标准首位档上，故积的位数为：$3 + (-1) = +2$ 位，积数为 50。

例 4　$357 \times 0.02 = 7.14$

将算盘左边第一档确定为标准首位档（用空盘乘法），如图 2 – 78 所示。

计算如下：用被乘数第一位数字 $3 \times 2 = 6$，第二位数字 $5 \times 2 = 10$，第三位数字 $7 \times 2 = 14$，其结果如图 2 – 79 所示。

因积的首位数字落在算盘次位档上，故积的位数为 $3 + (-1) - 1 = +1$ 位，积数为 7.14。

盘上公式定位法可以概括为八个字，即"位数相加，空档减 1"。此方法定位快、准，尤其适用于现在普遍采用的空盘前乘法。

（3）固定个位档定位法。其是算前定位法，其定位规则是：

① 在算盘上选定一档作为积的个位档。

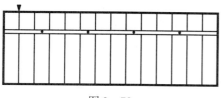

图 2 – 78

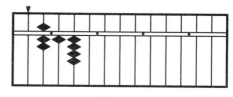

图 2 – 79

② 运算时，采用空盘前乘法，则从"$m+n$"档开始拨加积数；若采用留头乘法或破头乘法，用"$m+n$"求出新的"被乘数"的位数，然后将新的"被乘数"按对应的个位拨入算盘。

采用固定个位档定位法应注意以下问题：个位本身是 +1 位；个位档的右一档是零位档；零位档的右一档是 –1 位，依次下一档为 –2 位、–3 位；高位在左，低位在右。

例 5　$400 \times 26 = 10\ 400$（破头后乘法）

因为 $m+n=3+2=+5$ 位，所以从 +5 位档起依次拨入被乘数，如图 2 – 80 所示。

运算结束后，看固定个位档求出答数为 10 400，如图 2 – 81 所示。

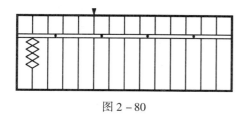

图 2 – 80

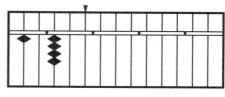

图 2 – 81

例 6　$0.4 \times 260 = 104$（留头乘法）

因为 $m+n=0+3=+3$ 位，所以从 +3 位档起依次拨入被乘数，如图 2 – 82 所示。

运算结束后，看固定个位档求出答数为 104，如图 2 – 83 所示。

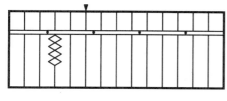

图 2 – 82

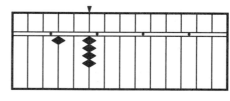

图 2 – 83

例 7　$0.03 \times 26 = 0.78$（空盘前乘法）

由于积的标准首位档 $m+n=-1+2=+1$ 位，所以从 +1 档起拨加积数，如图 2 – 84 所示。

因为"三二 06"的零应占一档，然后"三六 18"。看固定个位档求出结果为 0.78，如图 2 – 85 所示。

（二）乘法大九九口诀

珠算的基本乘法是用口诀指导拨珠运算的，乘法口诀是根据 1 ~ 9 九个数字分别乘以 1 ~ 9 九个数字编制，计 81 句，叫大九九口诀（见表 2 – 3）。

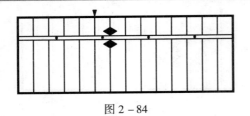

图 2 – 84

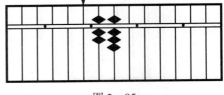

图 2 – 85

表 2 – 3　大九九口诀表

积数 乘数 \ 被乘数	一	二	三	四	五	六	七	八	九
一	一一 01	一二 02	一三 03	一四 04	一五 05	一六 06	一七 07	一八 08	一九 09
二	二一 02	二二 04	二三 06	二四 08	二五 10	二六 12	二七 14	二八 16	二九 18
三	三一 03	三二 06	三三 09	三四 12	三五 15	三六 18	三七 21	三八 24	三九 27
四	四一 04	四二 08	四三 12	四四 16	四五 20	四六 24	四七 28	四八 32	四九 36
五	五一 05	五二 10	五三 15	五四 20	五五 25	五六 30	五七 35	五八 40	五九 45
六	六一 06	六二 12	六三 18	六四 24	六五 30	六六 36	六七 42	六八 48	六九 54
七	七一 07	七二 14	七三 21	七四 28	七五 35	七六 42	七七 49	七八 56	七九 63
八	八一 08	八二 16	八三 24	八四 32	八五 40	八六 48	八七 56	八八 64	八九 72
九	九一 09	九二 18	九三 27	九四 36	九五 45	九六 54	九七 63	九八 72	九九 81

　　在乘法大九九口诀表中，大数在前，小数在后的 36 句，称为逆九九口诀，其余的 45 句，称为小九九口诀。因其小数在前，大数在后，念起来比较顺口，又称为顺九九口诀。

　　在乘法口诀中，前两个中文数字分别表示乘数和被乘数，后两个阿拉伯数字表示积的十位数和个位数。为了保证加积时数位一一对应，凡遇到两因数的积小于 10 的，记忆时均在乘积前加上一个"0"，如二二 04、二四 08，以保证加积时数位一一对应，防止错位。

　　在进行珠算基本乘法运算时，应采用大九九口诀。由于大九九口诀不用颠倒乘数与被乘数的顺序，容易记乘数，且不容易出错，有利于提高运算准确性和速度。

（三）空盘前乘法

1. 一位空盘前乘法

　　一位空盘前乘法是指两因数中有一个因数的有效数字是一位数字的乘法。学好一位乘法是学习多位乘法的基础。因为实际上多位乘法是一位乘法之积在不同档次上的叠加。另外，练习一位乘法，也是熟悉大九九口诀的有效方法。

　　其运算步骤如下：

　　（1）先确定标准首位档，一般以左框第一档为宜，默记乘数。

　　（2）乘算顺序：用被乘数首位至末位分别乘以乘数，将所得的积加在对应档位上。

　　（3）加积的方法：本位在被乘数中是第几位的，它与乘数相乘积的十位数就加在标准首位档的第几档上，个位数在右一档，本次的个位即是下一次的十位，个位又在右一档，依此类推。

（4）积的定位：选择盘上公式定位法定位和公式定位法定位均可。

例8　4 827×6＝28 962

① 标准首位档定在左框第一档。用乘数6与被乘数的首位数字4相乘，"四六24"，将乘积十位数拨在算盘左框第一档上，乘积的个位数拨在下一档，盘上算珠为24，如图2－86所示。

② 用乘数6与被乘数的8相乘，"六八48"，从第二档起依次拨加积数48，盘上算珠为288，如图2－87所示。

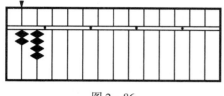 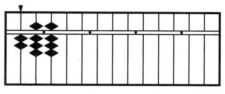

图2－86　　　　　　　　　　　图2－87

③ 用乘数6与被乘数的2相乘，"六二12"，从第三档起依次拨加乘积12，盘上算珠为2 892，如图2－88所示。

④ 用乘数6与被乘数的7相乘，"六七42"，从第四档起依次拨加乘积42，盘上算珠为28 962，如图2－89所示。

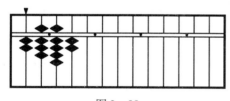 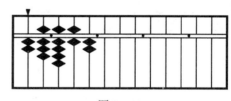

图2－88　　　　　　　　　　　图2－89

⑤ 积的定位：因左框第一档有积数，其积的位数为4＋1＝＋5位，故积数为28 962。

例9　12.87×50＝643.5

① 用乘数5与被乘数的首位数字1相乘，"五一05"，从算盘左边第一档起依次拨加乘积05（乘积十位数是0时，应占一档），盘上算珠为05，如图2－90所示。

② 用乘数5与被乘数的2相乘，"五二10"，从第二档起依次拨加乘积10，盘上算珠为060，如图2－91所示。

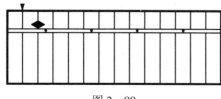 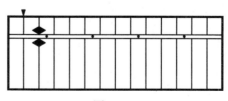

图2－90　　　　　　　　　　　图2－91

③ 用乘数5与被乘数的8相乘，"五八40"，从第三档起依次拨加乘积40，盘上算珠为0640，如图2－92所示。

④ 用乘数5与被乘数的7相乘，"五七35"，从第四档起依次拨加乘积35，盘上算珠为

06435，如图 2 – 93 所示。

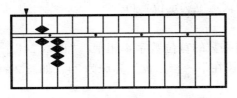

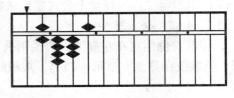

图 2 – 92   图 2 – 93

⑤ 积的定位：因标准首位档无积数，其积的位数为 $m + n - 1 = 2 + 2 - 1 = +3$ 位，故积数为 643.5。

例 10 $20.19 \times 0.5 = 10.095$

① 用乘数 5 与被乘数的首位数字 2 相乘，"五二 10"，从算盘左边第一档起依次拨加乘积 10，盘上算珠为 10，如图 2 – 94 所示。

② 用乘数 5 与被乘数的 1 相乘，"五一 05"，从第三档起依次拨加乘积 05，盘上算珠为 1 005，如图 2 – 95 所示。

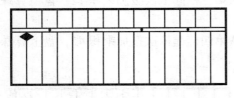

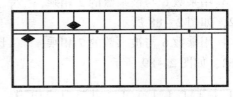

图 2 – 94   图 2 – 95

③ 用乘数 5 与被乘数的 9 相乘，"五九 45"，从第四档起依次拨加乘积 45，盘上算珠为 10 095，如图 2 – 96 所示。

④ 积的定位：因首档有积数，其积的位数为 $m + n = 2 + 0 = +2$ 位，故积数为 10.095。

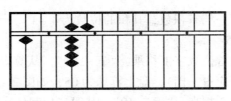

图 2 – 96

2. 多位空盘前乘法

其具体的运算步骤如下：

（1）确定标准首位档，默记乘数。

（2）乘算顺序。用被乘数的首位数字至末位数字分别乘以乘数首位数字、第二位、第三位，直至末位数字。

（3）加积方法。本位在被乘数中是第几位的，它与乘数首位数字相乘积的十位数就加在标准首位档的第几档上，个位数在右一档，下次乘积的十位数即在此档，个位数又在右一档，依此类推。

（4）积的定位。用盘上公式定位法或公式定位法求出答数。

例 11 54 700 × 2.69 = 147 143

① 用盘上公式定位法定位。用被乘数首位数字 5 分别乘以乘数 269，从第一档起依次拨加乘积 10、30 和 45，盘上算珠为 1 345，如图 2 – 97 所示。

② 用被乘数的 4 分别乘以乘数 269，从第二档起依次拨加乘积 08、24 和 36，盘上算珠为 14 526，如图 2 – 98 所示。

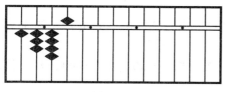

图 2 – 97

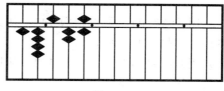

图 2 – 98

③ 用被乘数的 7 分别乘以乘数 269，从第三档起依次拨加乘积 14、42 和 63，盘上算珠为 147 143，如图 2 – 99 所示。

④ 积的定位：因首档（第一档）有积数，其积的位数为 $m + n = 5 + 1 = 6$ 位，故积数为 147 143。

例 12 0.149 2 × 896 = 133.683 2

① 用盘上公式定位法定位。用被乘数的 1 分别乘以乘数 896，从第一档起依次拨加乘积 08、09 和 06，盘上算珠为 896，如图 2 – 100 所示。

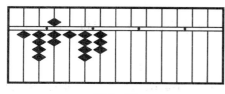

图 2 – 99

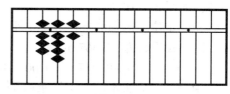

图 2 – 100

② 用被乘数的 4 分别乘以乘数 896，从第二档起依次拨加乘积 32、36 和 24，盘上算珠为 12 544，如图 2 – 101 所示。

③ 用被乘数的 9 分别乘以乘数 896，从第三档起依次拨加乘积 72、81 和 54，盘上算珠为 133 504，如图 2 – 102 所示。

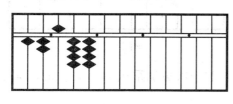

图 2 – 101

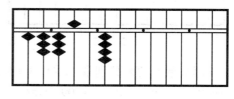

图 2 – 102

④ 用被乘数的 2 分别乘以乘数 896，从第四档起依次拨加乘积 16、18 和 12，盘上算珠为 1 336 832，如图 2 – 103 所示。

⑤ 积的定位：因首档有积数，积的位数为 $m + n = 0 + 3 = +3$ 位，故积数为 133.683 2。

例 13 96.25 × 0.142 = 13.667 5

① 用公式定位法定位。用被乘数的 9 乘以乘数 142，从第一档起依次拨加乘积 09、36、18，盘上算珠为 1 278，如图 2 – 104 所示。

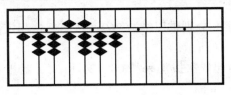

图 2 - 103

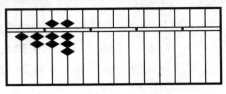

图 2 - 104

② 用被乘数的 6 乘以乘数 142，从第二档起依次拨加乘积 06、24 和 12，盘上算珠为 13 632，如图 2 - 105 所示。

③ 用被乘数的 2 乘以乘数 142，从第三档起依次拨加乘积 02、08 和 04，盘上算珠为 136 604，如图 2 - 106 所示。

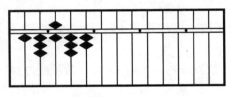

图 2 - 105

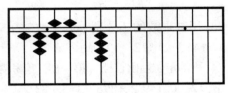

图 2 - 106

④ 用被乘数的 5 乘以乘数 142，从第四档起依次拨加乘积 05、20 和 10，盘上算珠为 136 675，如图 2 - 107 所示。

⑤ 积的定位：因积的首位数字 1 小于被乘数 9，故用公式（ⅰ）定位，即 $m + n = 2 + 0 = +2$ 位，故积数为 13.667 5。

例 14　$0.010\ 89 \times 0.347\ 6 = 0.003\ 785\ 364$

① 用公式定位法定位。用被乘数的 1 分别乘以乘数 3 476，从第一档起依次拨加乘积 03、04、07 和 06（也可说是乘 1 退档加 3 476）（注：被乘数中间的 0 跳过不乘），盘上算珠为 3 476，如图 2 - 108 所示。

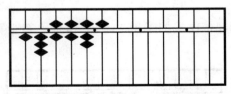

图 2 - 107

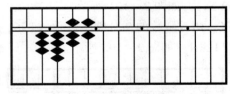

图 2 - 108

② 用被乘数的 8 分别乘以乘数 3 476，从第三档起依次拨加乘积 24、32、56 和 48，盘上算珠为 375 408，如图 2 - 109 所示。

③ 用被乘数的 9 分别乘以乘数 3 476，从第四档起依次拨加乘积 27、36、63 和 54，盘上算珠为 3 785 364，如图 2 - 110 所示。

④ 因积的首位数字 3 等于乘数的首位数字 3，但大于被乘数的首位数字 1，故用公式（ⅱ）定位，即 $m + n - 1 = -1 + 0 - 1 = -2$ 位，积数为 0.003 785 364。

例 15　$3\ 006 \times 6.478 = 19\ 472.868$

① 用公式定位法定位。用被乘数的 3 分别乘以乘数 6 478，从第一档起依次拨加乘积 18、12、21 和 24，盘上算珠为 19 434，如图 2 - 111 所示。

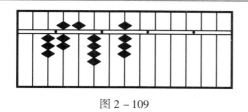

图 2 - 109

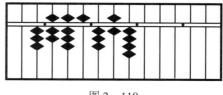

图 2 - 110

② 用被乘数的 6 分别乘以乘数 6 478，从第四档起依次拨加乘积 36、24、42 和 48（应注意档次，以免加错），盘上算珠为 19 472 868，如图 2 - 112 所示。

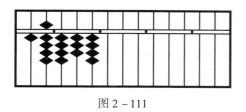

图 2 - 111

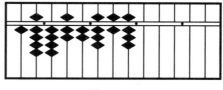

图 2 - 112

③ 积的定位：因积的首位数字 1 小于被乘数的首位数字 3，故用公式（ⅰ）定位，即 $m + n = 4 + 1 = + 5$ 位，积数为 19 472.868。

空盘前乘法由于拨珠次数较少，所以运算速度较快，是一种较好的方法。

（四）破头后乘法

1. 一位破头后乘法

其运算方法如下：

（1）置被乘数，默记乘数。

① 用公式定位法定位时，可任选一档置上被乘数，但被乘数右边留出的档位应满足运算。

② 用固定个位档定位法定位时，应先选定个位档（一般以算盘左边第二个计位点），然后，用两因数的位数之和（$m + n$），来确定新的"被乘数"的位数，然后将新的"被乘数"按对应个位档拨入盘中。

③ 用盘上公式定位法定位时，以算盘左边第一档作为标准首位档，拨被乘数入盘。

（2）乘算顺序。

用被乘数末位至首位分别乘以乘数，然后将所得乘积加在对应档位上。

（3）加积方法。

被乘数本位同乘数相乘时，其本位改为乘积的十位数，个位数在右一档，依次类推。若乘积不满十，应先拨去被乘数后，在右一位拨上个位积。

（4）积的定位。

① 用公式定位法定位时，比较积与乘数（或被乘数）的最高位数字。若积的最高位数字大于或等于乘数（或被乘数）的最高位数字，用公式（ⅱ）定位，即 $m + n - 1$；反之，则用公式（ⅰ）定位，即 $m + n$。

② 用固定个位档定位法定位时，可以直接抄写答案。

③ 用盘上公式定位法定位时，积的位数等于两因数的位数相加，若首档无积数应再

减1。

例16 7 856 × 3 = 23 568

① 采用固定个位档定位法（盘上第二个计位点为小数点）置被乘数，默记乘数3，如图2 – 113所示。

② 用乘数3先乘被乘数的末位数6，"三六18"，把6改成1，在下一档加上8，如图2 – 114所示。

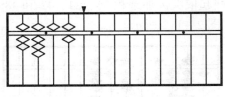

图2 – 113

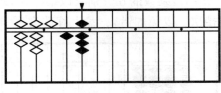

图2 – 114

③ 用乘数3乘被乘数的1，"三五15"，把被乘数5改成1，在下一档加上5，如图2 – 115所示。

④ 用乘数3乘被乘数的8，"三八24"，把8改成2，在下一档加上4，如图2 – 116所示。

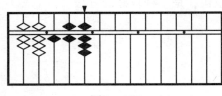

图2 – 115

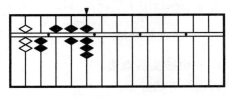

图2 – 116

⑤ 用乘数3乘被乘数的7，"三七21"，把7改成2，在下一档加上1，如图2 – 117所示。

⑥ 直接盯盘写积数23 568。

若用公式法定位，因积的最高位数字2小于被乘数的最高位数字7，用公式（ⅰ）定位，其积的位数为 $m + n = 4 + 1 = +5$ 位，故其积为23 568。

例17 25 910 × 3 = 77 730

① 采用固定个位档定位法，置被乘数，默记乘数3，如图2 – 118所示。

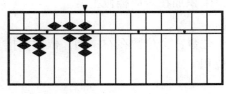

图2 – 117

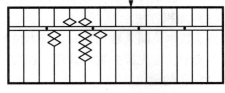

图2 – 118

② 用乘数3乘被乘数的末位数字1，"三一03"，拨去被乘数1，在下一档加3，如图2 – 119所示。

③ 用乘数3乘被乘数的9，"三九27"，把9改成2，在下一档加上7，如图2 – 120所示。

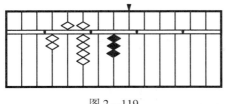

图 2 – 119

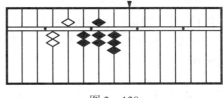

图 2 – 120

④ 用乘数 3 乘被乘数的 5，"三五 15"，把 5 改成 1，在下一档加上 5，如图 2 – 121 所示。

⑤ 用乘数 3 乘被乘数的 2，"三二 06"，空出十位档，在下一档加上 6，如图 2 – 122 所示。

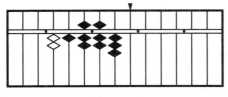

图 2 – 121

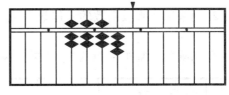

图 2 – 122

⑥ 得积数为 77 730。

若用公式定位法定位，因积的最高位数字 7 大于被乘数最高位数字 2，用公式（ⅱ）定位，$m + n - 1 = 5 + 1 - 1 = +5$ 位，故积数为 77 730。

例 18　$36.75 \times 80 = 2\,940$

① 用盘上公式定位法定位，从算盘左边第一档起，依次拨入被乘数，默记乘数 8，如图 2 – 123 所示。

② 用乘数 8 乘被乘数的末位数字 5，"八五 40"，把 5 改成 4，如图 2 – 124 所示。

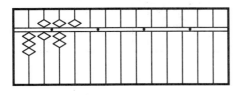

图 2 – 123

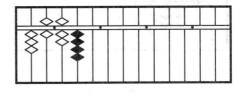

图 2 – 124

③ 用乘数 8 乘被乘数的 7，"八七 56"，把 7 改成 5，下位加 6，如图 2 – 125 所示。

④ 用乘数 8 乘被乘数的 6，"八六 48"，把 6 改成 4，下位加 8，如图 2 – 126 所示。

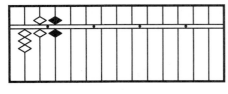

图 2 – 125

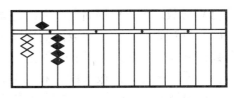

图 2 – 126

⑤ 用乘数 8 乘被乘数的 3，"八三 24"，把 3 改成 2，下位加 4，如图 2 – 127 所示。

⑥ 积的定位。因积的首位数字落在算盘的首位档上，用公式（ⅰ）定位，即 $m + n =$

$2+2=+4$ 位，故积数为 2 940。

例 19　$19.73 \times 0.02 = 0.394\ 6$

① 用盘上公式定位法定位，从算盘左边第一档起，顺序拨入被乘数，默记乘数 2，如图 2－128 所示。

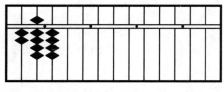 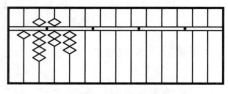

图 2－127　　　　　　　　图 2－128

② 用乘数 2 乘被乘数的末位数字 3，"二三06"，空出十位档，在下档加 6，如图2－129 所示。

③ 用乘数 2 乘被乘数的 7，"二七14"，把 7 改成 1，在下档加 4，如图 2－130 所示。

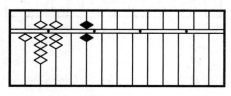 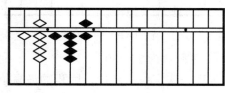

图 2－129　　　　　　　　图 2－130

④ 用乘数 2 乘被乘数的 9，"二九18"，把 9 改成 1，在下档加 8，如图 2－131 所示。

⑤ 用乘数 2 乘被乘数的 1，"二一02"，空出十位档，在下档加 2，如图 2－132 所示。

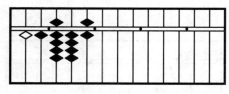 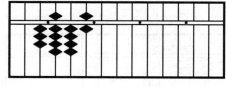

图 2－131　　　　　　　　图 2－132

⑥ 积的定位。因积的首位数字落在算盘次位档上，所以用公式（ⅱ）定位，即 $m+n-1=2+(-1)-1=0$ 位，故积数为 0.394 6。

2. 多位破头后乘法

多位破头后乘法的运算步骤如下：

（1）置数。可以根据固定个位档定位法置被乘数，也可以用盘上公式定位法置被乘数。

（2）默记乘数。按原乘数的顺序默记乘数。读口诀时，用"大九九"先读被乘数，再读乘数，可减少差错，也便于提高速度。

（3）乘算顺序。用被乘数的末位数字乘以乘数首位数字、第二位、第三位，直至末位数字；再用被乘数的倒数第二位数字乘以乘数首位数字、第二位、第三位，直至末位数字；依次类推，直到乘完被乘数为止。

（4）加积的方法。被乘数本位与乘数首位数字相乘，本位改为乘积的十位数，个位数加在右一档，下次乘积的十位数即在此档，个位数又在右一档，依次类推。也就是说，乘数是第几位的，其乘积的个位数就加在被乘数本位的右几档上，十位数在左一档。

（5）积的定位。用固定个位档或公式定位法求出积数（答数）。

例 20　987×364＝359 268

① 用固定个位档定位法定位。选定第二个计位点作为小数点把被乘数当做积的位数对应拨入，并默记乘数 364，如图 2－133 所示。

② 用默记的乘数 364 同被乘数末位数 7 相乘，"七三 21"，将被乘数 7 改为乘积的十位数 2，在下一档加乘积的个位数 1，再逐次向右移档（上次加积的个位档是本次加积的十位档），拨加乘积 42、28，盘上算珠为 982 548，如图 2－134 所示。

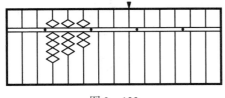

图 2－133

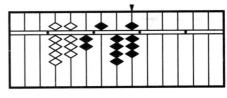

图 2－134

③ 用默记的乘数 364 同被乘数的 8 相乘，"八三 24"，将被乘数 8 改为乘积的十位数 2，在下一档加乘积的个位数 4，再逐次向右移档（上次加积的个位档是本次加积的十位档），拨加乘积 48 和 32，盘上算珠为 931 668，如图 2－135 所示。

④ 用默记的乘数 364 同被乘数的 9 相乘，"九三 27"，将被乘数 9 改为乘积的十位数 2，在下一档加乘积的个位数 7，再逐次向右移档（上次加积的个位档是本次加积的十位档），拨加乘积 54 和 36，盘上算珠为 359 268，如图 2－136 所示。

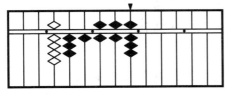

图 2－135

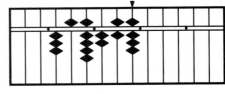

图 2－136

⑤ 盯盘写积数 359 268。

例 21　32.4×68.3＝2 212.92

① 用盘上公式定位法定位。从算盘左边第一档起拨入被乘数，默记乘数 683，如图 2－137 所示。

② 用默记的乘数 683 同被乘数末位数 4 相乘，"四六 24"，将被乘数 4 改为乘积的十位数 2，在下一档加乘积的个位数 4，再逐次向右移档（上次加积的个位档是本次加积的十位档），拨加乘积 32 和 12，盘上算珠为 322 732，如图 2－138 所示。

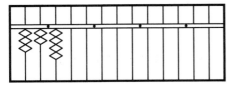

图 2－137

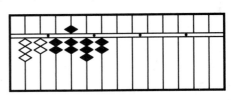

图 2－138

③ 用默记的乘数 683 同被乘数的 2 相乘，"二六 12"，将被乘数 2 改为乘积的十位数 1，在下一档加乘积的个位数 2，再逐次向右移档，拨加乘积 16 和 06，盘上算珠为 316 392，如图 2 - 139 所示。

④ 用默记的乘数 683 同被乘数的 3 相乘，"三六 18"，将被乘数 3 改为 1，在下一档加乘积 8，再逐次向右移档，拨加乘积 24 和 09，盘上算珠为 221 292，如图 2 - 140 所示。

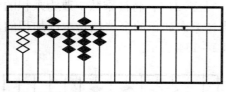

图 2 - 139

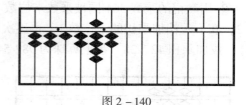

图 2 - 140

⑤ 积的定位：因首档有积数，故积的位数为 $m + n = 2 + 2 = 4$ 位，故积数为 2 212.92。

例 22　$0.392 \times 0.247 = 0.096\ 824$

① 用盘上公式定位法定位。从算盘左边第一档起拨入被乘数，默记乘数 247，如图 2 - 141 所示。

② 用默记的乘数 247 与被乘数的末位数 2 相乘，"二二 04"，将被乘数 2 拨去，在下一档加乘积的个位数 4，再逐次向右移档，拨加乘积 08 和 14，盘上算珠为 390 494，如图 2 - 142 所示。

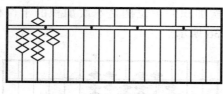

图 2 - 141

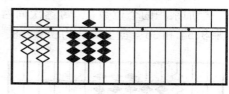

图 2 - 142

③ 用默记的乘数 247 与被乘数 9 相乘，"九二 18"，将被乘数 9 改为乘积的十位数 1，下一档加乘积的个位数 8，再逐次向右移档，拨加乘积 36 和 63，盘上算珠为 322 724，如图 2 - 143 所示。

④ 用默记的乘数 247 与被乘数的 3 相乘，"三二 06"，把被乘数 3 拨去，在下一档加乘积的个位数 6，再逐次向右移档，拨加乘积 12 和 21，盘上算珠为 96 824，如图 2 - 144 所示。

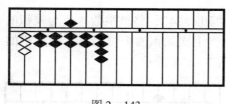

图 2 - 143

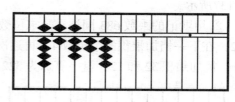

图 2 - 144

⑤ 积的定位：因首档无积数，其积的位数为 $m + n - 1 = 0 + 0 - 1 = -1$ 位，故积数为 0.096 824。

用破头乘法运算时，被乘数从末位至首位，分别与乘数自左向右顺序乘算，运算顺序较顺手，若能在运算时，熟练运用"大九九"口诀，并牢记被破掉的被乘数，顺次叠加积数，一气呵成，速度是很快的。

（五）其他乘法

1. 省乘法

省乘法，也叫省略乘法。在日常工作中，遇到多位小数乘法时，有时只要求精确到小数点后两位，以下便可四舍五入。这种求近似值的方法，省去不必要的步骤去计算，从而提高运算效率。

其运算的步骤和方法如下：

（1）先用截取公式对被乘数、乘数进行位码截取，以确定运算的数位。

截取公式为："$m + n +$ 精确度 $+$ 保险系数 1 位"作为运算位码，下位的有效数字按四舍五入处理，但运用截取公式必须结合固定个位档定位方法。

（2）在算盘上先确定个位档。

（3）用"$m + n$"求出新的"被乘数"的位数（用空盘乘法时运用此公式找出标准首位档），在个位档后面留出精确度，再加 1 位保险系数作为截止档，截止档的右一档为压尾档。用公式表示为：个位 $+$ 精确度 $+ 1$ 作为截止档。

（4）用基本乘法运算，运算时一律算到截止档为止，落到压尾档上的数字，凡满五即在截止档再加 1，4 及以下数字舍去不计。压尾档以后的积数一律不再运算。

（5）最后得出积数，再按精确度要求求答数。

例 23　$2.148\ 73 \times 7.346\ 57 = 15.79$（精确到 0.01）用破头后乘法计算。

计算步骤如下：

① 先用截取公式求出运算位码 $(m)1 + (n)1 +$（精确度）$2 +$（保险系数）$1 = 5$。故被乘数取 5 位为 2.148 7（四舍），如图 2 – 145 所示，乘数取 5 位为 7.346 6（五入）。按固定个位档拨置"被乘数" $m + n = 2$ 位，个位右边留出精确度，再加 1 位保险系数，即个位档后的右三档为截止档。运算时默记乘数。

② 用破头后乘法，用被乘数最后一位 $7 \times$ 乘数首位 7 等于 49，本档为 4，截止档后一档为 9，满 5 即在截止档再加 1 为 5；7 再乘以 3 466 得 24 262，2 不足 5 即舍去不计，如图 2 – 146 所示。

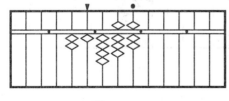

图 2 – 145

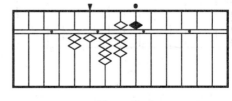

图 2 – 146

③ 用被乘数倒数第二位 $8 \times$ 乘数首位 7 等于 56，8 再乘以 3 等于 24，本档为 2，截止档后一档为 4，不满 5 舍去。$8 \times 466 = 3\ 728$，3 不足 5 又舍去不计，如图 2 – 147 所示。

④ 用被乘数倒数第三位 4 乘以乘数首位 7 等于 28；4 再乘以 3 等于 12；4 再乘以 4 等于 16，本档为 1，截止档后一档为 6，满 5 在截止档再加 1；$4 \times 66 = 264$，2 不满 5 舍去，如图 2 – 148 所示。

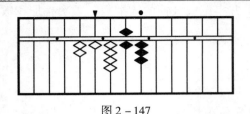

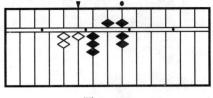

图 2 – 147   图 2 – 148

⑤ 用被乘数倒数第四位 1 乘以乘数 73 466，截止档后一档 6，满 5 在截止档加 1，最末位 6 就不用乘，舍去不计，如图 2 – 149 所示。

⑥ 用被乘数首位 2 去乘 73 466 得 146 932，截止档右一档 2，不满 5 舍去，如图 2 – 150 所示。

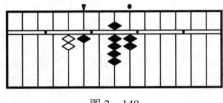

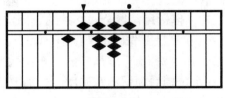

图 2 – 149   图 2 – 150

⑦ 根据精确度要求得积 15.79。用空盘乘法须记住标准首位档，然后进行运算就可以了。

例 24 2.837 4 × 0.647 26 = 1.84（精确到 0.01）用空盘前乘法计算。

计算步骤如下：

① 先用截取公式求出运算的位码。$(m)1 + (n)0 + （精确度）2 + （保险系数）1 = 4$，被乘数为 2.837（四舍），乘数为 0.647 3（五入），按固定个位档找出"标准首位档"$(m)1 + (n)0 = 1$，即个位档本身。再确定截止档（精确度 2 位，再加 1 位保险系数，即个位档后的第三档），如图 2 – 151 所示。

② 用被乘数的首位 2 去乘 6 473 得 12 946，截止档后 6 满 5 进 1，如图 2 – 152 所示。

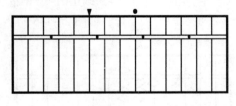

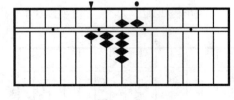

图 2 – 151   图 2 – 152

③ 用被乘数的第二位 8 去乘 6 473，8 × 7 = 56，截止档后 6 满 5 进 1，8 × 3 = 24，截止档后 2 不满 5 舍去，如图 2 – 153 所示。

④ 用被乘数的第三位 3 去乘 647，3 × 12 = 36，截止档后 2 不满 5 舍去，3 × 7 = 21，截止档后 2 不满 5 也舍去，如图 2 – 154 所示。

⑤ 用被乘数的第四位 7 去乘 64，7 × 6 = 42，截止档后 2 不满 5 舍去，7 × 4 = 28，截止档后 2 不满 5 也要舍去，如图 2 – 155 所示。

⑥ 根据精确度要求得积 1.84。

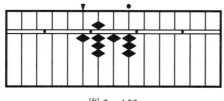

图 2 – 153

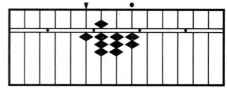

图 2 – 154

2. 补数乘法

补数运算已成为一种计算体系。当乘数接近且小于 $10n$ 时，可运用补数原理进行乘法运算。现介绍其中的一种运算方法——凑齐法。

所谓凑齐法，是指两因数相乘，有一个数接近于 $10n$ 时，可以利用补数关系，以减代乘，简化运算过程。具体的"减积"方法是：本位是第几位上的补数，它与被乘数首位数字相乘积的十位数就从被乘数的第几位数（第几个十位档）开始减积，个位数在右一档，下次减积的十位数即在此档，个位

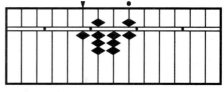

图 2 – 155

又在右一档，依次类推。这里我们在计算时作一个约定，即 98 的补数为 02，998 的补数为 002，0.997 的补数为 003，这样是第几位上的补数就一目了然了。

例 25 $825 \times 97 = 80\ 025$

（1）乘数 97 接近 100，补数为 03，3 是第二位上的补数。先在算盘左框第一档起拨被乘数 825，如图 2 – 156 所示。

（2）从被乘数第二位（即左框第二档）开始减 $8 \times 3 = 24$，得 801，如图 2 – 157 所示。

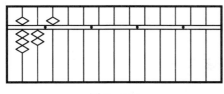

图 2 – 156

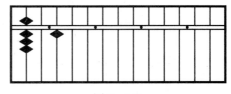

图 2 – 157

（3）从第三档开始减 $2 \times 3 = 06$，个位在右一档，即在第四档减 6，得 8 004，如图 2 – 158 所示。

（4）从第四档开始减 $5 \times 3 = 15$，得 80 025，如图 2 – 159 所示。

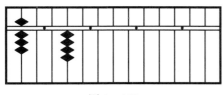

图 2 – 158

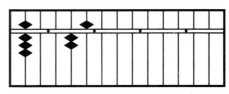

图 2 – 159

（5）根据盘上公式定位法（或公式定位法）得积 80 025。

例 26 $825 \times 997 = 822\ 525$

（1）乘数 997 接近 1 000，补数为 003，是第三位上的补数。先从左框第一档起拨被乘

数 825，如图 2 - 160 所示。

（2）从第三档开始减 8 × 3 = 24，得 8 226，如图 2 - 161 所示。

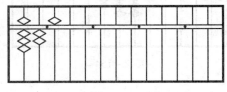

图 2 - 160

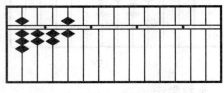

图 2 - 161

（3）从第四档开始减 2 × 3 = 06，个位在右一档，即在第五档减 6，得 82 254，如图 2 - 162 所示。

（4）从第五档开始减 5 × 3 = 15，得 822 525，如图 2 - 163 所示。

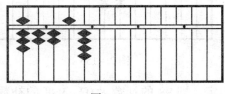

图 2 - 162

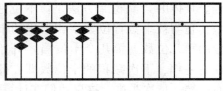

图 2 - 163

（5）根据公式定位法得积 822 525。

例 27　394 × 987 = 388 878

（1）乘数 987 接近 1 000，补数为 013，1 是第二位上的补数，3 是第三位上的补数。先从左框第一档起拨被乘数 394，如图 2 - 164 所示。

（2）从第二档开始减 394 × 1 = 394，个位在右一档，即从第三档开始减 394，得 39 006，如图 2 - 165 所示。

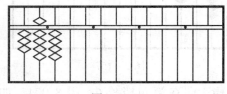

图 2 - 164

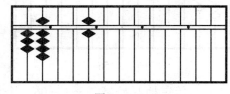

图 2 - 165

（3）再从第三档开始减 3 × 3 = 09，个位在右一档，即第四档减 9，得 38 916；再依次递位减 9 × 3 = 27，得 38 889，4 × 3 = 12，得 388 878，如图 2 - 166 所示。

（4）根据盘上公式定位法（或公式定位法）得积 388 878。

3. 随乘法

随乘法又叫跟踪乘法或移积乘法，是指在运算时可不按空盘前乘法中规定的运算次序和步骤来进行计算，而是依据题目的特点灵活掌握，常见的有下列两种情形：

（1）在两因数（被乘数、乘数）内部，遇有相同的数字，可先乘之积，然后依据对应档位加相同之积。

（2）在两因数内部，若相邻两数之和为"9"，可先乘之积，然后右移一档减相同之积（如 36 = 40 - 4，72 = 80 - 8）。

例28 6 242×674＝4 207 108

（1）本例被乘数中出现相同数"2"，这样可先用第二位上的"2"乘以674，积为1 348，如图2－167所示。

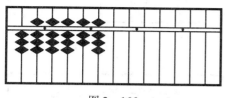

图2－166

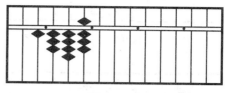

图2－167

（2）再直接用被乘数第四位上的"2"乘以674，得1 348，移积相加，只是注意应将积从对应第四档叠加，积为136 148，如图2－168所示。

（3）再用被乘数的首位数6乘以674，得4 044，积为4 180 148，如图2－169所示。

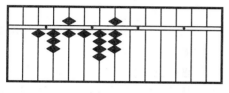

图2－168

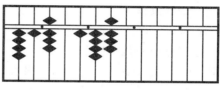

图2－169

（4）最后用被乘数的第三位4乘以674，得2 696，积为4 207 108，如图2－170所示。

（5）根据公式定位法得积为4 207 108。

例29 72×3 215＝231 480

（1）本例被乘数"72"，它的相邻两数（即个位数字和十位数字）之和为"9"（7＋2＝9），又"72＝80－8"。先用80×3 215＝257 200，如图2－171所示。

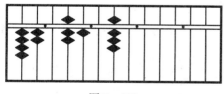

图2－170

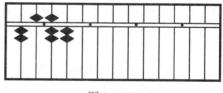

图2－171

（2）再右移一档减去8×3 215＝25 720，得231 480，如图2－172所示。

（3）根据公式定位法 m＋n＝2＋4＝6，得积为231 480。

例30 4 036×268＝1 081 648

（1）本例被乘数中的"36"的相邻两数之和为"9"（3＋6＝9），又有"36＝40－4"。先用被乘数第三位（十位数）4×268＝1 072，如图2－173所示。

（2）再右移一档，用被乘数第四位上的4×268＝1 072，实际上右移一档减去1 072即可。得9 648，如图2－174所示。

（3）再用被乘数首位数4×268，实际上在左框第一档起（本位档）加1 072即完成运算。得1 081 648，如图2－175所示。

（4）根据盘上公式定位法，得积为1 081 648。

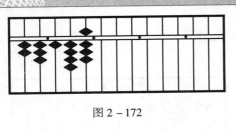

图 2－172

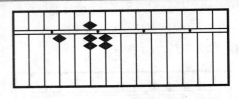

图 2－173

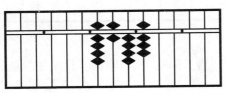

图 2－174

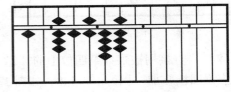

图 2－175

4. 一口清乘法

要掌握"一口清"速算方法，首先要掌握速算中的几个概念以及有关运算程序和法则。

（1）速算中的几个概念。

① 本位及假小数。快速计算法和传统乘法一样，都是一位一位地处理被乘数的每位数字，传统乘法在用"九九口诀"时是把这位数当做个位来看待，速算中也是如此。我们把乘数中正在运算的那个数位叫做"本位"。从本位右一位开始直至末尾一位所表示的那串数，叫做"假小数"。例如，在计算 42 317×6 的过程中，当 6×4 时，4 是"本位"，它后面的 2 317 就是"假小数"。

② 本个、后进和本位积。本位被乘以后，我们只取积的个位数，对于本位乘积的个位数叫做"本个"。假小数被乘积以后要进位的数叫做"后进"。由于"本个"和"后进"是同位数，我们把"本个 + 后进"只取和的个位的那位数称做"本位积"。例如，42 317×6，以 4 为本位时，乘积在这位的"本个"是 4，"后进"是 1，"本位积"是 5。

③ 补数。这里所说的补数是指 10 以内的 5 对数，即 1 和 9，2 和 8，3 和 7，4 和 6，5 和 5。

④ 偶同数。小于 10 的两个数同乘以一个偶数时，如果所得乘积的个位数字相同，就说这两个数是偶同数，或者说它们互为偶同。偶同数共有 5 对，即 0 和 5，1 和 6，2 和 7，3 和 8，4 和 9，构成偶同数的基本条件是两数相差为 5。

这 5 对偶同数必须牢牢记熟，要不假思索直观地就能说出任何数的偶同数。

⑤ 自倍。自倍是指 10 以内的数自身加倍。0，1，2，3，4 的自倍分别是 0，2，4，6，8；而 5 以上数字的自倍只取个位（或偶同自倍），这就是说 5，6，7，8，9 的自倍分别是 0，1，2，3，4 的自倍，即依次为 0，2，4，6，8，注意熟记，见表 2－4。

表 2－4

偶同数	0,5	1,6	2,7	3,8	4,9
自倍数	0	2	4	6	8

（2）一位数乘法运算程序和法则。一位数乘多位数的乘法运算分三个层次：

① 首先被乘数的数前补"0"。这项措施不影响乘积的数值，但使乘积的位数和被乘数

的位数保持一一对应。如果乘积的位数发生错误，很容易就能看出来。这样修改被乘数之后，才可以说：乘积的任何一位都等于这位上的"本个"加"后进"，只取和的个位数。

　　② 从高位算起，即是从最左补的那个"0"开始按"本位积＝本个＋后进，只取和的个位"的公式逐位求出本位积。"本个＋后进"可能出现满 10 的数，这时只取和的个位数，弃掉 10，即"超 10 不进法则"。

　　③"本个＋后进"实际是两个一位数的和，肯定小于 20。"本个＋后进"就是 20 以内的加法运算，越熟练，运算速度就越快。

　　（3）个位律和进位律表。

　　① 个位律表。表 2 – 5 列出了个位律表。

表 2 – 5　个位律表

个位数 / 被乘数 / 乘数	1	2	3	4	5	6	7	8	9
2	2	4	6	8	0	2	4	6	8
3	3	6	9	2	5	8	1	4	7
4	4	8	2	6	0	4	8	2	6
5	5	0	5	0	5	0	5	0	5
6	6	2	8	4	0	6	2	8	4
7	7	4	1	8	5	2	9	6	3
8	8	6	4	2	0	8	6	4	2
9	9	8	7	6	5	4	3	2	1

从表中可以归纳出个位规律：

a. 乘数是 2，将被乘数加倍求个位。归纳口诀即"2 乘加自身"。

b. 乘数是 3，当被乘数是偶数时，将被乘数求补数后再加倍，如 4×3，即 4 的补数是 6 加倍后为 2；当被乘数是奇数时，其个位积由乘法口诀求得，熟练后最好不要用口诀。

c. 乘数是 4，当被乘数是偶数时，则求被乘数补数，如 8×4，即 8 的补数是 2；当被乘数是奇数时，求被乘数的凑数，如 7×4，即 7 的凑数是 8。因此乘数是 4 时，即为"偶补数，奇凑数"。

d. 乘数是 5，当被乘数是偶数时，得 0；当被乘数是奇数时，得 5，如 6×5 个位是 0；3×5 个位是 5。

e. 乘数是 6，当被乘数是偶数时，为其自身数，如 4×6 个位是 4；当被乘数是奇数时，则为自身数再加 5，如 3×6 个位是 8。即"偶自身，奇加 5"。

f. 乘数是 7，当被乘数是偶数时，即自身再加倍，如 8×7 个位是 6；当被乘数是奇数时，即自身加倍后再加 5，如 3×7 个位是 1。归纳为"偶加自身，奇加自身再加 5"。

g. 乘数是 8，被乘数不分偶数、奇数，个位一律为被乘数的补数再加倍。如 6×8 个位是 8，3×8 个位是 4。

h. 乘数是 9，个位即被乘数的补数。如 4×9 个位是 6，3×9 个位是 7。

　　② 进位律表。表 2 – 6 列出了进位律表。

表 2-6　进位律表

乘数	1	2	3	4	5	6	7	8
2	5							
3	$\dot{3}$	$\dot{6}$						
4	25	5	75					
5	2	4	6	8				
6	$\dot{1}6$	$\dot{3}$	5	$\dot{6}$	$8\dot{3}$			
7	$\dot{1}4285\dot{7}$	$\dot{2}8571\dot{4}$	$\dot{4}2857\dot{1}$	$\dot{5}7142\dot{8}$	$\dot{7}1428\dot{5}$	$\dot{8}5714\dot{2}$		
8	125	25	375	5	625	75	875	
9	$\dot{1}$	$\dot{2}$	$\dot{3}$	$\dot{4}$	$\dot{5}$	$\dot{6}$	$\dot{7}$	$\dot{8}$
乘数　界限　进位　进位	1	2	3	4	5	6	7	8

说明：（a）如果只在一个数字的上端有圆点"·"，则是指超过循环几的意思。如 $\dot{3}$ 是指超过 3 的循环数。（b）如果在两个数字的上端有圆点"·"，则是指超过这个循环数。如 $\dot{1}4285\dot{7}$ 是指超过 142857 循环数的意思（如 142858，14286，1429，143，15 等）。

从表中可以归纳出进位规律：

a. 乘数是 2，"满 5 进 1"。

b. 乘数是 3 时，"超 $\dot{3}$ 进 1，超 $\dot{6}$ 进 2"。

c. 乘数是 4 时，"满 25 进 1，满 5 进 2，满 75 进 3"。

d. 乘数是 5 时，"满 2 进 1，满 4 进 2，满 6 进 3，满 8 进 4"。

e. 乘数是 6 时，"超 $\dot{1}6$ 进 1，超 $\dot{3}$ 进 2，满 5 进 3，超 $\dot{6}$ 进 4，超 $8\dot{3}$ 进 5"。

f. 乘数是 7 时，"超 $\dot{1}4285\dot{7}$ 进 1，超 $\dot{2}8571\dot{4}$ 进 2，超 $\dot{4}2857\dot{1}$ 进 3，超 $\dot{5}7142\dot{8}$ 进 4，超 $\dot{7}1428\dot{5}$ 进 5，超 $\dot{8}5714\dot{2}$ 进 6"。

g. 乘数是 8 时，"满 125 进 1，满 25 进 2，满 75 进 3，满 5 进 4，满 625 进 5，满 75 进 6，满 875 进 7"。

h. 乘数是 9 时，超几的循环数进几，即"超 $\dot{几}$ 进几"。

熟悉了乘数的"本个规律"和"进位规律"后，应逐个乘数进行大量的练习，并逐步做到以下几点：

a. 求"本个"既不能使用"九九口诀表计算"，也不能使用所讲述的个位律一步步地来计算。这里的规律只是帮助初学者记忆。熟练后达到眼睛一看数字，头脑中不用任何运算过程就能立即闪现出它的"本个"数字。这里要求初学者首先要树立信心，其次要经过反复练习方能达到。

b. 求"后进"也不要用进位律的口诀来确定。进位律的口诀也只是帮助我们解决速算方法。我们必须通过反复练习，达到眼睛一看到假小数，脑中就立即反应出"后进"数字来，不要有任何的计算过程。

c. "本个＋后进"是一位数加法，要提高脑算能力，只有这样才能加快运算速度。

d. 学习时，对于每一个乘数的运算规律，要学一个，练一个，掌握一个。切不可等学完了"个位律"和"进位律"再一起练习。

③ 运算方法。

第一，乘数是2。

例31　5 678 × 2 = 11 356

在计算过程中，将被乘数看做05 678。

a. 本个0，假小数为5 678，后进1，本位积为1。

b. 本个0，假小数为678，后进1，本位积为1。

c. 本个2，假小数78，后进1，本位积为3。

d. 本个4，假小数为8，后进1，本位积为5。

e. 本个6，无后进即末位，本位积为6。

列式如图2 - 176所示。

根据公式定位法得积11 356。

第二，乘数是3。

例32　75 346 × 3 = 226 038

列式如图2 - 177所示。

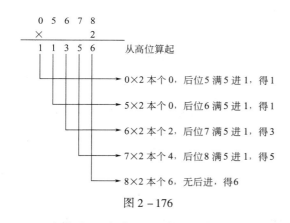

图2 - 176

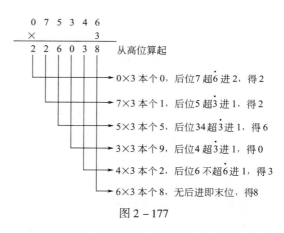

图2 - 177

"本位积＝本个＋后进"，只取个位，满10弃10，"超10不进"。此例"3"为本位时，本个为9，后进1，本位积为0，而不是10。

第三，乘数是4。

例33　8 325 × 4 = 33 300

列式如图2 - 178所示。

第四，乘数是5。

例34　3 257 × 5 = 16 285

列式如图2 - 179所示。

第五，乘数是6。

例35　8 356 × 6 = 50 136

列式如图2 - 180所示。

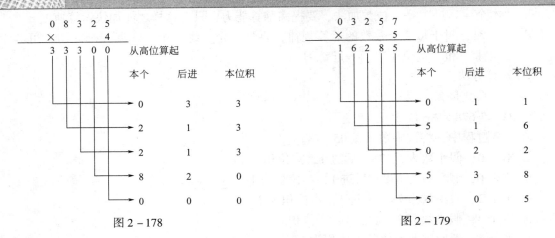

图 2 – 178　　　　　　　　　　　　　图 2 – 179

经过反复练习，已掌握了"一口清"的运算方法，应用本个、后进同步算出本位积，进而真正达到"一口清"。

如上例 8 356×6，根据"一口清"运算法则，如图 2 – 181 所示。

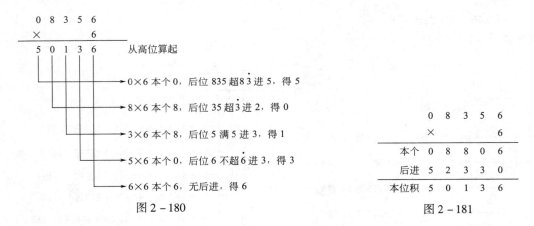

图 2 – 180　　　　　　　　　　　　　图 2 – 181

第六，乘数是 7。

乘数为 7 的进位规律如下：

$\frac{1}{7} = 0.\dot{1}4285\dot{7}$ 这是一个以"142857"为循环节的循环数。同样的道理，我们有：

$\frac{2}{7} = 0.\dot{2}8571\dot{4}$ 这是一个以"285714"为循环节的循环数。

$\frac{3}{7} = 0.\dot{4}2857\dot{1}$ 这是一个以"428571"为循环节的循环数。

$\frac{4}{7} = 0.\dot{5}7142\dot{8}$ 这是一个以"571428"为循环节的循环数。

$\frac{5}{7} = 0.\dot{7}1428\dot{5}$ 这是一个以"714285"为循环节的循环数。

$\frac{6}{7} = 0.\dot{8}5714\dot{2}$ 这是一个以"857142"为循环节的循环数。

乘数为 7 时，它的最大进位是 6，依次各进位分界点如下：

$$\frac{1}{7} = 0.\dot{1}4285\dot{7}$$

$$\frac{2}{7} = 0.\dot{2}8571\dot{4}$$

$$\frac{3}{7} = 0.\dot{4}2857\dot{1}$$

$$\frac{4}{7} = 0.\dot{5}7142\dot{8}$$

$$\frac{5}{7} = 0.\dot{7}1428\dot{5}$$

$$\frac{6}{7} = 0.\dot{8}5714\dot{2}$$

由此得出进位规律（见进位律表）。以上进位规律从表面上看，确实非常难记，但是分析一下就不难看出其中的规律。

我们把 142857 这六个各不相同的数字排列开，其实其中只缺 3，6，9 三个数字，当假小数首位是 3，6，9 时，必进 2，4，6。这样我们再看循环节的首位数字就比较容易判断了。

以 1 为循环节首位的数是 $0.\dot{1}4285\dot{7} = \frac{1}{7}$；以 2 为循环节首位的数是 $0.\dot{2}8571\dot{4} = \frac{2}{7}$；以 4 为循环节首位的数是 $0.\dot{4}2857\dot{1} = \frac{3}{7}$；以 5 为循环节首位的数是 $0.\dot{5}7142\dot{8} = \frac{4}{7}$；以 7 为循环节首位的数是 $0.\dot{7}1428\dot{5} = \frac{5}{7}$；以 8 为循环节首位的数是 $0.\dot{8}5714\dot{2} = \frac{6}{7}$。

经过上述分析，我们就可以牢牢熟记了。

例 36 4 286 × 7 = 30 002

列式如图 2－182 所示。

第七，乘数为 8。

例 37 102 584 × 8 = 820 672

计算过程如图 2－183 所示。

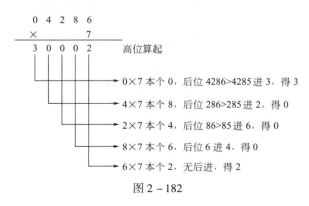

图 2－182   图 2－183

注意：在求本位积时，满 10 弃 10，超 10 不进，只取个位。

第八，乘数为 9 时。

例38　973 845 ×9 = 8 764 605
计算过程如图2－184所示。

```
          0 9 7 3 8 4 5
        ×           9
      ─────────────────
  本 个 0 1 3 7 2 6 5     高位算起
  后 进 8 6 3 7 4 4 0
      ─────────────────
  本 位 积 8 7 6 4 6 0 5
```

图2－184

④ 多位数一口清乘法。它实际上是一位数一口清乘法的具体运用。只要我们掌握了一位数一口清，然后将多位转变成若干个一位数的乘法，根据空盘乘法加积档次的规律，递位叠加之积就可以得到全积。

定位时按盘上公式定位法（或公式定位法）和固定个位档定位法皆可。

例39　3 474 ×6 283 = 21 817 142

a. 采用盘上公式定位法。从算盘左框第一档开始运算。本例被乘数中有两个"4"，可运用随乘法，先用第二位上的4去乘06 283得25 132，如图2－185所示。

b. 再用第四位上的4去乘06 283，递位叠加在第四档为十位档（本位档），得积为2 538 332，如图2－186所示。

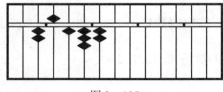

图2－185

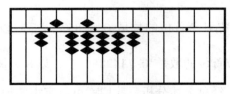

图2－186

c. 用被乘数首位3去乘06 283得18 849，从左框第一档（本位档）始加18 849，得积为21 387 332，如图2－187所示。

d. 用被乘数第三位7 ×06 283 = 42 981，从左框第三档始加42 981，得积21 817 142，如图2－188所示。

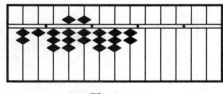

图2－187

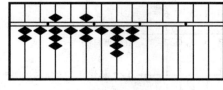

图2－188

e. 根据盘上公式定位法"$m + n$"，得全积为21 817 142。

二、珠算除法

（一）商的定位方法

珠算除法定位是以被除数与除数大小比较以及它们的位数为依据来确定的。现介绍三种常用的定位方法。

1. 公式定位法

（1）公式定位法就是利用被除数与除数的大小比较以及被除数与除数的位数来确定商的位数的一种定位方法。一般设被除数的位数为 M，除数的位数为 N，其商的位数在运算中主要有下列四种情形：

第一，当被除数的首位数字小于除数的首位数字时，其商的位数等于被除数的位数减去除数的位数。用公式（ⅰ）表示如下：

$$M - N \text{······························（ⅰ）}$$

第二，当被除数的首位数字大于除数的首位数字时，其商的位数等于被除数的位数减去除数的位数再加 1 位。用公式（ⅱ）表示如下：

$$M - N + 1 \text{·························（ⅱ）}$$

第三，当被除数的首位数字与除数的首位数字相同时，则依次比较它们的第二位，如第二位仍然相同，则比较它们的第三位，直至末位，然后按照上述方法确定商的位数。

第四，当被除数等于相同位数的除数时，其商的位数用公式"$M - N + 1$"来确定。

例 1 $200 \div 40 = 5$

   （+3）－（+2）=（+1）位

例 2 $4\,000 \div 20 = 200$

   （+4）－（+2）+1=（+3）位

例 3 $1.32 \div 0.12 = 11$

   （+1）－（0）+1=（+2）位

例 4 $98.01 \div 0.99 = 99$

   （+2）－（0）=（+2）位

例 5 $8.40 \div 0.084 = 100$

   （+1）－（-1）+1=（+3）位

（2）根据不隔位除法或隔位除法选用公式定位法。

① 用不隔位除法运算。若商的首位数字与被除数首位数字在同一档上，则用公式（ⅰ）定位，即商的位数等于被除数位数减去除数位数（$M - N$）；若商的首位数字在被除数首位数字的左一档上，则用公式（ⅱ）定位，商的位数等于被除数位数减去除数位数再加 1 位（$M - N + 1$）。

② 隔位除法运算。若商的首位数字在被除数首位数字的左一档上，则用公式（ⅰ）定位，即商的位数等于被除数位数减去除数位数（$M - N$）；若商的首位数字在被除数首位数字的左二档上，则用公式（ⅱ）定位，商的位数等于被除数位数减去除数位数再加 1 位（$M - N + 1$）。

例 6 $1\,512 \div 3 = 504$（用隔位除法运算）

a. 从算盘左框第三档起将被除数 1 512 拨在算盘上，默记除数 3，如图 2 – 189 所示。

b. 用隔位除法运算，被除数首位数字 1 小于除数 3，即"不够除挨位上商数"，试商 5，并将商数 5 与除数 3 的积数 15 从商后的右一档依次减去，余数为 12。其盘面结果如图 2 – 190 所示。

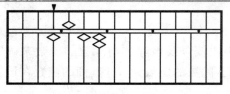

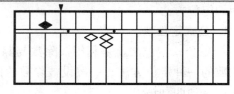

图 2 – 189　　　　　　　　　　　　　图 2 – 190

c. 对余数续除。被除数余数的首位数字 1 小于除数首位数字 3，挨位试商 4，即在左框第四档上商数 4，再将商数 4 与除数 3 的乘积 12 在商后依次减去，余数为 0 即为除尽。

根据公式定位法（i）商的位数 = $M - N$ = 4 – 1 = +3（位），求出商数为 504，如图2 – 191所示。

例 7　888 ÷ 0. 6 = 1 480（用隔位除法运算）

a. 从算盘左框第三档起将被除数 888 拨在算盘上，默记除数 6，如图 2 – 192 所示。

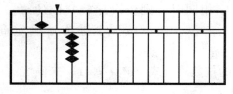

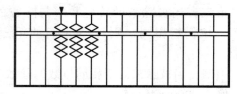

图 2 – 191　　　　　　　　　　　　　图 2 – 192

b. 用隔位除法运算，被除数首位数字 8 大于除数 6，即"够除隔位上商数"，试商 1，并将商数 1 与除数 6 的积数 06 从商后的右一档依次减去，余数为 288。其盘面结果如图2 – 193所示。

c. 用隔位除法运算，被除数首位数字 2 小于除数 6，即"不够除挨位上商数"，在左框第二档试商 4，并将商数 4 与除数 6 的积数 24 从商后的右一档依次减去，余数为 48。其盘面结果如图 2 – 194 所示。

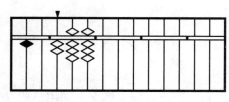

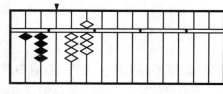

图 2 – 193　　　　　　　　　　　　　图 2 – 194

d. 用隔位除法运算，被除数首位数字 4 小于除数 6，即"不够除挨位上商数"，在左框第三档试商 8，并将商数 8 与除数 6 的积数 48 从商后的右一档依次减去，余数为 0，即为除尽。根据公式定位法（ii）商的位数 = $M - N + 1$ = 3 – 0 + 1 = +4（位），求出商数为1 480，如图2 – 195所示。

例 8　1 512 ÷ 3 = 504（用不隔位除法运算）

a. 从算盘左框第二档起将被除数 1 512 拨在算盘上，默记除数 3，如图 2 – 196 所示。

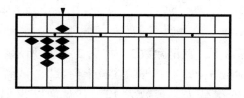

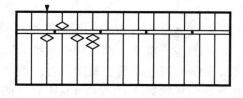

图 2 – 195　　　　　　　　　　　　　图 2 – 196

b. 用不隔位除法运算，被除数首位数字 1 小于除数 3，即"不够除本位改商数"，被改的被除数首位数字 1 需脑记。试商 5，并将被除数首位数字 1 改为商数 5，再将商数 5 与除数 3 的积数 15 从商的本位档依次减去，余数为 12。其盘面结果如图 2 – 197 所示。

c. 同理，对余数续除。被除数余数的首位数字 1 小于除数首位数字 3，本位改商数 4，即在左框第四档上改商数 4，再将商数 4 与除数 3 的积数 12 在被除数余数中依次减去，余数为 0 即为除尽。根据公式定位法（ⅰ）商的位数 $= M - N = 4 - 1 = +3$（位），求出商数为 504，如图 2 – 198 所示。

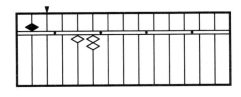

图 2 – 197

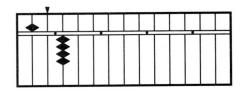

图 2 – 198

例 9 $888 \div 0.6 = 1\,480$（用不隔位除法运算）

a. 从算盘左框第二档起将被除数 888 拨在算盘上，默记除数 6，如图 2 – 199 所示。

b. 用不隔位除法运算，被除数首位数字 8 大于除数 6，即"够除挨位上商数"，在左框第一档试商 1，并将商数 1 与除数 6 的积数 06 从商后的右一档减去，即个位在右一档减积，余数为 288。其盘面结果如图 2 – 200 所示。

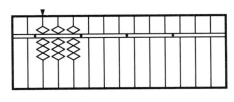

图 2 – 199

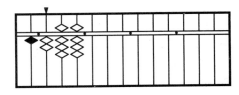

图 2 – 200

c. 用不隔位除法运算，被除数首位数字 2 小于除数 6，即"不够除本位改商数"，被除数首位数字 2 改商数 4，被改的余数首位数字 2 需脑记，并将商数 4 与除数 6 的积数 24 从被除数余数中减去，余数为 48。其盘面结果如图 2 – 201 所示。

d. 用不隔位除法运算，被除数首位数字 4 小于除数 6，即"不够除本位改商数"，余数首位数字 4 改商数 8，被改的余数首位数字 4 需脑记。并将商数 8 与除数 6 的积数 48 从被除数的余数中减去，余数为 0 即为除尽。根据公式定位法（ⅱ）商的位数 $= M - N + 1 = 3 - 0 + 1 = +4$（位），求出商数为 1 480，如图 2 – 202 所示。

综上所述可以概括为："位数相减，够除加 1。"

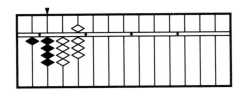

图 2 – 201

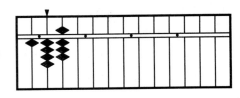

图 2 – 202

2. 盘上公式定位法

所谓盘上公式定位法就是利用商的首位数字落到算盘上的哪一档来确定商的位数的一种定位方法。

（1）用不隔位除法运算时，可在算盘左边空一档，即从左边第二档起拨置被除数。通过运算后，如果首档有商数，就用公式 $M - N + 1$ 定位；如果首档是空档，则用公式 $M - N$ 定位。

（2）用隔位除法运算时，可在算盘左边空二档，即从左边第三档起拨置被除数。通过运算后，如果首档有商数，就用公式 $M - N + 1$ 定位；如果首档是空档，则用公式 $M - N$ 定位。

这种方法的定位可概括为："位数相减，满档加1。"

例10　$884\,304 \div 712 = 1\,242$（用不隔位除法运算）

① 置数。从算盘左边第二档起将被除数 $884\,304$ 拨在算盘上，默记除数 712，如图 2 - 203 所示。

② 用不隔位除法运算之后，盘上算珠为 $1\,242$，如图 2 - 204 所示。

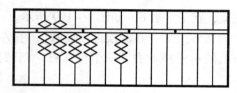
图 2 - 203

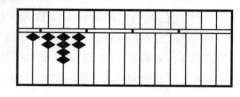
图 2 - 204

因运算结果盘面显示首档上有数字，故用公式 $M - N + 1$ 定位，商的位数 $= 6 - 3 + 1 = +4$（位），商数是 $1\,242$。

例11　$527.80 \div 6.5 = 81.20$（用不隔位除法运算）

① 置数。从算盘左边第二档起将被除数 $5\,278$ 拨在算盘上，默记除数 65，如图 2 - 205 所示。

② 用不隔位除法运算之后，盘上算珠为 812，如图 2 - 206 所示。

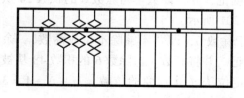
图 2 - 205

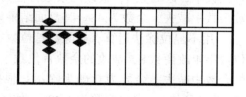
图 2 - 206

因运算结果盘面显示首位档是空档，故用公式 $M - N$ 定位，商数的位数 $= 3 - 1 = +2$（位），商数是 81.20。

例12　$648\,000 \div 2\,700 = 240$（用隔位除法运算）

① 置数。从算盘左边第三档起将被除数 648 拨在算盘上，默记除数 27，如图 2 - 207 所示。

② 用隔位除法运算之后，盘上算珠为 24，如图 2 - 208 所示。

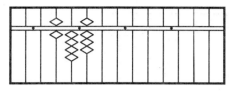

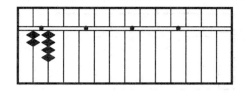

图 2 - 207   图 2 - 208

因运算结果盘面显示首位档上有数字，故用公式 $M - N + 1$ 定位，商的位数为 $6 - 4 + 1$ $= +3$（位），商数是 240。

例 13　$0.195\ 5 \div 0.008\ 5 = 23$（用隔位除法运算）

① 置数。从算盘左边第三档起将被除数 1 955 拨在算盘上，默记除数 85，如图 2 - 209 所示。

② 用隔位除法运算之后，盘上算珠为 23，如图 2 - 210 所示。

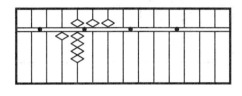

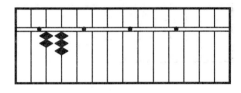

图 2 - 209   图 2 - 210

因运算结果盘面显示首位档是空档，故用公式 $M - N$ 定位，商的位数为 $0 - (-2) = +2$（位），商数是 23。

3. 固定个位档定位法

固定个位档定位法属于算前定位方法，即在计算前首先在算盘盘面上选定一档作为商的个位档，然后根据选用的除法来确定拨入新的"被除数"的位数。其具体做法为：

（1）如采用不隔位除法运算，即用被除数位数减去除数的位数（$M - N$）确定新的"被除数"的位数，然后把新的"被除数"按对应个位档拨入算盘。计算完毕，即可按预先确定的个位档书写商数。

（2）如采用隔位除法运算，需用被除数的位数减去除数的位数再减 1 位（$M - N - 1$）来确定新的"被除数"的位数，然后将新的"被除数"按对应个位档拨入算盘。计算完毕，即可按预先确定的个位档书写商数。

（3）采用固定个位档定位法应注意以下事项：个位本身是 +1 位；个位档的右一档是零位档；零位档的右一档是 -1 位，依次下一档为 -2 位、-3 位；高位在左，低位在右。

例 14　$8\ 304 \div 34.6 = 240$（用不隔位除法运算）

① 置数。事先在算盘上选定某档作为个位档，用 $M - N$ 求出新的"被除数"位数，即 $4 - 2 = +2$（位）。然后将新的"被除数"按对应的个位档拨入算盘，默记除数 346，如图 2 - 211 所示。

② 用不隔位除法运算之后，盘面数为 24，如图 2 - 212 所示。

根据事先确定的个位书写答案，商数为 240。

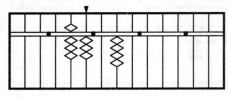

图 2-211

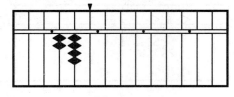

图 2-212

例15　8.516 4 ÷ 0.94 = 9.06（用隔位除法运算）

① 置数。在算盘上选定某档作为个位档，用 $M - N - 1$ 求出新的"被除数"位数，即 $1 - 0 - 1 = 0$（位）。然后将新的"被除数"按对应的个位档拨入算盘，默记除数94，如图 2-213所示。

② 用隔位除法运算之后，盘面数为906，如图 2-214 所示。

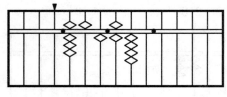

图 2-213

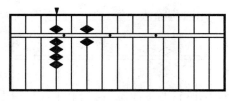

图 2-214

根据事先确定的个位档书写答案，商数为9.06。

（二）隔位除法

1. 运算步骤

（1）置数。从算盘左边第三档起拨上被除数，默记除数（或按固定个位档定位法，将被除数对应拨入算盘）。

（2）运算。置商：按"够除隔位上商数，不够除挨位上商数"的原则将商数拨在算盘上。所谓"够除"、"不够除"，是指被除数（或余数）与除数的相同位数相比较而言的。

如果被除数大于或等于相同位数的除数则称为"够除"，如 895 ÷ 4 536；反之，如果被除数小于相同位数的除数则称为"不够除"，如 4 536 ÷ 895。

当被除数与除数首位数字相同时，则依次比较它们的第二位；第二位也相同时，则比较第三位，直至末位。

所谓"隔位上商数"是指在被除数（或余数）首位数字的左二档上布商数；"挨位上商数"是指在被除数（或余数）首位数字的左一档上布商数。

（3）试商与减积。试商：比较除数和被除数，估计出被除数是除数的多少倍，并将估计的商数拨在应置的档位上。减积方法：从被除数（或余数）中，减去商数与除数的乘积。其减积的方法为：乘积的十位数在商的右一档上减，乘积的个位数在十位数的下一档上减。

（4）对余数续除。重复上述第（2）步、第（3）步，直至除尽或要求的精确度为止。

（5）商的定位。用公式定位法或盘上公式定位法求出商数。如采用盘上公式定位法，看算盘首档有数，则用公式 $M - N + 1$ 定位；如算盘首档为空档，则用公式 $M - N$ 定位，也可采用固定个位档定位法求出商数。

2. 一位除法

除数是一位数的，叫一位除法。

例16　$780 \div 3 = 260$

运算步骤为：

（1）从算盘左边第三档起，拨上被除数780，默记除数3，如图2－215所示。

（2）被除数首位数7大于除数3，"够除隔位商"。试商为2，在算盘左边第一档置商数2，并用商数2乘以除数3，将乘积06从商数2的右一档起逐位减去（乘积的十位数为0，不用减，退一档减个位乘积6），余数为18，如图2－216所示。

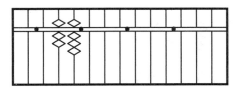

图2－215

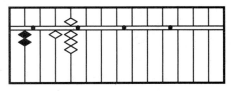

图2－216

（3）因余数首位数1小于除数3，"不够除挨位商"。再用余数18与除数3比较，试商为6，在余数前一档置商数6，并用商数6乘以除数3，将乘积18从商数6的右一档逐位减去，余数为0，如图2－217所示。

（4）因算盘首档有商数，则商的位数为 $M - N + 1 = 3 - 1 + 1 = +3$（位），商数为260。

例17　$10.8 \div 0.004 = 2\ 700$

运算步骤为：

（1）从算盘左边第三档起，拨上被除数108，默记除数4，如图2－218所示。

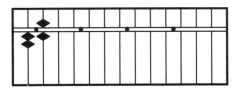

图2－217

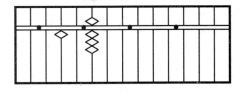

图2－218

（2）被除数首位数1小于除数4，"不够除挨位商"。试商为2，并用商数2乘以除数4，将积数08从商数的右一档起逐位减去，余数为28，如图2－219所示。

（3）余数首位数2小于除数4，"不够除挨位商"。再用余数28与除数4比较，试商为7，在余数前一档置商数7，并用商数7乘以除数4，将乘积28从商数7的右一档逐位减去，余数为0。

（4）因算盘首档无商数，则商的位数为 $M - N = 2 - (-2) = 4$（位），商数为2 700，如图2－220所示。

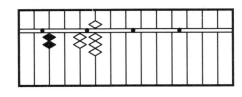

图2－219

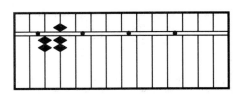

图2－220

3. 两位除法

除数是两位数的除法叫两位除法。

例 18　5 922 ÷ 63 = 94

（1）从算盘左边第三档起，拨上被除数 5 922，默记除数 63，如图 2 - 221 所示。

（2）被除数首位数 5 小于除数首位数 6，"不够除挨位商"。用被除数前两位数 59 与除数首位数 6 比较，在被除数首位数 5 的前一档置商数 9，并从商数 9 的下一档起减 9 × 6 = 54，下二档起减 9 × 3 = 27（即上次减积的个位档是下一次减积的十位档），盘面得商数 9，余数为 252，如图 2 - 222 所示。

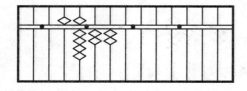

图 2 - 221

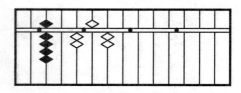

图 2 - 222

（3）余数首位数 2 小于除数首位数 6，"不够除挨位商"。用余数前两位数 25 与除数首位数 6 比较，在余数首位数 2 的前一档置商数 4，并从商数 4 的下一档起减 4 × 6 = 24，下二起减去 4 × 3 = 12，盘面得商数 94，余数为 0，如图 2 - 223 所示。

（4）因算盘首位档无商数，则商的位数为 M - N = 4 - 2 = +2（位），商数为 94。

例 19　30.16 ÷ 0.29 = 104

（1）从算盘左边第三档起，拨上被除数 3 016，默记除数 29，如图 2 - 224 所示。

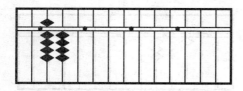

图 2 - 223

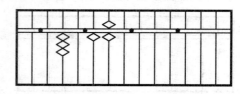

图 2 - 224

（2）因被除数首位数 3 大于除数首位数 2，"够除隔位商"。在被除数首位数 3 的前二档上置商数 1，并从商数 1 的下一档起减 1 × 2 = 02，下二档起减 1 × 9 = 09，盘面得商数 1，余数为 0 116，如图 2 - 225 所示。

（3）因余数的首位数 1 小于除数首位数 2，"不够除挨位商"。用余数前两位 11 与除数首位数 2 比较，因第二位除数是 9，只能在余数前一档置商数 4，并从商数 4 的下一档起减 4 × 2 = 08，下二档起减 4 × 9 = 36，盘面得商数为 104，余数为 0，如图 2 - 226 所示。

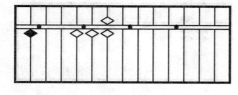

图 2 - 225

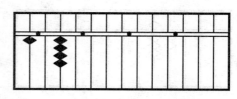

图 2 - 226

（4）因算盘首位档上有商数，则商的位数为 $M - N + 1 = 2 - 0 + 1 = +3$（位），商数为104。

4. 多位数除法

除数是三位或三位以上的除法叫多位数除法。多位数除法的计算步骤与一位、两位除法相同，但由于除数的位数较多，在估商时难度也随之增大，往往会出现估商不准的现象。估商偏小要进行补商，估商偏大又要退商，这必然会增加计算量。若估商准确就不必进行补商或退商，可以提高计算速度。所以估商时应"宁小毋大"。

例20 46 129 ÷ 283 = 163

（1）从算盘左边第三档起，拨上被除数46 129，默记除数283，如图2 - 227所示。

（2）因被除数首位数4大于除数首位数2，"够除隔位商"。要考虑到够乘减，只能在算盘首位档置商数1，用商数1乘以除数283，并从商数1的下一档起逐位向右移档。减去乘积02、08和06。盘面得商数1，余数为17 829，如图2 - 228所示。

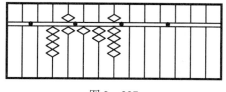

图 2 - 227

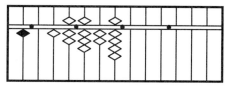

图 2 - 228

（3）因余数首位数1小于除数首位数2，"不够除挨位商"。在余数首位数1前一档置商数6，用商数6乘以除数283，并从商数6的下一档起逐位向右移档，减去乘积12、48和18。盘面得商数16，余数为849，如图2 - 229所示。

（4）因余数的首位数8大于除数首位数2，"够除隔位商"。在余数首位数8前两档置商数3，用商数3乘以除数283，并从商数3的下一档起逐位向右移档，减去乘积06、24和09。盘面得商数163，余数为0，如图2 - 230所示。

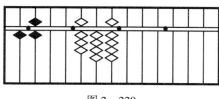

图 2 - 229

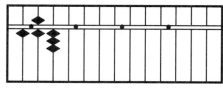

图 2 - 230

（5）因算盘首位档上有商数，则商的位数为 $M - N + 1 = 5 - 3 + 1 = +3$（位），商数为163。

在除法运算过程中，有时会出现乘减过后余数仍然大于或者等于除数，说明商数偏小，有时会出现不够减，说明商数偏大。商数偏小或偏大，都要将所估的商数进行调整，即补商和退商。

补商的方法是：将商数加1，并从其右二档（隔位除法）或下一档（不隔位除法）减去所有除数一遍。

退商的方法是：将商数减1，并从其右二档（隔位除法）或下一档（不隔位除法）起加还已经乘减过的除数，然后再用减1后的商数（调整后的商）乘以尚未乘减过的除数，并将乘积从被除数中减去。

例21 35 578.62÷95.13＝374

（1）在算盘上确定个位档，用固定个位档定位法定位。用 $M-N-1=5-2-1=+2$（位）求出新的"被除数"位数，然后将被除数按对应个位档拨入算盘，默记除数9 513，如图2－231所示。

（2）因被除数首位数3小于除数首位数9，"不够除挨位商"。在被除数首位数3的前一档置商数3，用商数3乘以除数9 513，并从商数3的下一档起逐位向右移档，减去乘积27、15、03和09，盘面得商数3，余数703 962，如图2－232所示。

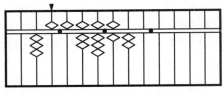

图2－231

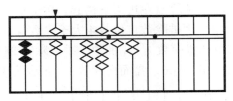

图2－232

（3）因余数首位数7小于除数首位数9，"不够除挨位商"。在余数首位数7的前一档置商数7，用商数7乘以除数9 513，并从商数7的下一档起逐位向右移档，减去乘积63、35、07和21，盘面得商数37，余数为38 052，如图2－233所示。

（4）因余数首位数3小于除数首位数9，"不够除挨位商"。在余数首位数3的前一档置商数3，用商数3乘以除数9 513，并从商数7的下一档起逐位向右移档，减去乘积27、15、03和09，盘面得商数373，余数为9 513，如图2－234所示。

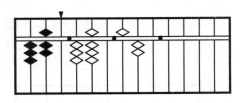

图2－233

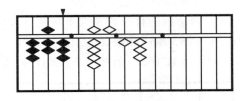

图2－234

（5）余数等于除数，说明试商偏小，将商数3补加1，调整为4，并从其右二档起减去一次除数9 513。盘面得商数374，余数为0，如图2－235所示。

（6）根据已固定的个位档，得商数为374。

例22 50.46÷7.218≈6.99（保留两位小数）

（1）用公式定位法定位，从算盘左边第三档起将被除数5 046拨在算盘上，默记除数7 218，如图2－236所示。

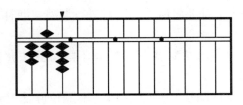

图2－235

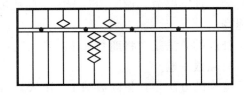

图2－236

（2）因被除数首位数 5 小于除数首位数 7，"不够除挨位商"。在被除数首位数 5 的前一档置商数 7，用商数 7 乘以除数 7 218，并从商数 7 的右一档起逐位减去乘积 49 和 14，盘上余数为 006，如图 2 - 237 所示。

（3）再继续减乘积 07 和 56 时，不够减，说明试商偏大，将商数 7 退 1 调整为 6，从其右二档起加还已乘减过的除数 7.2，然后，再用商数 6 乘以除数 1.8，从商数 6 的右三档起依次向右移档减去 06 和 48，盘面得商数 6，余数为 7 152，如图 2 - 238 所示。

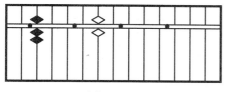

图 2 - 237

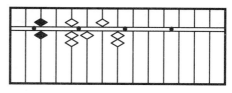

图 2 - 238

（4）因余数首位数 7 和除数首位数 7 相等，继续比较第二位数，余数前两位数为 71 小于除数前两位数 72，"不够除挨位商"。在余数首位数 7 的前一档置商数 9，用商数 9 乘以除数 7 218，并从商数 9 的下一档起逐位向右移档，减去乘积 63、18、09 和 72，盘面得商数 69，余数为 6 558，如图 2 - 239 所示。

（5）因余数首位数 6 小于除数首位数 7，"不够除挨位商"。在余数首位数 6 的前一档置商数 9，用商数 9 乘以除数 7 218，并从商数 9 的下一档起逐位向右移档，减去乘积 63、18、09 和 72，盘面得商数 699，余数 0 618，如图 2 - 240 所示。

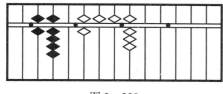

图 2 - 239

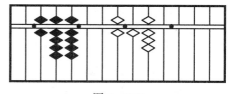

图 2 - 240

（6）用公式定位法定位，因被除数首位数 5 小于除数首位数 7，商的位数为 $M - N = 2 - 1 = +1$（位），商数为 6.99。

对除不尽且保留两位小数算题的尾数处理有以下三种方法：

① 估算出第三位小数，然后进行四舍五入。

② 目测加倍法。求出两位小数后，目测余数的前两位数，然后将其加倍，如果大于或等于除数的前两位数则进位；如小于则舍去。如上例余数为 0 618，余数前两位数为 06，加倍后为 12，小于除数前两位数 72，则舍去。如余数为 4 618…，余数前两位为 46，加倍后为 92，大于除数前两位数 72，则要进位。

③ 目测减半法。求出两位小数后，目测余数的前两位数是否大于或等于除数的前两位数的一半，大于则进位，小于则舍去。

例23　7 804.56 ÷ 263.4 ≈ 29.63（保留两位小数）

（1）在算盘上确定个位档，用固定个位档定位法定位。用 $M - N - 1 = 4 - 3 - 1 = 0$（位）求出新的"被除数"位数，然后将被除数按对应个位档拨入算盘，默记除数 2 634，如图 2 - 241 所示。

（2）被除数首位数7大于除数首位数2，"够除隔位商"。在被除数首位数7的前二档置商数3，用商数3乘以除数2 634，并从商数3的下一档起逐位向右移档，减去乘积06、12，盘上余数为000 456，如图2－242所示。

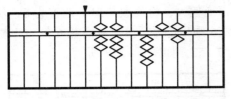

图2－241

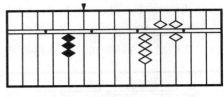

图2－242

（3）再继续减乘积09、12时，不够减，说明试商偏大，需退商，将商数退1调整为2，从其右二档起加还已乘减过的除数26，如图2－243所示。

（4）再用商数2乘以除数34，从商数2的右三档起依次向右移档减去06、08，盘面得商数2，余数253 656，如图2－244所示。

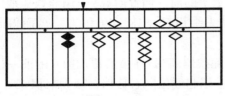

图2－243

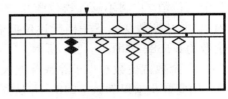

图2－244

（5）因余数首位数2等于除数首位数2，继续比较第二位数。余数第二位数5小于除数第二位数6，"不够除挨位商"。用9估商，在被除数首位数2的前一档置商数9。用商数9乘以除数2 634，并从商数9的下一档起逐位向右移档，减去乘积18、54、27和36，盘面得商数29，余数为16 596，如图2－245所示。

（6）因余数首位数1小于除数首位数2，"不够除挨位商"。在余数首位数1的前一档置商数5，用商数5乘以除数2 634，并从商数5的下一档起逐位向右移档，减去乘积10、30、15和20，盘面得商数295，余数为3 426，如图2－246所示。

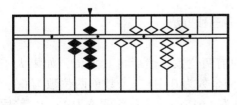

图2－245

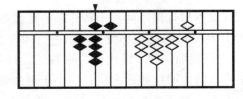

图2－246

（7）因余数3 426大于除数2 634，需补商。将商数5补加1，调整为6，并从其右二档起减去一次除数2 634（即用商数1乘以除数2 634，并从商数6的下一档起逐位向右移档，减去乘积02、06、03和04）。盘面得商数29.6，余数为0 792，如图2－247所示。

（8）因余数首位数7大于除数首位数2，"够除隔位商"。在余数首位数7的前二档置商数3，用商数3乘以除数2 634，并从商数3的下一档起逐位向右移档，减去乘积06、18、09和12，盘面得商数29.63，余数为0 018，如图2－248所示。

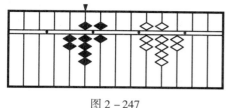

图 2 - 247

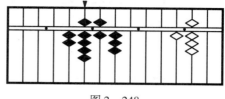

图 2 - 248

（9）因余数的前两位为 00，不可能进位，即根据已固定的个位档，得商数为 29.63。

（三）不隔位商除法

1. 不隔位商除法运算步骤

（1）置数。从算盘左边第二档起拨上被除数，默记除数（或按固定个位档定位法，将被除数对应拨入算盘）。

（2）运算。置商：按"够除挨位上商数，不够除本位改商数"的原则将商数拨在算盘上。

"够除"与"不够除"的含义与隔位商除法相同。"挨位上商数"是指在被除数（或余数）首位数字的左一档上置商数；"本位改商数"是指将被除数（或余数）的首位数字改成商数，而被改掉的被除数（或余数）首位数字要脑记，这也是学习"不隔位除法"的难点。

（3）试商与减积。

① 试商：同隔位商除法。即比较除数和被除数，估计出被除数是除数的多少倍，并将估计的商数拨在应置的档位上。

② 减积方法：从被除数（或余数）中，减去商数与除数的乘积。其减积的方法为：乘积的十位数在商的本位档上减，乘积的个位数在商数的右一档上减。

（4）对余数续除。重复上述第（2）步、第（3）步，直至除尽或要求的精确度为止。

（5）商的定位。用公式定位法或盘上公式定位法求出商数。如采用盘上公式定位法，看算盘首档有数，则用公式 $M - N + 1$ 定位；如算盘首档为空档，则用公式 $M - N$ 定位。也可采用固定个位档定位法求出商数。

2. 一位除法

例 24　780 ÷ 3 = 260

运算步骤为：

（1）从算盘左边第二档起，拨上被除数 780，默记除数 3，如图 2 - 249 所示。

（2）被除数首位数 7 大于除数 3，"够除挨位商"。试商为 2，在算盘第一档（即被除数首位数的前一档）置商数 2，并用商数 2 乘以除数 3，将积数 06 按商本位减去十位乘积，下一档减个位乘积的规则逐位减去。因乘积的十位数为 0，不用减，下一档减个位乘积 6，余数为 18，如图 2 - 250 所示。

（3）因余数首位数 1 小于除数 3，"不够除本位商"。再用余数 18 与除数 3 比较，试商为 6，将余数的首位数 1 改成商数 6，并用商数 6 乘以除数 3，将乘积 18 按商本位减十位乘积，下一档减个位乘积的规则，逐位减去。因余数的首位数 1 已经改成商数 6，在改商的过程中，十位乘积 1 已同时减去，只需从商的下一档减去个位乘积 8 即可，余数为 0。

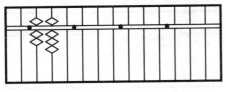

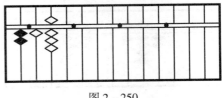

图 2 – 249   图 2 – 250

（4）因算盘首档有商数，则商的位数为 $M - N + 1 = 3 - 1 + 1 = +3$（位），商数为 260，如图 2 – 251 所示。

例 25 $10.8 \div 0.004 = 2\,700$

运算步骤为：

（1）从算盘左边第二档起，拨上被除数 108，默记除数 4，如图 2 – 252 所示。

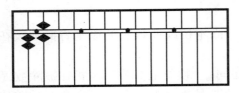

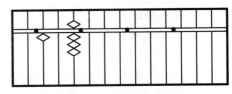

图 2 – 251   图 2 – 252

（2）被除数首位数 1 小于除数 4，"不够除本位商"。试商为 2，将被除数首位数 1 改成商数 2，并用商数 2 乘以除数 4，乘积 08 按商本位减十位乘积、下一档减个位乘积的规则，逐位减去。因商本位减去十位乘积 0，不需减，下一档减去个位乘积 8，需将被除数首位数 1 借入来减，余数为 28，如图 2 – 253 所示。

（3）余数首位数 2 小于除数 4，"不够除挨位商"。再用余数 28 与除数 4 比较，试商为 7，在余数前一档置商数 7，并用商数 7 乘以除数 4，将乘积 28 从商数 7 的右一档逐位减去，余数为 0。

（4）因算盘首档无商数，则商的位数为 $m - n = 2 - (-2) = 4$（位），商数为 2 700，如图 2 – 254 所示。

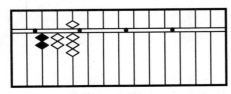

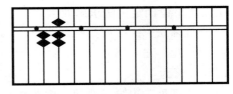

图 2 – 253   图 2 – 254

3. 两位除法

例 26 $5\,922 \div 63 = 94$

（1）从算盘左边第二档起，拨上被除数 5 922，默记除数 63，如图 2 – 255 所示。

（2）因被除数首位数 5 小于除数首位数 6，"不够除本位商"。用被除数前两位数 59 与除数首位数 6 比较，将被除数首位数 5 改成商数 9，并从商本位起减 $9 \times 6 = 54$，下一档起减 $9 \times 3 = 27$（即上一次减积的个位档是下一次减积的十位档，个位档在十位档之后），盘面得商数 9，余数为 252，如图 2 – 256 所示。

（3）因余数的首位数 2 小于除数首位数 6，"不够除本位商"。用余数前两位数 25 与除数首位数 6 比较，将余数首位数 2 改成商数 4，并从商本位起减 4 × 6 = 24，下一档起减 3 × 4 = 12，盘面得商数 94，余数为 0。

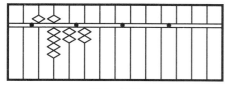 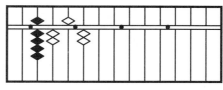

图 2 - 255　　　　　　　　　　　　　　　　图 2 - 256

（4）因算盘首位档无商数，则商数的位数为 $M - N = 4 - 2 = +2$（位），商数为 94，如图 2 - 257 所示。

例 27　30.16 ÷ 0.29 = 104

（1）从算盘左边第二档起，拨上被除数 3 016，默记除数 29，如图 2 - 258 所示。

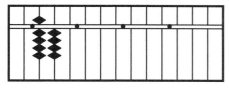 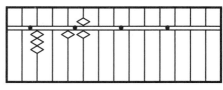

图 2 - 257　　　　　　　　　　　　　　　　图 2 - 258

（2）被除数首位数 3 大于除数首位数 2，"够除挨位商"。在被除数首位数 3 前一档上置商数 1，并从商本位起减 1 × 2 = 02，下一档起减 1 × 9 = 09，盘面得商数 1，余数为 116，如图 2 - 259 所示。

（3）余数的首位数 1 小于除数首位数 2，"不够除本位商"。用余数前两位 11 与除数首位数 2 比较，将余数首位数 1 改成商数 4，并从商本位起减 4 × 2 = 08，下一档起减 4 × 9 = 36，盘面得商数 104，余数为 0。

（4）因算盘首位档有商数，则商的位数为 $M - N + 1 = 2 - 0 + 1 = +3$（位），商数为 104，如图 2 - 260 所示。

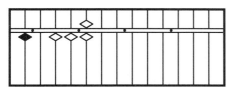 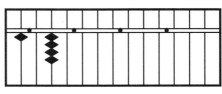

图 2 - 259　　　　　　　　　　　　　　　　图 2 - 260

4. 多位数除法

例 28　2.829 043 ÷ 4.23 ≈ 0.67（保留两位小数，以下四舍五入）

（1）用固定个位档定位法定位，在算盘上确定个位档。用 $M - N = 1 - 1 = 0$（位）求出新的"被除数"位数，然后将被除数按对应个位拨入算盘，默记除数 423，如图 2 - 261 所示。

（2）因被除数首位数 2 小于除数首位数 4，"不够除本位商"。将被除数首位数 2 改成商数 6，用商数 6 乘以除数 423，并从商数本档起向右移档，减去乘积 24、12 和 18。盘面得商数 6，余数为 291 043，如图 2 - 262 所示。

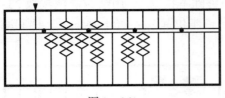
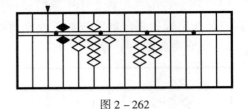

图 2－261　　　　　　　　　　　　　　图 2－262

（3）因余数首位数 2 小于除数首位数 4，"不够除本位商"。将余数首位数 2 改成商数 6，用商数 6 乘以除数 423，并从商数本档起逐位向右移档，减去乘积 24、12 和 18。盘面得商数 66，余数为 37 243，如图 2－263 所示。

（4）因余数首位数 3 小于除数 4，"不够除本位商"。将余数首位数改成商数 8，用商数 8 乘以除数 423，并从商数本档起逐位向右移档，减去 32、16 和 24。盘面得商数 0.668，余数为 3 403，如图 2－264 所示。

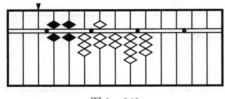
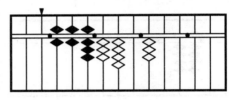

图 2－263　　　　　　　　　　　　　　图 2－264

（5）根据已固定的个位档和四舍五入原则，得商数 0.67。

在除法运算过程中，有时会出现乘减过后余数仍然大于或者等于除数，说明商数偏小，有时会出现不够减，说明商数偏大。商数偏小或偏大，都要将所估的商数进行调整，即补商和退商。

补商的方法是：将商数加 1，并从其右二档（隔位除法）或下一档（不隔位除法）减去所有除数一遍。

退商的方法是：将商数减 1，并从其右二档（隔位除法）或下一档（不隔位除法）起加还已经乘减过的除数，然后再用减 1 后的商数（调整后的商）乘以尚未乘减过的除数，并将乘积从被除数中减去。

具体的补商和退商的运算方法参见"隔位商除法"。

（四）其他除法

1. 省除法

在多位数除法运算中，被除数和除数的位数往往很多，而商数只要求保留近似值，通常只需两位、三位至多四位有效数字参加运算就足够了，特别是一些计算利润率、费用率、商品流转计划完成的情况等，因此，可以在计算前，截去除数和被除数的部分尾数，使位数减少，以达到简化运算的目的；并且在计算过程中，除数还要逐次截位，使运算更加简捷，这种除法叫省除法。

其具体的运算步骤和方法为：

（1）截取运算位码。用截取公式对被除数和除数进行位码截取，以确定运算的数位。

截取公式是：

被除数的位数（M）－除数的位数（N）＋要求保留的小数位数＋1（保险系数）＋1（够除时）

注意：被除数和除数截取的有效数字相同，截取尾数可以按四舍五入方法取舍；保险系数1是为了保证计算结果更精确而多取的位数。但运用截取公式必须结合固定个位档定位法。

（2）定位。在算盘上确定个位档。

（3）置数。用"$M-N$"求出新的"被除数"位数，然后将新的"被除数"按对应个位拨入盘中，在个位档的后面留出精确度和1位保险系数，若够除再加1位作为截止档，截止档的右一档为压尾档。用公式表示为：个位＋精确度＋1＋1（够除时）作为截止档。

（4）运算。用基本除法计算。计算时减积一律减到截止档为止，落到压尾档上的数字，凡满5就在截止档再减去1，4及以下数字舍去不计。压尾档以后的减积一律不再运算。

（5）求商。最后剩下的余数若大于或等于除数首两位一半时，则在末尾商数再加1（五入），否则舍去不计。

注意：基本除法若采用隔位除法计算时，上述第（3）步用"$M-N-1$"求出新的"被除数"位数，然后在个位档的后面留出精确度和1位保险系数，因采用隔位除法需再加1位作为截止档，若够除还要再加1位作为截止档。用公式表示为：个位＋精确度＋1＋1（隔位除法）＋1（够除时），其他与上述不隔位除法相同。

例29　$438\,275.69 \div 7\,385\,924.01 \approx 5.93\%$（精确到0.01%）

用固定个位档定位法定位，不隔位商除法运算。

① 用截位公式求出参加运算的位数$6-7+4+1=+4$（位）。按固定个位档$M-M=(-1)$位上拨被除数4 383入盘，默记除数7 386，并对压尾档做一标记，如图2－265所示。

② 用被除数和除数相同位数相比，不够除本位改商数5，即将被除数首位数字4改成商数5，从商本位起减$5 \times 4\,383$的积，余数为690，如图2－266所示。

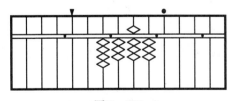
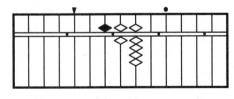

图2－265　　　　　　　　　　　　　　图2－266

③ 用被除数的余数和除数相同位数相比，不够除本位商，将余数首位6改成商数9，从商本位起减$9 \times 4\,383$的积，余数为25，如图2－267所示。

④ 用被除数的余数和除数相同位数相比，不够除本位商，将余数首位2改成商数3，从商本位起减$3 \times 4\,383$的积，余数为3，如图2－268所示。

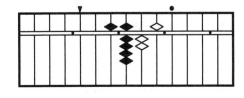
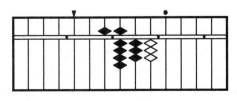

图2－267　　　　　　　　　　　　　　图2－268

⑤ 截止档的数字 3（本位为十位，即余数为 30）加倍后小于除数的首两位数字 73，不足五入舍去不计。按精确度要求 0.01% 书写答案，即为 5.93%，如图 2 – 269 所示。

例 30　567 289.13 ÷ 305 187.64 ≈ 1.86（保留两位小数）

用固定个位档定位法定位，隔位商除法运算。

① 用截取公式求出参加运算的位数 6 – 6 + 2 + 1 + 1（够除）＝ + 4（位）。按固定的个位档 $M – N – 1 ＝$（– 1）位上拨被除数 5 673 入盘，默记除数 3 052。并对压尾档做一标记，如图 2 – 270 所示。

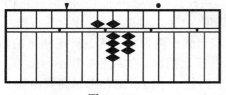
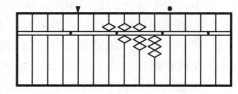

图 2 – 269　　　　　　　　　　　　　　　　图 2 – 270

② 用被除数和除数相同位数相比够除，即"够除隔位上商数"，在被除数首位数字左二档试商 1，从商的下一档起减 1 × 3 052 ＝ 03 052 的积，余数为 2 621，如图 2 – 271 所示。

③ 用被除数的余数和除数相同位数相比，"不够除挨位商"，即挨位置商数 8，从商的下一档起减 8 × 3 052 的积，余数为 179，如图 2 – 272 所示。

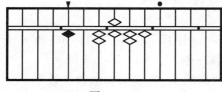
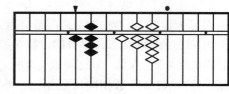

图 2 – 271　　　　　　　　　　　　　　　　图 2 – 272

④ 用被除数的余数和除数相同位数相比，"不够除挨位商"，即挨位置商数 5，从商的下一档起减 5 × 3 052 的积，余数为 26，如图 2 – 273 所示。

⑤ 压尾档前两位数为 26 加倍后大于除数的首二位数 48，即为五入。根据精确度要求求得商数为 1.86，如图 2 – 274 所示。

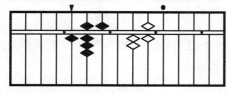
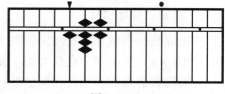

图 2 – 273　　　　　　　　　　　　　　　　图 2 – 274

2. 补数除法

补数除法是除法的一个体系。当除数接近于 10 的 n 次方时，可以选用补数除法。其具体计算方法有很多，这里只介绍"凑齐"补数简算法。

这种方法的计算特点是：把除数凑成一个齐数（10 的 n 次方）去除被除数，自左向右一档一档地除下去，每得一位商数，就在被除数中减去商与"凑齐"的除数的乘积，同时将除数中因"凑齐"而多减的补数加还到被除数的相应档位上去，使被除数中所减去的仍是商与除数的乘积。

这种方法一般用于除数的原数大，补数小，接近于整数的数值，如 98，94，997，986，9 995，9 898 等。"凑齐"的补数越小，其运算就越方便越迅速。

由于除数很接近 $10n$，每一位商数显然与被除数极为接近，可以用被除数最高位作为试商，从被除数中减去试商与除数相乘的积，如 673 284÷997，用 6 作为试商，从被除数中减去 997×6 的积，而 997×6 也可以写成（1 000 − 3）×6，所以减去 997×6 的积，就等于减去 6 000，再加上 3×6 的积，即在运算上把被除数最高位 6 留在原档当做试商，它意味着已从被除数中减去了 6 000，所以，只要在相应档次上加上除数补数的 6 倍就可以了。

加积时，加"积"档次是：试商与除数的第几位上的补数相乘，其乘积的个位数就加在试商的右几档上，十位在其左一档。加"积"后若出现被除数的余数大于或等于原来的除数时，就应补商，补商时仍按不隔位商除法运算，即"够除挨位商"，一位试商运算完毕后，余数小于原除数，试商即为所求商数。

例 31　91 852 436÷9 997 = 9 188

用固定个位档定位法定位，不隔位商除法运算。

（1）除数 9 997 凑齐后为 10 000，补数为 0 003 按"$M − N$"拨被除数 91 852 436 入盘，默记除数 9 997 的补数 0 003，如图 2 − 275 所示。

（2）用被除数首位数 9 作为第一位试商，即从商右档起加 9×0 003 的积 0 027，余数为 1 879 436 余数，前四位 1 879 小于除数 9 997，试商成功，如图 2 − 276 所示。

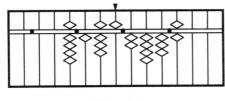
图 2 − 275

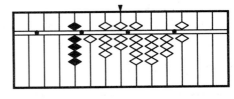
图 2 − 276

（3）用余数首位数 1 作为第二位试商，即从商右档起加 1×0 003 的积 0 003，余数为 879 736，余数前四位 8 797 小于除数 9 997，试商成功，如图 2 − 277 所示。

（4）用余数首位数 8 作为第三位试商，即从商右档起加 8×0 003 的积 0 024，余数为 79 976，余数前四位 7 997 小于除数 9 997，试商成功，如图 2 − 278 所示。

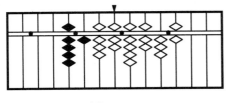
图 2 − 277

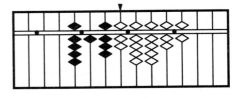
图 2 − 278

（5）用余数首位数 7 作为第四位试商，即从商右档起加 7×0 003 的积 0 021，余数为 9 997 和除数 9 997 相等，需补商，如图 2 − 279 所示。

（6）余数 9 997 等于除数 9 997，则挨位上商 1 在商后不隔位减除数 9 997，第四位商数试商成功，根据盘面得商数 9 188，如图 2 − 280 所示。

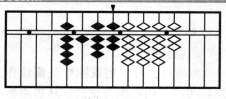
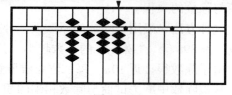

图 2 - 279 图 2 - 280

例 32 98 324. 59 ÷ 976 ≈ 100. 74 （保留两位小数）

用固定个位档定位法定位，隔位商除法运算。

（1）除数 976 凑齐后为 1 000，补数为 024。按固定个位档"$M - N - 1$"拨被除数 98 324.59 入盘。默记除数 976 的补数 024，如图 2 - 281 所示。

（2）被除数前三位 983，大于除数 976，够除隔位上商数 1，从商右隔档减 1 × 976 的积 976，余数为 72 459，如图 2 - 282 所示。

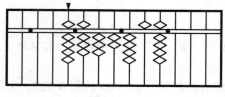
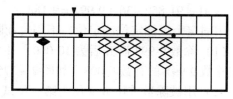

图 2 - 281 图 2 - 282

（3）用余数首位数 7 作为第二位试商，左移一档，从商右隔档加 7 × 024 的积 168，余数为 4 139。余数前三位 413 小于除数 976，试商成功，如图 2 - 283 所示。

（4）用余数首位数 4 作为第三位试商，左移一档，从商右隔档加 4 × 024 的积 096，余数为 235，余数 235 小于除数 976，试商成功，如图 2 - 284 所示。

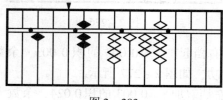
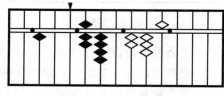

图 2 - 283 图 2 - 284

（5）至此两位小数已求出，余数 235 小于除数 976，不用再计算，通过目测余数 23 加倍小于除数前两位 97，舍去，根据盘面得商数 100. 74。

任务三 珠算式脑算技能
Mission three ←

任务描述

了解珠算式脑算概述，熟悉乘除脑算，掌握加减脑算。

任务分析

脑算是以珠算技能为基础的，是珠算功能的延伸。熟练掌握珠算后，就可以摆脱算盘，形成珠算式脑算。

任务实施

一、珠算式脑算概述

脑算是人的基本技能，它对培养人的能力和发展智力有着广泛的实用意义。珠算式脑算就是在大脑中以算珠表象为载体，运用珠算的运算方法而进行的脑算。它是珠算功能的延伸，是珠算技术的高级阶段。当人们直接看到算珠时，大脑中会产生算珠的形象，称为算珠映象；当算珠映象能保留在人的记忆中，虽然没有直接看到算珠，也能想象出算珠形象，称为算珠表象。在珠算运算过程中可能会在大脑中形成算珠活动的表象，珠算越熟练，这种算珠表象会越清晰。为了使算珠表象能在人的大脑中保持暂时的记忆，并能进行算珠的加法和减法运算，就必须进行珠算和珠算式脑算的学习和练习，从而最终形成珠算式脑算，摆脱算盘。

珠算式脑算熟练以后，不受能源、计算工具等诸多因素的限制，越来越受到人们的重视和普遍关注。实践表明，珠算式脑算不仅可以开发人的智力，而且有着广泛的应用基础，因此，我们要把珠算式脑算学好。

珠算式脑算就运算程序和法则而论就是珠算，实际上就是珠算式脑算的教学和训练方法，将珠算移入脑中，由静珠变动珠并进行计算。

（一）珠算式脑算基本功

听数、看数、计数及珠数互译的能力是珠算式脑算的基本功，学习珠算式脑算必须加强听数、看数、计数以及珠数互译能力的练习，只有这样才能将数字记牢，刻在脑中。如基本功不扎实，会影响脑算的速度和准确度，因此学习者应扎扎实实地练习，先练听数，再练看数，强化珠数互译能力，使自己在脑中形成较深刻的算盘图像。

（二）培养听数、看数、计数及珠数互译的能力

1. 听数、计数练习

（1）要求。达到一听到五位数或六位数时，就一次记牢。

（2）方法。练习时，从读数开始，一人报数或播放录音机。开始练习时，速度不宜过快，且报数发音准确、清晰，不要重复，令学生想象算珠形象。

（3）训练。听数、计数练习可分为三个阶段进行训练。

第一阶段：数位较少，一般以两三位数为宜。

例如：

（一）	（二）	（三）	（四）
46	75	68	99
27	39	21	347
35	24	39	36
18	63	43	281
49	16	76	145
67	25	92	63
23	47	85	578
84	82	13	694
19	54	69	25
72	95	28	471

第二阶段：数位由两三位增至三四位。

例如：

（一）	（二）	（三）	（四）
639	7 865	248	4 682
2 704	912	905	715
3 185	470	8 374	204
436	3 894	4 295	9 376
7 829	2 736	7 013	3 048
104	813	649	739
5 723	9 037	378	1 482
418	951	2 054	347
2 539	1 075	236	296
7 124	438	8 407	5 713

第三阶段：在第二阶段的基础上数位增至五六位，第三阶段较为关键。

例如：

（一）	（二）	（三）	（四）
14 316	46 038	27 816	35 612
59 467	72 415	453 128	43 078
306 841	39 752	96 037	29 461
61 075	804 913	629 413	854 912
378 236	27 846	816 579	760 835
46 702	572 913	45 381	34 762
194 073	64 795	137 218	902 413
53 847	492 807	90 432	65 701
70 419	17 426	75 618	249 375
47 823	684 751	14 025	13 416

2. 看数、计数练习

（1）要求。六位数以下的数字，做到看一眼便在大脑中能保持暂时记忆。

（2）方法。用事先准备的数字卡片，一人手持，不要重复，若干人看数、计数；或者利用较为先进的电化教学设备，如幻灯片等进行教学。

（3）训练。看数、计数练习也可分为三个阶段进行：第一阶段两三位数，第二阶段三四位数，第三阶段五六位数。看数、计数是珠算式脑算的基础，对于提高脑算技术水平有很大的作用。

例如：	第一阶段	第二阶段	第三阶段
	45	7 281	42 016
	19	436	307 895
	28	275	63 047
	704	6 048	29 465
	372	963	486 329
	61	1 825	705 893
	185	576	57 082
	36	5 739	90 437
	482	412	249 085
	67	603	71 324

3. 算珠表象由静到动（珠数互译能力的训练）

珠算式脑算方法主要是把保持在大脑中的算珠表象由"静珠"状态转化成"动珠"状态，能做到这一点是珠算式脑算的关键，可进行如下练习：

（1）算盘辅助练习。为了加深算珠表象在脑中的映象，可采用算盘（图）辅助练习。具体的练习方法为：面对算盘，一人念数，让学生凝视算珠并想象算珠形象，逐渐加深算珠表象在脑中的映象，达到能马上说出脑算盘中所表示的数字。辅助练习是学习珠算式脑算的基础，练习时一定要循序渐进，数位由少到多，速度由慢逐渐加快，反复练习，以打下脑珠算较扎实的基础。

（2）拨空练习。在完成了第一阶段的听数、看数、计数练习后，达到当听到或看到六位数以下的数字时，能迅速在大脑中译成算珠，在脑中浮现出"虚珠"图形——算珠表象。具体练习为：用表象做加减百子，可闭目盲打诱发"动珠"形象。练习时，注意不要将手指拨珠的形象加入其间，只许保留动珠的形象。通过闭目拨空练习，发展到睁眼拨空，再练看数拨空，循序渐进，算珠表象由模糊到清晰，逐步使算珠由静珠码发展到动珠码。

（3）算珠表象由静到动。在熟练掌握珠算运算方法后，通过以上各阶段练习，逐渐在脑中建立静珠映象。在经过听数、看数、计数、算盘（图）辅助与拨空练习的基础上，通过反复练习达到条件反射，就会发生质的变化：算珠表象由静态转化为动态。

二、加减脑算

加减脑算是珠算式脑算其他运算方法的基础。珠算式脑算练习应从加减脑算开始，先练习听数脑算，再练习看数脑算，也可交替进行练习；数位由一位数向多位数过渡。数位过渡难度较大，练习时一定要循序渐进，由浅入深，为乘除脑算打下坚实的基础。

（一）听数脑算

听数脑算是经报数后，将听到的数在脑中进行珠算式运算。听数脑算的练习，也应从少到多，由简到繁。一开始控制在十笔数以内，待熟练后逐渐增加，速度由慢到快，由闭目拨空配合听数脑算到不闭目拨空配合听数脑算。待准确率达到一定程度后，再发展到更高的脑算境界——静听脑算，最后达到准确报出计算结果。

（二）看数脑算

看数脑算是在听数脑算达到一定熟练程度的基础上进行的。看数脑算也应遵照循序渐进的原则，一开始也应控制在十笔数以内，一道算题以五至六笔数为宜；数位也从少到多，逐渐增加；速度由慢到快，手指由拨空模拟拨珠逐步过渡到摆脱拨空动作，不要有拨珠动作，最后口报或书写算题的答数。

（三）珠算式脑算加减法练习

经过听数脑算、看数脑算的练习，达到了脑中图像清晰，并保持暂时记忆，这时就可以在脑中直接将加减数的拨珠动作显现出来并进行脑算。在练习过程中，一定要用珠算技术的运算程序和运算法则进行计算，切勿用笔算方法进行脑算。

多位数加减脑算，由于位数较多，给珠算式脑算增大了难度。为了便于脑算，竖式加减算题运算的方法较多，较常见的是看数脑算分节加减法。其运算的要领是：分节运算、先右后左、由上而下、逐行相加、遇减抵消、进数入尾。

例

1 975
48 617
7 620 189
9 843
573 016
48 102 379
270 643
36 019 754
5 847 902
2 365
8 371 624
206 943
70 492 315
50 839
3 186
9 806 541
94 521 706
74 852
825 063
+20 619
282 902 371

运算程序为:

1. 先将算题分为三节

第一节	第二节	第三节
7	1	975
48	48	617
36	620	189
5	9	843
8	573	016
70	102	379
9	270	643
94	019	754
	847	902
	2	365
	371	624
	206	943
	492	315
	50	839
	3	186
	806	541
	521	706
	74	852
	825	063
	52	619

2. 用脑算盘计算

从第三节开始,由上到下,逐行相加,一直加到最底行,得数 11 371,写最后一节三个数字 371,将进位数 11 并入第二节计算。

再算第二节,自上而下,得数 5 902,写一节三个数字 902,将进位数 5 并入第一节计算。

最后算第一节,同样按上述算法,得数 282,三节连起来即为答数 282 902 371。

例

$$\begin{array}{r} 283\ 564.09 \\ 5\ 719.86 \\ 82\ 034\ 156.97 \\ -6\ 719\ 520.34 \\ 670\ 154.82 \\ -4\ 817\ 309.26 \\ 6\ 973.18 \\ 78\ 149\ 625.03 \\ -804\ 516.79 \\ 1\ 067\ 385.42 \\ -91\ 852.37 \\ 47\ 605\ 389.21 \\ -58\ 463.02 \\ 93\ 014.26 \\ 5\ 920.47 \\ \hline 197\ 430\ 241.53 \end{array}$$

运算程序为：

（1）先将算题分为四节。

（2）用脑算盘先右后左，分节计算。

（3）运算时自上而下，逐行相加，遇到减号相互抵消。

首先算第四节，本节得数253，写小数两位53，将进位数2并入第三节计算。

其次算第三节，本节得数2 241，写一节三个数字241，将进位数2并入第二节计算。

然后算第二节，本节得数为 - 1 430，写一节三个数字430，将进位数 - 1并入第一节计算。

最后算第一节，本节得数197。

四节数连起来，即为答数197 430 241.53。

三、脑算乘法

脑算乘法，要首先熟练掌握珠算式脑算加减法和珠算空盘前乘法。学习时，要首先熟练掌握和练习一位数乘法，然后在此基础上训练二位数乘法，并逐渐增加难度。

（一）乘数是一位数的脑算

脑算一位数乘法必须在掌握空盘前乘法的基础上进行，运用0～9十个数字的个位律和进位律同脑算结合起来，达到"一口清"求积。

例1 $42 \times 4 = 168$，虚盘演示如表2 - 7所示。

表2 - 7　虚盘演示

说　　明	算　　档					
	1	2	3	4	5	6
（1）看出 4×4 的单积16浮现脑中	1	6				
（2）看出 2×4 的单积08浮现脑中		0	8			
（3）错位相加，得全积	1	6	8			

经定位，答数为168。

例2 $139 \times 6 = 834$，演示如表2 - 8所示。

表2 - 8　虚盘演示

说　　明	算　　档					
	1	2	3	4	5	6
（1）看出 1×6 的单积06浮现脑中	0	6				
（2）看出 3×6 的单积18浮现脑中		1	8			
（3）看出 9×6 的单积54浮现脑中			5	4		
（4）错位相加，得全积	0	8	3	4		

经定位，答数为834。

（二）多位数的乘法脑算

多位数乘以多位数的脑算，其实可分解为多个一位数乘法的错位相加。因此只要熟练掌握多位数乘以一位数脑算的乘积，做到速算一口清，再将几个多位数乘以一位数脑算的乘积错位相加，就能迅速得到全积。

例3　$38 \times 69 = 2\,622$，演示如表2-9所示。

表2-9　虚盘演示

说　明	算　档					
	1	2	3	4	5	6
(1)看出 3×69 的单积207浮现脑中	2	0	7			
(2)看出 8×69 的单积552浮现脑中			5	5	2	
(3)错位相加,得全积	2	6	2	2		

经定位，答数为 2 622。

例4　$146 \times 529 = 77\,234$，演示如表2-10所示。

表2-10　虚盘演示

说　明	算　档					
	1	2	3	4	5	6
(1)看出 1×529 的单积0 529浮现脑中	0	5	2	9		
(2)看出 4×529 的单积2 116浮现脑中		2	1	1	6	
(3)看出 6×529 的单积3 174浮现脑中			3	1	7	4
(4)错位相加,得全积	0	7	7	2	3	4

经定位，答数为 77 234。

（三）脑算乘法的练习方法

学习和练习脑算乘法，首先要练好脑算加减法，在此基础上，再刻苦练习多位数乘以一位数的单积"一口清"，然后将多位数积进行分段记忆，便于脑算盘错位相加。下面简要介绍脑算乘法的练习方法。

1. 单积一口清练习

先练听算，由于听算的难度较大，所以可先练习闭目模拟拨珠到不闭目模拟拨珠脑算，再由模拟拨珠脑算到摆脱模拟拨珠，最后达到听题脑算一口清。听算熟练后即可练习看题脑算，其运算方法与听算相同，经过反复练习，才能熟练运用。

2. 错位相加练习

先练习三位数的错位相加，三位数相加必须达到非常熟练的程度，这样在遇到更多的位数相加时，就能三位一分节错位相加。三位数脑算相加熟练后再练习四位数、五位数等的错位相加。

3. 脑算乘法练习

在熟练掌握了上述分节错位相加的方法后，即可进行命题脑算乘法的练习。练习应由易到难，循序渐进，逐步达到熟练掌握脑算乘法。

四、脑算除法

脑算除法是在熟练地掌握一位数乘多位数的脑算乘法，以及多位数的脑算减法和珠算商除法的基础上进行的，珠算式脑算除法是完全靠脑中的一面虚拟算盘图来进行立商、减积，再立商、再依次乘减，最后得出商数。

（一）一位数脑算除法

珠算式脑算一位数除法的熟练掌握是多位数除法学习的关键，因此一定要把一位数脑算除法学习好。

一位数脑算除法运算程序和方法为：

1. 运用商的定位法（$M-N$ 或 $M-N+1$）来确立所求商数的位数

2. 估商

按照隔位商除法的置商原则"够除隔位商，不够除挨位商"，在脑算盘中立商，记下商数。

3. 乘减

结合一位数乘多位数脑算，在被除数中减去商数与除数的乘积。减积时一定要对准数位，遇到积的末位有"0"时应特别注意，不能减错位。

4. 减积后

减积后要记牢余数，再按"估商、减积"的方法继续脑算，直到除尽或计算到要求达到的精确度为止。

例1 $4\,375 \div 7 = 625$

定位：用 $M-N$ 定位，商的位数为正三位。

虚盘演示如表 2-11 所示。

表 2-11 虚盘演示

说　　明	算　　档					
	1	2	3	4	5	6
① 被除数拨入算盘			4	3	7	5
② 挨位立商6,减 6×7=42,得余数		六		1	7	5
③ 挨位立商2,减 2×7=14,得余数			二		3	5
④ 挨位立商5,减 5×7=35,除尽				五		0
⑤ 脑算盘商数为625,写下答数		六	二	五		

（二）多位数脑算除法

多位数脑算除法难度较大，它要求具有较强的一口清脑算能力，同时又要有较好的多位数脑算减法的能力，在此基础上注意估准商数再减去商与除数的乘积。经过反复的练习，是完全可以掌握的。

例2 $18\,924 \div 76 = 249$

运算方法如下：

（1）用公式定位法定位，商的位数是正三位。

（2）虚盘演示如表 2-12 所示。

表 2 – 12 虚盘演示

说　　明	算　档							
	1	2	3	4	5	6	7	8
① 被除数入脑算盘			1	8	9	2	4	
② 挨位商2,减 2×76 = 152,得余数		二		3	7	2	4	
③ 挨位商4,减 4×76 = 304,得余数			四		6	8	4	
④ 挨位商9,减 9×76 = 684,除尽				九			0	
⑤ 脑算盘结果为249		二	四	九				

例3 854.36 ÷ 63.9 ≈ 13.37（保留两位小数）

运算方法如下：

（1）运用公式定位法定位。商的位数为正二位,第三位小数四舍五入。

（2）虚盘演示如表 2 – 13 所示。

表 2 – 13 虚盘演示

说　　明	算　档							
	1	2	3	4	5	6	7	8
① 被除数入脑算盘				8	5	4	3	6
② 隔位商1,减 1 639 = 639,得余数	一		2	1	5	3	6	
③ 挨位商3,减 3×639 = 1 917,得余数		三		2	3	6	6	
④ 挨位商3,减 3×639 = 1 917,得余数			三		4	4	9	
⑤ 挨位商7,减 7×639 = 4 473,得余数				七			1	7
⑥ 余数加倍与除数比较,17×2 <639,应舍去							3	4
⑦ 脑算盘运算本题答数为13.37	一	三	三	七				

（三）脑算除法的练习方法

脑算除法是脑算乘法的继续,它是建立在单积一口清的基础上,运用写商记余方法,即用脑算估商数,脑算盘减积记余数,难度较大,一般多为看数练习。练习方法大致如下：

（1）除法运算主要运用减法计算商数与除数的单积。首先练习减法运算,这一点非常关键,一般由二位、三位开始,循序渐进,逐渐增多。

（2）估商练习：有了一口清乘法作为基础,估商并不困难,只是要注意够除与不够除的估商原则。

（3）估商减积得余练习：练习难度较大,脑算除法能否熟练掌握,取决于这一环节。估商以后立即用脑算盘减去商数与除数的乘积,记下盘面上的余数,遇到积的末尾有0的,应特别注意,对准数位,不能减错位。

（4）算题练习：将以上各环节连贯起来,利用卡片或算题进行练习,经过估商、减积、记下余数后,再按照"估商、减积"的方法继续下去,直至除尽或达到要求的精确度为止。

任务四 传票算与账表算技能
Mission four

 任务描述

熟悉传票整理、摆放、找页、翻页、记页，掌握传票算的计算方法；掌握账表算的运算方法。

 任务分析

传票算与账表算建立在珠算技能基础之上，在日常会计工作中应用较多，并且要求较高，因此要求学生熟练掌握。

 任务实施

传票算和账表算是日常经济工作中应用较多、要求较高的两项计算业务，是经济工作者需着重掌握的珠算技能。在经济业务中，企业部门的会计核算、统计报表、财务分析、计划检查等业务活动，其报表资料的数字来源都是通过会计凭证的计算、汇总而获得的。这些会计凭证的汇总即传票运算，其运算速度快慢、运算结果准确与否，直接影响到各项目业务活动数据的可靠性与及时性；而且报表、汇总表等均属于表格计算，通过这些报表汇总运算，取得有效数字，从而为有关部门制定政策提供数字依据。因此，传票算与账表算是财会工作者日常工作中一项很重要的基本功。传票算和账表算也因此被列为全国珠算比赛项目，所以应加以重视，认真学习，熟练掌握。

传票算和账表算因形式不同，计算程序和要求也不相同，因此具体运算方法上也有其不同。本任务就传票算和账表算的有关知识和运算方法进行介绍。

一、传票算

传票算也可称为凭证汇总算，是对各种单据、发票和记账凭证进行汇总计算的一种方法，也是加减运算中的一种常用方式。传票按是否装订可分为订本式传票和活页式传票两种。

（一）传票算题型（以全国珠算比赛题型为例）

订本式传票，一般每本为100页，每页传票上有五笔（行）数字，每行数字前自上而下依次印有（一）、（二）、（三）、（四）、（五）的标志。"（一）"表示第一行数，"（二）"表示第二行数，以下同。每行最高位数为七位数字，最低位数为四位数字。

在传票本每页的右上角印有阿拉伯数字，表示传票的页码，如56，表示第56页传票，在行次后印有数字，如（一）46.75，表示第56页第一行数字是46.75，依次类推，如一页

珠算传票:

56
（一）	46. 75
（二）	126. 89
（三）	61 473. 95
（四）	9 271. 34
（五）	519. 70

根据传票运算的特点，计算时除传票算盘外，另外还需有一张传票算试题即答案纸。珠算传票试题如表 2 – 14 所示。

表 2 – 14　传票算

题　　号	行　　次	起止页数	合计数
一	（五）	7 ～ 26	
二	（三）	28 ～ 47	
三	（四）	35 ～ 54	
四	（二）	68 ～ 87	
…	…		

传票算题每连续 20 页为一题，计 110 个数字。如第二题为从 28 页开始至 47 页截止，将每页第三行的数字累加起来，然后将结果填写在合计栏内。

（二）传票算的运算方法和步骤

传票算具体的运算步骤和方法是由传票本身的运算特点所决定的，主要包括以下几方面：整理传票、传票的摆放位置及找页、传票的翻页和记页、传票的计算方法等。

1. 整理传票

传票运算时，左手要进行翻页，即一页一页地翻打。为了提高运算速度，应加快翻页动作避免翻重页或漏页的现象，运算前除了应检查传票有无缺页、重页或数字不清晰以外，还需将传票捻成扇面形状。捻扇面的方法是：用左手握住传票的左下角，拇指放在传票封面的上部，其余四指放在传票背面；右手握住传票的右上角，拇指放在传票封面的上部，其余四指放在传票背面，轻轻捻动几下即成为扇面形。将传票捻成扇面形状还有其他方法，这里不再一一介绍。将传票捻成扇面形状后，即用票夹子将传票左上角夹住，使扇面固定，防止错乱。扇面形状的大小根据需要而定，不宜过大，一般封面与底页外侧上角偏出最大距离应在 1 ～ 2 厘米，否则左手翻动起来不大方便。

2. 传票的摆放位置及找页

传票运算时，如使用大中型算盘的，可将传票放在算盘的左下方；使用小算盘，可将传票放在算盘的左下方或算盘的左上方，传票试题答案纸放在算盘的右下方。传票摆放位置应以看数和计算方便为宜，贴近算盘。

找页是传票算的基本功之一，因为传票试题在拟题时不是按自然顺序，而是相互交叉，这就需要在运算过程中前后找页。如第二题第三行第 28 页到第 47 页，当第二题计算完毕，在写数清盘的同时，必须用眼睛余光看下一题起始页，然后左手迅速翻找，当第二题答数抄完，清盘后即可进行下一道题运算。找页应刻苦练习，首先练习手感，如传票每本100页，厚度是多少，用手翻找15页、30页、50页、70页各有多厚，经过一段时间的刻苦练习，自然就有了手感基础。其次要求能迅速准确找出各题起始页，如一次未能翻到，再用左手略做调整。总之，找页动作要经过刻苦练习，才能达到找页准确迅速，不影响右手拨珠运算。

3. 传票的翻页和记页

传票翻页的方法：左手的小指、无名指和中指放在传票封面的左下方，食指、拇指放在每题的起始页，然后用拇指翻动传票。翻动传票时拇指同传票接近平行居中偏右一点，翻动幅度不宜过大。为了避免出现翻重页，还需要拇指和食指配合捻页，食指管捻页外，还需与中指一起迅速夹牢翻过的页码，以便拇指继续翻页。

传票运算除翻页外还需要记页。因为传票计算每题由20页组成，为了避免在计算过程中发生超页或打不够页的现象，必须在计算过程中默记打了多少次。如果用一目一页打法，就要默记20次，然后核对该题的讫止页，立即书写答数；如采用一目二页打法，即需默记10次后核对该题讫止页即可书写答数。记页通过反复练习，熟练后就能准确地进行运算。

4. 传票的计算方法

传票的计算方法有一次一页打法、一次双页打法和一次三页打法。

（1）一次一页打法。进行传票运算时，采用翻一页打一笔数的方法叫一次一页打法。如28～47页第三行打出一个合计数，一次一页打法采用一次计算一笔数字，翻页、拨珠动作较多，不利于提高计算效率和计算水平。

（2）一次双页打法。在传票运算中，将传票一次翻起两页，然后将两页同行数字脑算后一次拨入算盘，这就是一次双页打法。一次双页计算较一次一页打法减少了翻页和拨珠次数，提高了计算效率。运用一次双页打法要具备扎实的基本功，加减法的并数运算要很熟练；翻页、看数、拨珠等动作应衔接好，不要有脱节；一次翻双页手感要好，前后翻页动作应协调。

一次双页翻页方法：小指、中指、无名指放在传票封面上，食指放在起始页上，拇指掀起传票，捻开两页从夹缝中看数，经脑算得两页同位数之和并一次拨入算盘。待前一次双页最后一位和数拨入算盘时，由拇指和食指配合将打完的双页夹于食指和中指间，同时拇指迅速掀起下一个双页，如此继续，左手翻动十次即完成一道算题。

（3）一次三页打法。一次三页打法就是将三页传票的同位数累加起来一次入盘。一次三页打法翻页和运算难度都较大，一般可以先将第一、二页同位数相加后，再迅速加上第三页同位数，然后将和数拨入算盘，以减少翻页、拨珠动作。

一次三页翻页方法是：小指、无名指放在传票封面的左下方，大拇指翻起一页传票后用中指食指夹牢，大拇指再迅速掀起下一页传票，使眼睛能很快看清三页中同位数的数字，然后将脑算的三数之和拨入算盘。

（4）一次双页和一次三页的练习方法。学会一次双页、一次三页的计算方法并不困难，难点是不易熟练掌握并加以运用。因此要有长期刻苦训练的决心，经过反复练习，达到运用自如。具体训练方法如下：

① 熟练掌握加减一目二行和一目三行并数运算方法。

② 用一次双页（或三页）的翻票方法，依次翻动第一至第一百页各行，脑算一目二行、

一目三行同位数之和，不进行拨珠运算。

③ 待翻票和看数熟练后，就将翻票看数与拨珠结合起来练习。

④ 能用一目二行（或三行）进行传票运算后，就可按全国珠算技术比赛传票算的要求进行计算。

⑤ 每天认真练习二至三个十五分钟就可以收到较好的效果。

二、账表算

账表算又称表格算，是日常经济工作中最常见的加减运算形式，如会计报表的合计、累计、分组算等均属此类运算。账表算和传票算一样，属于全国珠算比赛项目，它可以根据其本身计算特点检验出运算正确与否，所以许多珠算计算者又利用账表算进行强化加减算准确程度的训练。

（一）账表算题型（以全国比赛题型为例）

账表算的一张表由五列二十行组成，即横向二十个算题，竖向五个算题，如表 2 – 15 所示。

表 2 – 15 账表算

序号	一	二	三	四	五	合计
一	62 573 986	396 478	9 308	4 567 489	97 028	
二	54 872	48 678 593	16 794	6 743	57 028 943	
三	2 743 925	7 316	5 273 967	708 296	813 726	
四	6 307	28 935	7 826 954	253 847	98 203 764	
五	567 249	83 207 524	8 942	46 953	7 384 926	
六	84 957 836	7 392 658	208 357	– 9 236	32 618	
七	27 659	7 263	92 538 309	92 304 567	9 256	
八	7 285 934	728 506	46 582	7 839 452	678 695	
九	72 684	237 825	7 315 248	72 563 849	8 147	
十	36 218 943	7 602	956 842	76 438	7 246 925	
十一	625 473	6 089 453	28 693	9 142	38 729 461	
十二	9 725	27 839	75 835 461	7 138 206	853 926	
十三	4 738 304	43 765 092	7 019	273 659	92 435	
十四	8 312 4	64 287 908	5 426	208 739	71 293	
十五	29 304	9 204 657	96 732 461	3 825	247 816	
十六	6 842	716 823	25 428	9 421 593	52 073 948	
十七	307 639	63 749	6 867 952	63 982 174	5 032	
十八	76 843 952	7 901	207 384	34 807	8 536 741	
十九	136 827	3 265 428	30 718 927	82 513	– 7 406	
二十	8 276	92 815	234 569	64 289 175	9 128 356	
合计						

账表算的计分为竖式每对一题得 14 分计 70 分；横式每对一题得 4 分计 80 分，两项合计 150 分。如一张账表答数全部正确且轧平（即横式题答数累计数等于竖式题答数累计数），另加 50 分，即一张表全对得 200 分。

账表算中各行数字最高位数为八位数，最低位数为四位数，横式每题三十个数字，竖式每题一百二十个数字，一张表共由六百个数码字组成。

账表算中每表带减号的只有四笔，没有倒减运算。

（二）账表算运算方法

账表算中有横式算题，也有竖式算题，而我们平时大多数是进行竖式习题的练习，缺少横式算题的训练，尤其是横式并数练习就更少。因此，要提高账表算的水平，就必须进行全面练习和严格训练。

账表算适宜用小算盘进行计算，采用左手握盘，上下移动压上法和上下移动压下法进行计算。对行次多的账表上下移动压下法比较适合。具体方法是：把算盘放在要打的账表的头行数字下边，露出上行。当要打完本行数字时，左手移动算盘挪向下行，右手继续打数，边打边向下移动，计算完最后一行数时，右手抄写答数。

如使用大算盘进行运算时，一般应把账表放在算盘的下面，左手一边指数，一边随着计算将账表往上推，使其计算的行数尽量与盘面距离接近，以便于看数、拨珠、抄写答数。

账表算的运算方法来源于加减法，只要加减法基本功扎实，就比较容易轧平账表。账表竖式算题一般采用加减练习方法进行运算。大多采用珠算与脑算结合的一目三行、一目四行或一目五行运算。

横式算题可以采用珠算脑算结合的一目二行运算方法。即将横式每题的五笔数字按"二二一"或"二一二"打法进行运算，前者将每两笔数进行合并入盘后再加第五笔数；后者将前两笔数合并入盘，单加第三笔数，再将后两笔数合并入盘。横式一目二行的难点在于对二行数字的首位数的判断，刚练习时看数不大习惯，难度较大，应坚持练习，分步训练，就能熟练掌握运算方法。

（三）账表算的训练方法

账表算计算方法较多，要求快速、准确，无论是横式算题，还是竖式算题都要手、眼、脑相结合。训练时应注意以下几方面：

1. 看数是关键

应经常进行看数练习，在账表计算中，除练习竖式加减题看数外，还要特别注意练习横式算题看数。因横式算题所占比重较大，直接影响运算速度，只有横向看数熟练了才能做到拨珠顺畅有序、干净利落。

2. 运算时精力要集中

增强排除干扰的能力，特别是比赛时做到临场不乱，稳定情绪不急躁，才能防止差错，把表轧平。

3. 要特别注意练习盯盘写数

因账表算写数较多，要特别注意练习盯盘写数，提高写数速度与质量。同时，力求做到

4 秒钟左右写完答数, 清盘、定位基本不用时间。

4. 正确处理快与准的关系

练习时出现错误要及时查明原因, 正确处理快与准的关系, 做到在准确的基础上求快。

 项目训练

实训一　加减法的运算练习

一、加法运算的练习

（1）用直接的加法计算下列各题。

① 2 571 + 6 412 =　　　　　② 3 605 + 1 273 =

③ 5 263 + 4 615 =　　　　　④ 2 861 + 6 137 =

⑤ 2 463 + 5 536 =　　　　　⑥ 2 738 + 6 251 =

⑦ 8 219 + 1 680 =　　　　　⑧ 3 529 + 6 470 =

（2）用补五的加法计算下列各题。

① 3 433 + 4 434 =　　　　　② 2 234 + 3 342 =

③ 3 241 + 3 424 =　　　　　④ 4 343 + 3 433 =

⑤ 4 242 + 4 433 =　　　　　⑥ 2 324 + 1 432 =

⑦ 13 243 + 43 421 =　　　　⑧ 34 123 + 42 341 =

（3）用进十的加法计算下列各题。

① 2 479 + 6 754 =　　　　　② 3 629 + 9 583 =

③ 7 341 + 4 879 =　　　　　④ 3 712 + 7 598 =

⑤ 3 947 + 8 745 =　　　　　⑥ 4 627 + 8 432 =

⑦ 3 829 + 7 536 =　　　　　⑧ 3 895 + 4 276 =

（4）用破五进十的加法计算下列各题。

① 5 768 + 9 676 =　　　　　② 7 565 + 6 987 =

③ 6 576 + 6 768 =　　　　　④ 8 667 + 6 776 =

⑤ 9 876 + 6 789 =　　　　　⑥ 6 767 + 7 878 =

⑦ 7 876 + 7 678 =　　　　　⑧ 8 766 + 7678 =

（5）用基本加法计算下列各题。

① 526.18 + 496.46 =　　　　② 859.04 + 164.28 =

③ 65.31 + 267.87 =　　　　　④ 312.76 + 865.76 =

⑤ 673.78 + 464.09 =　　　　⑥ 354.81 + 607.48 =

⑦ 3 542.70 + 465.43 =　　　⑧ 509.49 + 4 385.64 =

二、减法运算的练习

（1）用直接的减法计算下列各题。

① 7 341 − 2 341 =　　　　　② 2 734 − 1 624 =

③ 4 109 − 3 108 =　　　　　④ 4 927 − 3 817 =

⑤ 2 097 – 1 096 =　　　　　　⑥ 9 576 – 4 525 =

⑦ 3 516 – 2 516 =　　　　　　⑧ 1 895 – 1 865 =

（2）用破五的减法计算下列各题。

① 5 665 – 1 423 =　　　　　　② 6 776 – 3 433 =

③ 7 586 – 3 442 =　　　　　　④ 8 757 – 4 324 =

⑤ 8 576 – 4 144 =　　　　　　⑥ 7 565 – 4 134 =

⑦ 6 757 – 3 424 =　　　　　　⑧ 5 867 – 2 434 =

（3）用退十的减法计算下列各题。

① 32 671 – 4 893 =　　　　　② 24 315 – 5 436 =

③ 61 807 – 3 928 =　　　　　④ 15 042 – 6 153 =

⑤ 21 231 – 8 693 =　　　　　⑥ 12 120 – 3 453 =

⑦ 22 131 – 9 654 =　　　　　⑧ 11 201 – 8 974 =

（4）用退十补五的减法计算下列各题。

① 2 434 – 687 =　　　　　　② 32 414 – 7 969 =

③ 31 243 – 6 767 =　　　　　④ 43 342 – 8 696 =

⑤ 67 945 – 7 868 =　　　　　⑥ 84 354 – 6 978 =

⑦ 96 543 – 8 976 =　　　　　⑧ 48 344 – 9 767 =

（5）用基本减法计算下列各题。

① 51 678 – 6 825 =　　　　　② 32 149 – 4 678 =

③ 43 916 – 7 864 =　　　　　④ 52 431 – 6 766 =

⑤ 87 936 – 9 867 =　　　　　⑥ 76 534 – 8 329 =

⑦ 79 834 – 9 576 =　　　　　⑧ 85 734 – 6 749 =

（6）用隔档退位减法计算下列各题。

① 2 008 – 9 =　　　　　　　② 4 001 – 3 =

③ 30 005 – 45 =　　　　　　④ 70 003 – 67 =

⑤ 200 005 – 8 009 =　　　　⑥ 300 006 – 5 004 =

⑦ 500 003 – 4 090 =　　　　⑧ 500 501 – 80 457 =

三、验算及综合算题的练习

（1）计算下列各题，并用所学的方法进行验算，若不正确，则用学过的方法查找错误。

① 7.13 + 8.61 + 2.08 + 5.72 + 6.37 + 1.49 =

② 78.25 + 16.87 + 31.02 + 95.74 + 89.06 + 52.18 =

③ 624.58 + 435.16 + 961.03 + 850.94 + 207.63 =

④ 13.75 + 918.56 + 6 981.25 + 6.82 + 45 689.72 =

（2）计算下列综合算题。

① 2 479 + 81 674 + 972 543 – 7 536 + 56 087 + 130 247 =

② 6 431 + 83 209 + 304 189 – 2 043 – 57 198 + 718 462 =

③ 79.63 + 674.20 – 215.36 + 6 189.02 + 87.92 – 2 740.86 =

④ 501.34 + 6 902.38 + 51.89 + 8 534.02 + 175.60 + 48.17 =

⑤ 2 450 891 − 1 047 − 76 321 + 1 782 − 35 946 − 49 015 =

⑥ 7 361 980 + 5 298 − 98 045 − 6 935 − 86 732 + 20 461 =

⑦ 34 128.06 − 45.67 + 125.78 − 79.06 − 803.12 + 749.56 =

⑧ 21 703.45 + 40.61 − 543.79 − 27.84 + 831.26 − 965.47 =

四、其他方法的练习

（1）用补数加减法计算下列各题。

① 382.54 + 996.75 =

② 1 469.82 + 994.93 =

③ 594 327 + 999 946 =

④ 165 734 + 999 291 =

⑤ 1 736.89 + 995.43 =

⑥ 14 673.60 + 9 917.95 =

⑦ 58 732 + 98 964 =

⑧ 8 467.38 + 9 999.33 =

⑨ 981 256 + 987 942 =

⑩ 138 657 + 978 994 =

⑪ 75 486.72 − 9 943.27 =

⑫ 253 467.91 − 95 959.95 =

⑬ 6 954.83 − 995.89 =

⑭ 31 357 − 96 549 =

⑮ 874 329 − 98 671 =

⑯ 129 536.54 − 96 981.29 =

⑰ 48 952.61 − 9 976.45 =

⑱ 9 725 − 95 892 =

⑲ 367 528.49 − 97 834.52 =

⑳ 2 374.58 − 997.18 =

（2）用借减法计算下列各题。

① 5 763.75 − 376.92 + 54 901.38 − 791 035.84 − 48.63 + 1 672 490.58 =

② 8 623.21 − 72 516.08 − 789.70 + 541 932.67 − 90.86 + 2 354 178.90 =

③ 65 178.49 − 5 730.92 + 681.53 − 3 276 954.12 − 36.84 + 697 256.38 =

④ 287.69 − 36 751.42 + 168 652.39 − 38.29 − 2 681 394.07 + 4 657.49 =

⑤ 716.25 + 6 573.12 − 78 654.28 − 651 237.41 − 65.78 + 2 897 341.56 =

⑥ 79 563.14 − 6 934.21 − 567 249.83 + 75.96 − 1 638 752.49 + 801.75 =

⑦ 2 876.59 + 427 863.52 − 80 425.67 + 82.74 − 4 809 258.12 − 313.08 =

⑧ 62 893.74 + 784.95 − 428 639.71 − 9 472.58 − 31.84 + 5 627 483.19 =

⑨ 827.46 − 7 684.21 − 89 762.53 − 762 348.15 + 76.42 + 1 908 427.65 =

⑩ 4 384.59 − 56 708.64 + 76.82 − 3 072 495.18 − 962.41 + 684 231.59 =

（3）用并行方法计算下列各题。

（一）	（二）	（三）	（四）	（五）
7 493	590 268	365	528 401	2 405
43 167	695	730 295	− 684	83 917
9 321	1 846	976	7 305	− 8 365
537 619	768	5 648	729 306	427 603
805	341 089	204 763	941	812
4 072	402	498	− 3 857	− 457
589	2 875	8 014	159	8 152
701 825	258	37 804	5 102	− 95 709
308	8 015	8 036	− 295	73 412

续表

（六）	（七）	（八）	（九）	（十）
861 539	930 867	8 794	63 418	24 318
5 764	4 571 685	6 237 051	7 408 356	5 037 482
3 284 175	6 054	7 541 263	– 1 927	–915 307
70 931	24 589	83 914	230 895	8 916
9 827	6 279 059	506 138	– 61 742	– 47 025
5 832 359	1 283	9 421	1 485 279	34 802 579
98 054	642 715	729 805	36 014	169 357
379 162	890 713	61 357	– 2 563 891	6 801
26 084	8 596	7 583	4 902	– 93 248
（十一）	（十二）	（十三）	（十四）	（十五）
430 798	4 019	7 605	1 237	6 704
8 957	63 281	59 784	27 801	– 1 284
709 236	948 615	5 243 607	– 4 560	602 458
50 861	693 158	319 256	469 127	2 809 835
496 578	4 369	82 607	6 183 259	– 87 42
63 401	5 083 276	306 241	– 37 452	56 098
8 370 246	35 658	9 183	8 645	198 746
2 657	574 021	13 806	49 504	– 24 938
23 015	46 317	490 321	– 1 405 378	375 154
（十六）	（十七）	（十八）	（十九）	（二十）
6 714	240 786	36 245	8 150 237	2 407 358
53 892	5 608 412	590 182	902 354	– 6 483
9 804 263	967 305	1 708 425	– 7 986	14 572
680 17	9 236 637	1 639	15 327	– 960 347
609 352	1 369	170 968	– 460 918	52 168
6 427	36 248	34 786	5 740	7 891
7 632	2 958	4 510 872	8 619	8 152 384
9 730 512	7 520 134	4 697	– 312 804	– 45 263
3 621 075	601 589	6 984 387	5 189	5 269

实训二　乘除法的练习

一、乘法定位练习

（1）指出下列各数的位数。

① 548　　　　　　　　② 721.05

③ 5 001.86　　　　　　④ 0.736

⑤ 10. 405　　　　　　　　　　　　⑥ 0. 070 8

⑦ 4 760　　　　　　　　　　　　⑧ 9. 52

⑨ 0. 003 926　　　　　　　　　　⑩ 0. 000 06

（2）根据已知条件，确定下列各数的数值。

① 3 098（零位）　　　　　　　② 528（正四位）

③ 4 725（正二位）　　　　　　④ 1 946（零位）

⑤ 306（负一位）　　　　　　　⑥ 785 034（负一位）

⑦ 506 715（正四位）　　　　　⑧ 791（正二位）

⑨ 7 356（负二位）　　　　　　⑩ 419（负三位）

（3）分别对以下各题进行定位。

① 625 ×0. 08→5　　　　　　　② 0. 625 ×0. 80→5

③ 1. 25 ×40→5　　　　　　　　④ 0. 125 ×0. 4→5

⑤ 24 ×1. 16→2 784　　　　　　⑥ 11. 8 ×11. 5→1357

⑦ 0. 114 ×11. 5→1311　　　　　⑧ 0. 086 ×950→817

⑨ 0. 95 ×9 600→912　　　　　　⑩ 0. 040 8 ×0. 05→204

二、乘法运算练习

（1）用学过的珠算乘法计算下列各题（保留两位小数，第三位小数四舍五入）。

① 72. 38 ×4 ≈　　　　　　　　② 2 156 ×0. 7 ≈

③ 612. 7 ×0. 8 ≈　　　　　　　④ 4 219 ×0. 06 ≈

⑤ 5 016 ×7 ≈　　　　　　　　⑥ 4 358 ×3 ≈

⑦ 3 819 ×6 ≈　　　　　　　　⑧ 9 081 ×8 ≈

⑨ 9 428 ×90 ≈　　　　　　　　⑩ 5 249 ×40 ≈

⑪ 8 613 ×50 ≈　　　　　　　　⑫ 1 907 ×30 ≈

⑬ 9 504 ×4 ≈　　　　　　　　⑭ 2. 635 ×700 ≈

⑮ 5 426 ×6 ≈　　　　　　　　⑯ 386. 2 ×900 ≈

⑰ 3 746 ×0. 02 ≈　　　　　　　⑱ 95. 042 ×80 ≈

⑲ 75 60 ×0. 08 ≈　　　　　　　⑳ 509. 76 ×2 ≈

㉑ 934 ×57 ≈　　　　　　　　㉒ 273 ×98 ≈

㉓ 603 ×13 ≈　　　　　　　　㉔ 1 687 ×42 ≈

㉕ 2 376 ×59 ≈　　　　　　　㉖ 7 863 ×28 ≈

㉗ 865 ×304 ≈　　　　　　　㉘ 617 ×842 ≈

㉙ 254 ×379 ≈　　　　　　　㉚ 37 ×2 197 ≈

㉛ 84 ×6 739 ≈　　　　　　　㉜ 56 ×4 905 ≈

㉝ 9 032 ×514 ≈　　　　　　㉞ 4 175 ×907 ≈

㉟ 6 109 ×723 ≈　　　　　　㊱8 291 ×461 ≈

㊲ 4. 78 ×7. 34 ≈　　　　　　㊳ 9. 32 ×45. 1 ≈

㊴ 31. 09 ×0. 78 ≈　　　　　　㊵ 17. 78 ×6. 2 ≈

㊶ 9 832 ×3 067 ≈　　　　　　㊷ 8 605 ×4 235 ≈

㊸ 5 486 ×7 321 ≈　　　　　　㊹ 2 837 ×1 206 ≈

(45) 5 428 ×9 134 ≈　　(46) 7 310 ×4 682 ≈

(47) 8 194 ×2 579 ≈　　(48) 6 253 ×8 213 ≈

(49) 8. 602 ×4. 197 ≈　　(50) 56. 34 ×29. 78 ≈

(51) 5. 408 ×2. 713 ≈　　(52) 4. 082 ×91. 73 ≈

(53) 0. 730 1 ×4. 829 ≈　　(54) 7. 369 ×8. 015 ≈

(55) 17. 29 ×0. 356 8 ≈　　(56) 0. 821 7 ×0. 569 4 ≈

(57) 85. 34 ×69. 01 ≈　　(58) 4 960 ×90. 54 ≈

(59) 512. 9 ×65. 09 ≈　　(60) 9 803 ×10. 05 ≈

(61) 8 026 ×3 215 ≈　　(62) 1 269 ×6 137 ≈

(63) 5 104 ×9 638 ≈　　(64) 8 536 ×6 374 ≈

(65) 7 184 ×3 076 ≈　　(66) 1 845 ×4 207 ≈

(67) 3 984 ×4 605 ≈　　(68) 4 609 ×3 508 ≈

(69) 6 285 ×3 852 ≈　　(70) 5 108 ×7 426 ≈

(2) 用省乘法计算下列各题（要求保留两位小数，第三位小数四舍五入）。

① 35. 462 9 ×2. 814 7 ≈　　② 41. 038 7 ×6. 302 4 ≈

③ 0. 063 854 ×729. 65 ≈　　④ 603. 718 2 ×3. 175 6 ≈

⑤ 25. 067 3 ×4. 397 6 ≈　　⑥ 82. 461 8 ×3. 209 5 ≈

⑦ 48. 352 96 ×4. 172 8 ≈　　⑧ 750. 912 6 ×4. 172 8 ≈

⑨ 964. 072 ×0. 832 19 ≈　　⑩ 0. 573 82 ×43. 820 7 ≈

⑪ 4. 728 5 ×1. 637 8 ≈　　⑫ 0. 694 39 ×5. 243 78 ≈

⑬ 7. 593 89 ×0. 412 83 ≈　　⑭ 1. 243 75 ×9. 042 57 ≈

⑮ 52. 349 7 ×0. 063 927 5 ≈　　⑯ 6. 932 84 ×0. 789 43 ≈

⑰ 3. 862 94 ×0. 259 17 ≈　　⑱ 85. 076 29 ×0. 047 962 ≈

⑲ 926. 481 7 ×0. 005 678 ≈　　⑳ 0. 479 185 ×62. 741 3 ≈

(3) 用补数乘法计算下列各题。

① 759 ×94 =　　② 647 ×998 =

③ 589 ×997 =　　④ 346 ×99. 89 =

⑤ 428 ×996 =　　⑥ 6 249 ×89. 98 =

⑦ 3 746 ×989. 7 =　　⑧ 2 639 ×99. 79 =

⑨ 85. 49 ×89. 89 =　　⑩ 156. 4 ×969. 6 =

⑪ 4 805 ×969 =　　⑫ 2 049 ×897 =

⑬ 3 218 ×978 =　　⑭ 5 037 ×89. 96 =

⑮ 7 429 ×98. 69 =　　⑯ 1 305 ×969. 6 =

⑰ 2 814 ×9. 798 =　　⑱ 5 187 ×899. 5 =

⑲ 6 429 ×99. 59 =　　⑳ 3 906 ×98. 79 =

(4) 用随乘法计算下列各题。

① 546 ×2 846 =　　② 3 604 ×751 =

③ 3 474 ×258 =　　④ 6 069 ×593 =

⑤ 7 208 ×374 =　　⑥ 5 662 ×817 =

⑦ 537 ×6 542 =　　　　　　　⑧ 1 824 ×256 =

⑨ 7 574 ×837 =　　　　　　　⑩ 4 634 ×751 =

⑪ 4 738 ×7 437 =　　　　　　⑫ 2 647 ×8 168 =

⑬ 5 019 ×4 984 =　　　　　　⑭ 7 403 ×2 982 =

⑮ 8 547 ×6 946 =　　　　　　⑯ 6 714 ×8 428 =

⑰ 3 257 ×9 644 =　　　　　　⑱ 4 809 ×7 875 =

⑲ 6 374 ×3 819 =　　　　　　⑳ 8 549 ×4 0337 =

（5）用一口清乘法计算下列各题。

① 3 746 ×2 =　　　　　　　　② 7 184 ×2 =

③ 4 376 ×2 =　　　　　　　　④ 5 387 ×3 =

⑤ 6 938 ×3 =　　　　　　　　⑥ 3 429 ×3 =

⑦ 9 831 ×4 =　　　　　　　　⑧ 4 985 ×4 =

⑨ 6 817 ×4 =　　　　　　　　⑩ 7 536 ×4 =

⑪ 4 637 ×5 =　　　　　　　　⑫ 7 529 ×5 =

⑬ 6 857 ×6 =　　　　　　　　⑭ 5 471 ×6 =

⑮ 3 629 ×6 =　　　　　　　　⑯ 8 516 ×6 =

⑰ 1 734 ×7 =　　　　　　　　⑱ 8 594 ×7 =

⑲ 1 426 ×7 =　　　　　　　　⑳ 2 043 ×7 =

㉑ 4 817 ×7 =　　　　　　　　㉒ 5 184 ×7 =

㉓ 1 547 ×8 =　　　　　　　　㉔ 6 719 ×8 =

㉕ 8 137 ×8 =　　　　　　　　㉖ 2 483 ×8 =

㉗ 3 607 ×9 =　　　　　　　　㉘ 8 675 ×9 =

㉙ 4 592 ×9 =　　　　　　　　㉚ 6 784 ×9 =

㉛ 2 667 ×9 =　　　　　　　　㉜ 3 366 ×9 =

㉝ 5 888 ×7 =　　　　　　　　㉞ 1 678 ×7 =

㉟ 3 876 ×7 =　　　　　　　　㊱ 5 776 ×7 =

㊲ 6 102 ×7 =　　　　　　　　㊳ 7 025 ×7 =

㊴ 1 967 ×7 =　　　　　　　　㊵ 3 594 ×7 =

㊶ 8 341 ×8 =　　　　　　　　㊷ 9 056 ×8 =

㊸ 2 843 ×8 =　　　　　　　　㊹ 4 961 ×8 =

㊺ 3 278 ×8 =　　　　　　　　㊻ 6 057 ×8 =

㊼ 5 826 ×8 =　　　　　　　　㊽ 9 105 ×8 =

㊾ 8 539 ×3 =　　　　　　　　㊿ 2 648 ×3 =

51 7 298 ×3 =　　　　　　　　52 4 816 ×3 =

53 6 317 ×3 =　　　　　　　　54 7 641 ×3 =

55 4 876 ×3 =　　　　　　　　56 9 507 ×3 =

57 5 283 ×6 =　　　　　　　　58 3 706 ×6 =

59 6 439 ×6 =　　　　　　　　60 5 162 ×6 =

61 9 416 ×6 =　　　　　　　　62 1 853 ×6 =

㊶ 2 654 ×6 =   ㊷ 8 153 ×6 =

㊸ 4 901 ×4 =   ㊹ 8 431 ×4 =

㊺ 4 586 ×4 =   ㊻ 6 127 ×4 =

㊽ 3 674 ×4 =   ㊾ 4 096 ×4 =

㊽ 3 569 ×26 =   ㊾ 1 479 ×42 =

㊽ 4 305 ×71 =   ㊾ 4 518 ×56 =

㊽ 6 172 ×94 =   ㊾ 5 839 ×89 =

㊽ 7 649 ×37 =   ㊾ 1 593 ×35 =

㊽ 2 574 ×67 =   ㊿ 5 738 ×78 =

三、珠算除法运算的练习

用所学习的珠算除法计算下列各题：

（1）

① 167. 58 ÷6 =	㉑ 12 875 ÷25 =
② 19 004 ÷40 =	㉒ 10 659 ÷33 =
③ 369. 18 ÷9 =	㉓ 25 064 ÷52 =
④ 454. 37 ÷0. 7 =	㉔ 20 971 ÷67 =
⑤ 6 148 ÷80 =	㉕ 40 541 ÷71 =
⑥ 19 455 ÷300 =	㉖ 20 619 ÷87 =
⑦ 539. 02 ÷20 =	㉗ 10 212 ÷92 =
⑧ 1 378 ÷0. 05 =	㉘ 7 021 ÷17 =
⑨ 32. 352 ÷0. 6 =	㉙ 14 819 ÷29 =
⑩ 20 181 ÷70 =	㉚ 23 175 ÷45 =
⑪ 3 695. 2 ÷8 =	㉛ 23 256 ÷38 =
⑫ 31 432 ÷40 =	㉜ 24 976 ÷56 =
⑬ 8 244 ÷30 =	㉝ 21 459 ÷69 =
⑭ 447. 44 ÷0. 7 =	㉞ 51 192 ÷72 =
⑮ 274. 18 ÷2 =	㉟ 20 064 ÷88 =
⑯ 56 244 ÷600 =	㊱ 23 829 ÷39 =
⑰ 179. 25 ÷5 =	㊲ 24 252 ÷43 =
⑱ 71 648 ÷80 =	㊳ 21 736 ÷52 =
⑲ 5 041. 8 ÷9 =	㊴ 21 459 ÷69 =
⑳ 58 289 ÷7 =	㊵ 20 619 ÷87 =

（2）

① 178 088 ÷ 452 =	㉑ 2 454 210 ÷ 3 015 =
② 173 056 ÷ 832 =	㉒ 5 805 338 ÷ 6 854 =
③ 19 494 ÷ 342 =	㉓ 365 925 ÷ 2 091 =
④ 303 775 ÷ 725 =	㉔ 1 112 064 ÷ 3 072 =
⑤ 14 288 ÷ 304 =	㉕ 2 268 875 ÷ 2 598 =
⑥ 18 666 ÷ 306 =	㉖ 3 069 044 ÷ 8 206 =
⑦ 17 052 ÷ 294 =	㉗ 4 984 496 ÷ 9 812 =
⑧ 5 220 ÷ 145 =	㉘ 863 073 ÷ 5 641 =
⑨ 196 936 ÷ 824 =	㉙ 4 742 955 ÷ 6 453 =
⑩ 369 240 ÷ 408 =	㉚ 2 883 326 ÷ 6 598 =
⑪ 21 653 ÷ 367 =	㉛ 1 110 516 ÷ 2 068 =
⑫ 7 902 ÷ 439 =	㉜ 885 760 ÷ 1 024 =
⑬ 29 786 ÷ 281 =	㉝ 3 060 672 ÷ 6 712 =
⑭ 34 848 ÷ 264 =	㉞ 5 159 868 ÷ 7 049 =
⑮ 26 942 ÷ 709 =	㉟ 757 512 ÷ 1 265 =
⑯ 289 842 ÷ 618 =	㊱ 3 666 752 ÷ 9 752 =
⑰ 165 282 ÷ 326 =	㊲ 2 141 064 ÷ 4 086 =
⑱ 287 043 ÷ 587 =	㊳ 4 316 818 ÷ 9 031 =
⑲ 44 626 ÷ 842 =	㊴ 1 976 310 ÷ 6 274 =
⑳ 126 381 ÷ 309 =	㊵ 2 744 928 ÷ 8 472 =

（3）要求保留两位小数，第三位小数四舍五入。

① 8.170 4 ÷ 7.04 ≈	⑯ 1 867.628 3 ÷ 470.6 ≈
② 0.058 6 ÷ 0.468 ≈	⑰ 0.852 927 ÷ 0.089 1 ≈
③ 9.130 8 ÷ 8.07 ≈	⑱ 38.218 43 ÷ 0.264 7 ≈
④ 0.068 7 ÷ 0.573 ≈	⑲ 29.633 979 ÷ 4.705 ≈
⑤ 0.036 9 ÷ 0.29 ≈	⑳ 4 783.345 2 ÷ 490.81 ≈
⑥ 7.850 9 ÷ 4.03 ≈	㉑ 0.417 558 ÷ 0.065 1 ≈
⑦ 3.805 6 ÷ 2.07 ≈	㉒ 4 841.494 1 ÷ 750.29 ≈
⑧ 0.073 8 ÷ 0.147 ≈	㉓ 0.626 986 ÷ 0.079 2 ≈
⑨ 0.042 9 ÷ 0.273 ≈	㉔ 1 860.165 8 ÷ 480.53 ≈
⑩ 4.180 7 ÷ 2.08 ≈	㉕ 73.658 566 ÷ 8.703 6 ≈
⑪ 8.730 9 ÷ 7.08 ≈	㉖ 2 488.821 5 ÷ 470.21 ≈
⑫ 0.068 5 ÷ 0.568 ≈	㉗ 0.218 581 ÷ 0.036 5 ≈
⑬ 0.096 3 ÷ 0.65 ≈	㉘ 995.186 7 ÷ 210.38 ≈
⑭ 5.831 6 ÷ 2.08 ≈	㉙ 16.197 39 ÷ 3.106 4 ≈
⑮ 6.248 6 ÷ 3.64 ≈	㉚ 2 165.064 7 ÷ 890.57 ≈

（4）要求保留两位小数。

① 48 205 913 ÷ 2 890 645 ≈	⑪ 7 520 843. 69 ÷ 712 698. 34 ≈
② 7 506 132 ÷ 568 423. 07 ≈	⑫ 956 438. 27 ÷ 812 573. 69 ≈
③ 40 289 356 ÷ 32 847 956 ≈	⑬ 2 058 143. 97 ÷ 9 752 368. 14 ≈
④ 7 856 023 ÷ 12 397 856 ≈	⑭ 658 713. 29 ÷ 437 015. 86 ≈
⑤ 58 439 061 ÷ 7 395 241 ≈	⑮ 980 563. 47 ÷ 523 694. 78 ≈
⑥ 17 026 384 ÷ 3 286 714 ≈	⑯ 715 946. 23 ÷ 345 976. 81 ≈
⑦ 20 196 852 ÷ 7 854 396 ≈	⑰ 306 478. 92 ÷ 935 748. 12 ≈
⑧ 7 245 382 ÷ 3 049 127 ≈	⑱ 2 196 038. 72 ÷ 1 234 567. 89 ≈
⑨ 8 367 015 ÷ 7 284 315 ≈	⑲ 528 460. 73 ÷ 309 127. 65 ≈
⑩ 36 714 098 ÷ 12 357 086 ≈	⑳ 850 492. 47 ÷ 649 871. 25 ≈

（5）用补数除法计算下列各题（保留两位小数）。

① 2 834 ÷ 999. 5 ≈	⑪ 64. 38 ÷ 0. 998 4 ≈
② 5 791 ÷ 99. 98 ≈	⑫ 15. 79 ÷ 0. 998 5 ≈
③ 73. 06 ÷ 9. 993 ≈	⑬ 826. 5 ÷ 0. 997 2 ≈
④ 381. 4 ÷ 0. 999 7 ≈	⑭ 407. 3 ÷ 99. 86 ≈
⑤ 0. 726 4 ÷ 0. 999 3 ≈	⑮ 728. 6 ÷ 9. 973 ≈
⑥ 3 891 ÷ 99. 95 ≈	⑯ 29. 34 ÷ 99. 81 ≈
⑦ 671. 5 ÷ 9. 994 ≈	⑰ 5 618 ÷ 99. 82 ≈
⑧ 875. 6 ÷ 99. 97 ≈	⑱ 9 327 ÷ 99. 87 ≈
⑨ 60. 72 ÷ 0. 999 3 ≈	⑲ 386. 4 ÷ 0. 997 9 ≈
⑩ 471. 6 ÷ 99. 94 ≈	⑳ 8 246 ÷ 99. 65 ≈

四、珠算技术等级鉴定题练习

（一）普通级练习

珠算技术等级鉴定普通四至六级模拟题

（1）加减算。

（一）	（二）	（三）	（四）	（五）
6 037	70 153	541	539	824 097
475	8 691	4 319	4 027	938
709 145	7 936	315 028	− 383	− 4 105
1 693	304 215	853	542	627
254	789	6 912	9 103	6 053
4 516	427	470	960 347	729
481	9 072	7 694	− 8 210	− 4 538
51 328	541	569	− 9 062	610
8 965	1 307	8 123	427	− 6 287
487	258	307	615 849	82 905
9 072	586 423	6 738	− 70 286	570
351	8 065	31 975	697	945 013
239	20 649	209	54 081	− 71 634
805 674	436	207 865	375	813
30 892	198	86 024	− 6 158	− 6 429

（六）	（七）	（八）	（九）	（十）
302	864	135	791 056	58 734
581 749	923	7 089	814	801 645
9 036	509	792 135	– 4 302	– 853
42 673	167	896	675	7 826
519	69 785	38 542	– 9 082	– 273
2 904	4 321	624	623	75 402
605 817	6 058	7 169	7 809	7 268
438	385	3 024	547	– 9 071
7 352	807 923	60 271	– 5 068	369
602	2 876	9 453	670	– 190 526
8 457	1 309	518	984 812	902
961	425 176	6 180	5 349	4 168
89 312	30 541	437	– 98 512	345
604	4 029	405 968	– 245	394
7 158	98 217	1 796	4 209	– 35 287

（2）乘算（保留两位小数）。

一	$1\,764 \times 26 \approx$
二	$3.756 \times 3.06 \approx$
三	$702 \times 3\,514 \approx$
四	$91 \times 2\,768 \approx$
五	$3\,657 \times 28 \approx$
六	$286 \times 579 \approx$
七	$36 \times 2\,457 \approx$
八	$203 \times 106 \approx$
九	$0.308\,7 \times 9.5 \approx$
十	$47 \times 2\,067 \approx$

（3）除算（保留两位小数）。

一	$48\,144 \div 708 \approx$
二	$213\,026 \div 421 \approx$
三	$6.297\,6 \div 4.1 \approx$
四	$22\,295 \div 245 \approx$
五	$112\,545 \div 305 \approx$
六	$16\,116 \div 68 \approx$
七	$7.499\,5 \div 26.5 \approx$
八	$256\,878 \div 639 \approx$
九	$338\,675 \div 713 \approx$
十	$13\,667 \div 79 \approx$

（4）评判。

评判栏	项　目	+ −	×	÷	合计	等级	阅卷	
	完成题						复核	
	准确题						核级	

珠算技术等级鉴定普通一至三级模拟题

（1）加减算。

（一）	（二）	（三）	（四）	（五）
643 812	10 436 927	20 784	8 361 475	26 583 019
1 267	8 061 274	8 175	537 862	4 81 907
43 579	94 057	2 691 507	− 9 054	− 4 325
53 760 142	743 918	37 084 152	27 931	65 312
8 921	6 571	306 249	39 460 217	9 467
5 061 275	39 056 287	65 934	− 8 071	92 758
526 098	9 648	8 076	− 2 984 156	− 750 182
70 256	60 358	96 281 437	406 719	60 479 321
1 935 417	2 512 436	5 392	3 504	− 6 850 934
98 367 504	145 809	8 657 209	80 259 136	586 301
4 098	20 561	64 031	20 683	− 7 409 618
609 837	7 823	132 964	− 5 974 068	98 317 205
42 910 853	54 296 301	1 359 208	31 820 754	− 3 870 492
1 803 427	7 851 943	578 146	− 219 546	14 623
69 834	720 389	57 081 394	98 732	7 854
（六）	（七）	（八）	（九）	（十）
1 385.69	6 540.93	387 501.94	310 985.27	41.97
39.54	2 305.79	87.19	− 64.18	958 024.16
7 142.05	18 954.07	845.21	6 053.41	− 73 502.89
129 803.56	693 041.52	47.68	418.37	4 076.31
51 368.79	89 623.07	731 084.26	− 23 407.69	− 425.78
740 825.63	7 890.42	59 402.13	845 230.17	283.65
97.36	531.26	7 590.68	65.92	− 2 160.93
620.17	63.98	653.42	6 108.59	37 081.59
58 942.01	745 032.61	2 056.94	64.73	2 604.73
205 761.84	78.15	24 170.35	− 79 816.04	427.16
217.46	728.41	62 402.87	230 781.95	− 83.59
785.02	164.85	5 126.09	− 6 025.43	421 570.83
43 680.29	16.38	549.28	198.52	69 875.04
43.91	478 095.62	47.36	953.27	− 295 601.48
7 098.34	21 403.87	693 085.17	87 290.64	36.19

（2）乘算（保留两位小数）。

一	46 311 × 1 574 ≈
二	0. 218 6 × 426. 3 ≈
三	8. 504 3 × 203. 5 ≈
四	5 749 × 7 859 ≈
五	2 359 × 3 768 ≈
六	2. 107 3 × 508. 7 ≈
七	0. 703 2 × 580. 62 ≈
八	3 279 × 4 238 ≈
九	0. 509 1 × 370. 45 ≈
十	3 285 × 1 856 ≈

（3）除算（保留两位小数）。

一	1. 962 37 ÷ 0. 387 9 ≈
二	44 674. 89 ÷ 751 ≈
三	73 992 924 ÷ 804 ≈
四	3 516 271 ÷ 4 103 ≈
五	32 276. 11 ÷ 657 ≈
六	79 071 042 ÷ 82 914 ≈
七	4 047 008 ÷ 325 162 ≈
八	198 221. 95 ÷ 9. 83 ≈
九	30 988. 01 ÷ 706 ≈
十	14 758 905 ÷ 40 215 ≈

（4）评判。

评判栏	项　目	+ −	×	÷	合计	等级	阅卷	
	完成题						复核	
	准确题						核级	

（二）能手级练习

珠算技术等级鉴定能手级模拟题

（1）加减算。

（一）	（二）	（三）	（四）	（五）
5 920. 47	731 654. 08	3 690 845. 21	29 470 856. 13	69 802. 35
96 241. 03	2 538. 79	3 409. 78	63 094. 28	12 356 490. 87
52 036. 48	52 498 316. 07	516 928. 07	− 6 715 293. 04	6 719 028. 43
64 071 298. 35	50 269. 14	38 605 714. 29	− 543 179. 62	− 547 216. 39
97 325. 81	427 153. 96	68 037. 15	6 315. 78	9 123. 85
1 682 450. 37	8 209 745. 63	96 450. 21	15 238 967. 04	27 415 389. 06
809 731. 54	4 037. 98	8 312. 75	− 8 067 291. 45	− 76 510. 94
87 143 052. 69	67 584. 03	92 581 407. 63	− 79 460. 51	− 3 028 756. 19
8 137. 96	74 591 803. 26	7 829 365. 04	192 708. 45	841 205. 63
8 416 290. 37	3 815 460. 92	340 871. 56	9 043. 87	3 894. 07
762 845. 01	19 074 623. 85	18 453 697. 02	23 680 579. 41	902 578. 41
7 614 302. 59	6 903 278. 41	745 129. 36	8 215. 39	− 74 382. 06
20 387 965. 14	9 426. 15	6 914. 25	7 201 683. 95	97 420 631. 58
6 891. 75	692 507. 81	79 280. 34	840 561. 23	7 463. 15
829 046. 53	78 390. 12	3 047 926. 18	− 73 024. 86	− 8 601 547. 29

续表

（六）	（七）	（八）	（九）	（十）
5 432	31 960	371 852	2 641 782	80 379 256
78 963	4 309	7 452	− 6 923	5 092
601 475	673 892	453 199	− 8 135	− 5 127
1 526 734	3 902 514	2 036 789	460 125	− 674 159
17 435 829	82 396 145	98 375 264	21 459 807	7 421 893
1 076	507 816	68 209 513	− 8 724 130	2 371 649
307 865	4 378 125	2 786 031	19 724	− 5 732
12 945 603	92 047	3 689	− 643 507	893 204
7 821 314	5 286	468 705	2 986	34 680
14 279	73 159 428	10 427	− 20 867 315	− 9 834
38 092 457	816 704	83 096 245	13 249	13 058 926
351 860	54 261 093	2 697	5 904 378	− 246 708
5 908 734	8 435 710	9 510 873	8 796	5 132
6 982	23 461	16 942	39 087 542	68 975
49 158	8 976	354 018	− 356 810	− 6 427 590
84 265 091	567 820	1 097 534	1 908 435	546 271
6 829	30 658 792	41 652	49 256	− 1 753
10 692	1 430 697	14 928 560	− 6 701	89 502 164
468 107	72 548	309 786	305 687	1 980 347
1 029 534	5 107	4 170	14 293 065	13 806

（十一）	（十二）	（十三）	（十四）	（十五）
20 739 548.16	8 624 970.51	176 495.03	89 514.27	3 756.18
73 089.61	51 307.29	84 279.51	75 361 948.02	3 297 648.01
3 594 671.82	218 056.43	37 568 201.94	− 8 147 025.93	− 68 201.94
380 257.94	81 046 792.35	6 052.48	− 710 356.49	15 079 426.83
24 970.51	72 480.63	1 845 937.02	2 486.05	41 069.27
49 102 865.73	7 039 548.16	630 812.79	50 176 839.42	− 8 176 490.53
3 652.48	7 152.68	15 079 426.83	362 790.81	5 219.37
972 480.61	594 671.82	6 981 374.25	− 9 684 251.37	60 981 374.25
7 218 036.45	3 584.79	19 635.84	− 15 849.63	− 804 297.51
1 507.92	16 380 257.94	2 590.63	6 032.59	− 4 630 852.79
690 143.58	436 912.07	703 158.46	708 463.15	49 752 083.61
8 436 912.07	9 102 865.73	41 096.27	− 46 271.09	219 634.85
5 860.13	901 473.58	3 297 640.18	2 930 187.64	2 065.38
4 851 307.29	4 230.96	49 752 083.61	7 305.28	− 45 937.02
46 792.35	52 473 089.61	8 207.35	94 572 083.16	703 158.46

（十六）	（十七）	（十八）	（十九）	（二十）
83 642 891	428 391	12 974	8 571 293	5 316
9 175	2 046	9 451	− 76 401	71 368 254
71 328	9 715 463	186 375	769 582	− 20 931
634 851	27 954 871	8 206 357	3 719	302 159
5 246 318	75 408	16 059 432	57 869 120	− 7 043 961
283 467	47 638 159	68 291	420 596	− 46 728 109
2 048	53 802	374 820	− 89 024	4 971 520
15 804 692	6 391	4 530 679	21 597 384	84 236
79 456	760 824	52 413 086	150 938	− 457 618
3 190 547	19 658 732	50 827	− 9 306 285	9 675 324
5 801	7 930 164	369 542	34 872	19 607
507 619	64 210	43 872 905	42 719 360	862 375
38 016 974	2 043 687	5 104 798	− 1 536	− 3 240
1 723 580	485 906	847 103	8 063 417	8 530 692
85 026	1 578	6 219	− 8 365	18 045
47 062 953	20 593 187	38 415	− 14 975 603	− 9 487
209 645	384 506	7 069	6 028	8 596
3 427	2 519 630	37 214 856	− 241 759	25 049 781
6 958 204	7 029	1 025 637	82 046	− 308 546
40 723	19 352	6 098	6 340 521	13 920 758

（2）乘算（保留两位小数）。

一	4 709 × 7 294 ≈
二	73. 195 6 × 6. 240 8 ≈
三	5 463 × 26 354 ≈
四	7. 815 2 × 37. 280 5 ≈
五	210 457 × 7 823 ≈
六	30 548 × 510 638 ≈
七	0. 908 3 × 8 031. 94 ≈
八	613 894 × 9 405 ≈
九	562. 43 × 2. 107 9 ≈
十	72 436 × 9 438 ≈
十一	0. 612 5 × 91. 486 5 ≈
十二	51 097 × 6 401 ≈
十三	4. 836 2 × 0. 279 6 ≈
十四	7 180 × 56 423 ≈
十五	0. 623 9 × 0. 903 2 ≈
十六	7 193 × 81 709 ≈
十七	670 248 × 50 176 ≈
十八	0. 950 8 × 0. 861 7 ≈
十九	80 197 × 52 346 ≈
二十	5 912 × 7 158 ≈

（3）除算（保留两位小数）。

一	398. 579 7 ÷ 675. 42 ≈
二	538 146 198 ÷ 1 062 ≈
三	973. 936 9 ÷ 9 206. 74 ≈
四	1 309 037 796 ÷ 20 754 ≈
五	3 383 572 639 ÷ 8 053 ≈
六	30 575 552 ÷ 3 892 ≈
七	9 620. 739 3 ÷ 98. 54 ≈
八	15 027 143 ÷ 4 187 ≈
九	4 513. 384 1 ÷ 791. 23 ≈
十	354 992 176 ÷ 93 814 ≈
十一	48. 952 1 ÷ 65. 043 9 ≈
十二	148 193 318 ÷ 50 218 ≈
十三	616 825 596 ÷ 6 914 ≈
十四	116 504 941 ÷ 81 529 ≈
十五	480. 068 3 ÷ 76. 14 ≈
十六	290 932 488 ÷ 9 738 ≈
十七	20. 882 4 ÷ 50. 46 ≈
十八	92 557 072 ÷ 3 056 ≈
十九	26 207 202 ÷ 6 378 ≈
二十	23. 073 7 ÷ 36. 201 7 ≈

（4）评判。

评判栏	项目	加减算	乘算	除算	等级
	答对题数				
	监场	判卷	复核	鉴定员	

说明：

① 加减算 10 分钟，乘算和除算各 5 分钟，共 20 分钟。

② 加减算、乘算和除算各打对 18 题，为能手一级；各打对 16 题，为能手二级；各打对 14 题，为能手三级；各打对 12 题，为能手四级；加减算打对 10 题，乘算和除算各打对 11 题，为能手五级；加减算打对 8 题，乘算和除算各打对 10 题，为能手六级。

实训三　脑算训练

一、脑算加减法

```
（1）  21   38   12   47   36   63   51   92   43   57
     +72   84   59   68   54   74   48   16   25   49
（2）  13   25   37   49   58   62   73   84   91   26
     +45   57   63   75   86   93   15   28   39   41
（3）  14   62   83   94   60   71   82   95   20   31
     +61   72   80   96   11   23   39   43   57   65
（4）  78   59   64   71   58   62   74   32   84   59
     +65   53   29   87   76   81   69   56   75   67
（5）  42   86   73   51   60   77   84   53   37   50
     +36   47   68   95   73   28   95   16   49   26
（6）  78   65   75   84   73   57   62   79   87   93
     -73  -42  -31  -58  -56  -42  -38  -64  -72  -67
（7）  76   85   94   40   51   62   73   19   28   39
     -45  -73  -25  -36  -49  -27  -57  -15  -26  -25
（8）  78   59   64   73   82   67   48   57   73   85
     -54  -32  -47  -58  -67  -43  -39  -45  -66  -74
（9）  47   58   69   75   82   93   56   64   78   81
     -35  -46  -27  -14  -65  -36  -49  -38  -42  -67
（10）  28   39   47   65   74   85   16   37   49   56
      -19  -24  -33  -49  -68  -79  -14  -25  -39  -48
（11） 748   597   318   763   596
     +327   643   586   387   349
（12） 438   162   859   473   694
     +246   789   537   612   973
（13） 619   835   746   509   478
     +536   196   486   927   812
```

（14） 508　391　724　528　578
　　　+329　728　214　952　487
（15） 723　872　415　925　831
　　　+495　324　768　539　462
（16） 984　837　592　867　482
　　　−732 −614 −273 −539 −274
（17） 319　287　514　328　472
　　　−287 −135 −478 −285 −342
（18） 874　725　938　569　786
　　　−463 −569 −874 −402 −719
（19） 783　539　462　589　612
　　　−314 −425 −247 −491 −539
（20） 219　394　475　832　197
　　　−198 −286 −159 −329 −246

二、脑算乘法

（1） $15 \times 3 =$　　　　　　（2） $26 \times 4 =$　　　　　　（3） $37 \times 6 =$

（4） $49 \times 7 =$　　　　　　（5） $29 \times 8 =$　　　　　　（6） $17 \times 5 =$

（7） $43 \times 9 =$　　　　　　（8） $36 \times 2 =$　　　　　　（9） $95 \times 3 =$

（10） $28 \times 6 =$　　　　　（11） $18 \times 7 =$　　　　　（12） $26 \times 9 =$

（13） $43 \times 8 =$　　　　　（14） $37 \times 4 =$　　　　　（15） $76 \times 3 =$

（16） $19 \times 5 =$　　　　　（17） $65 \times 7 =$　　　　　（18） $49 \times 6 =$

（19） $37 \times 2 =$　　　　　（20） $47 \times 6 =$　　　　　（21） $57 \times 62 =$

（22） $43 \times 27 =$　　　　（23） $65 \times 87 =$　　　　（24） $36 \times 16 =$

（25） $53 \times 43 =$　　　　（26） $76 \times 38 =$　　　　（27） $28 \times 37 =$

（28） $46 \times 29 =$　　　　（29） $34 \times 17 =$　　　　（30） $58 \times 34 =$

（31） $46 \times 86 =$　　　　（32） $57 \times 73 =$　　　　（33） $63 \times 24 =$

（34） $75 \times 37 =$　　　　（35） $23 \times 75 =$　　　　（36） $89 \times 47 =$

（37） $76 \times 35 =$　　　　（38） $64 \times 24 =$　　　　（39） $57 \times 16 =$

（40） $48 \times 67 =$　　　　（41） $429 \times 375 =$　　　（42） $804 \times 176 =$

（43） $286 \times 439 =$　　　（44） $529 \times 317 =$　　　（45） $846 \times 731 =$

（46） $376 \times 403 =$　　　（47） $418 \times 506 =$　　　（48） $203 \times 607 =$

（49） $706 \times 704 =$　　　（50） $805 \times 307 =$

三、脑算除法（保留两位小数，以下四舍五入）

（1） $175 \div 7 \approx$　　　　　（2） $258 \div 6 \approx$　　　　　（3） $185 \div 5 \approx$

（4） $608 \div 8 \approx$　　　　　（5） $156 \div 4 \approx$　　　　　（6） $189 \div 7 \approx$

（7） $234 \div 6 \approx$　　　　　（8） $608 \div 8 \approx$　　　　　（9） $333 \div 9 \approx$

（10） $519 \div 3 \approx$　　　　（11） $1\,028 \div 4 \approx$　　　（12） $2\,250 \div 6 \approx$

（13） $1\,408 \div 8 \approx$　　　（14） $837 \div 3 \approx$　　　　（15） $1\,519 \div 7 \approx$

(16) 1 548÷9≈ (17) 1 038÷6≈ (18) 2 360÷5≈
(19) 1 274÷7≈ (20) 3 304÷8≈ (21) 2 021÷47≈
(22) 2 124÷47≈ (23) 2 262÷29≈ (24) 4 088÷56≈
(25) 6 716÷73≈ (26) 4 042÷86≈ (27) 3 404÷92≈
(28) 1 836÷27≈ (29) 2 415÷35≈ (30) 3 053÷43≈
(31) 27 648÷54≈ (32) 16 068÷39≈ (33) 18 590÷26≈
(34) 24 168÷76≈ (35) 36 188÷83≈ (36) 13 248÷48≈
(37) 14 712÷24≈ (38) 39 494÷62≈ (39) 16 544÷94≈
(40) 16 167÷51≈ (41) 40 593÷472≈ (42) 84 597÷758≈
(43) 51 238÷623≈ (44) 74 319÷834≈ (45) 65 972÷783≈
(46) 54 214÷408≈ (47) 45 592÷763≈ (48) 93 912÷258≈
(49) 51 894÷961≈ (50) 12 782÷154≈

实训四　传票算训练

一、传票算

（1）准备一本比赛用传票，进行以下计算的训练。

① 计算第二行 1～20 页合计数。

② 计算第五行 51～70 页合计数。

③ 计算各行 1～100 页合计数。

（2）传票算试题。

试题1

题号	行次	起止页数	答　案
一	（二）	4～23	
二	（三）	7～26	
三	（五）	6～25	
四	（四）	8～27	
五	（一）	13～32	
六	（五）	17～36	
七	（二）	22～41	
八	（四）	72～91	
九	（三）	65～84	
十	（二）	52～71	
十一	（二）	51～70	
十二	（五）	2～21	
十三	（三）	31～50	
十四	（二）	3～22	
十五	（一）	5～24	
十六	（三）	52～71	

续表

题号	行次	起止页数	答　案
十七	（四）	62～81	
十八	（五）	37～56	
十九	（二）	6～25	
二十	（三）	8～27	
二十一	（三）	9～28	
二十二	（五）	12～31	
二十三	（一）	11～30	
二十四	（三）	16～35	
二十五	（四）	19～38	
二十六	（五）	65～84	
二十七	（二）	76～95	
二十八	（三）	77～96	
二十九	（四）	78～97	
三十	（一）	8～27	

试题 2

题号	行次	起止页数	答　案
一	（三）	52～71	
二	（四）	62～81	
三	（五）	37～56	
四	（二）	6～25	
五	（三）	8～27	
六	（三）	9～28	
七	（五）	12～31	
八	（一）	11～30	
九	（三）	16～35	
十	（四）	19～38	
十一	（五）	65～84	
十二	（二）	76～95	
十三	（三）	77～96	
十四	（四）	78～97	
十五	（一）	8～27	
十六	（五）	32～51	
十七	（一）	45～64	
十八	（三）	33～52	
十九	（二）	34～53	
二十	（二）	42～61	

续表

题号	行次	起止页数	答　案
二十一	（五）	1～20	
二十二	（三）	25～44	
二十三	（四）	36～55	
二十四	（一）	31～50	
二十五	（五）	2～21	
二十六	（三）	8～27	
二十七	（五）	5～24	
二十八	（四）	3～22	
二十九	（一）	29～48	
三十	（三）	27～46	

试题 3

题号	行次	起止页数	答　案
一	（三）	12～31	
二	（五）	15～34	
三	（四）	19～38	
四	（一）	21～40	
五	（三）	22～41	
六	（五）	27～46	
七	（四）	29～48	
八	（二）	3～22	
九	（五）	5～24	
十	（二）	8～27	
十一	（四）	2～21	
十二	（二）	5～24	
十三	（三）	7～26	
十四	（一）	9～28	
十五	（五）	8～27	
十六	（四）	12～31	
十七	（三）	51～70	
十八	（二）	49～68	
十九	（一）	72～91	
二十	（五）	78～97	
二十一	（四）	3～22	
二十二	（五）	4～23	
二十三	（四）	32～51	
二十四	（二）	35～54	

续表

题号	行次	起止页数	答　　案
二十五	（三）	39～58	
二十六	（四）	42～61	
二十七	（一）	45～64	
二十八	（二）	52～71	
二十九	（三）	61～80	
三十	（五）	64～83	

试题 4

题号	行次	起止页数	答　　案
一	（四）	5～24	
二	（二）	12～31	
三	（三）	19～38	
四	（一）	21～40	
五	（五）	25～44	
六	（二）	29～48	
七	（一）	52～71	
八	（四）	58～77	
九	（三）	62～81	
十	（五）	79～98	
十一	（四）	3～22	
十二	（五）	4～23	
十三	（二）	17～36	
十四	（三）	16～35	
十五	（一）	15～34	
十六	（五）	24～43	
十七	（四）	23～42	
十八	（三）	28～47	
十九	（二）	32～51	
二十	（一）	47～66	
二十一	（五）	32～51	
二十二	（一）	45～64	
二十三	（三）	33～52	
二十四	（二）	34～53	
二十五	（二）	42～61	
二十六	（五）	1～20	
二十七	（四）	25～44	
二十八	（二）	36～55	
二十九	（三）	31～50	
三十	（五）	2～21	

二、账表算

账表算（一）

序号	一	二	三	四	五	合 计
一	652 071	9 872	40 867	4 185 796	56 193 287	
二	6 580 329	78 641 093	5 629	28 407	916 358	
三	93 052	183 906	86 107 495	5 082	7 360 412	
四	7 893	2 076 385	359 174	10 692 357	91 874	
五	71 698 305	80 129	7 815 903	930 724	4 096	
六	9 073	35 072	684 793	41 589 206	9 504 867	
七	72 684	7 609 185	53 019 426	254 073	1 423	
八	20 843 159	2 964	70 851	1 706 892	986 305	
九	916 508	61 085 397	7 839 102	5 136	37 126	
十	3 854 716	571 408	4 236	83 429	20 861 957	
十一	4 309 568	61 085 397	268 071	92 147	9 123	
十二	960 781	34 762	8 105 243	5 762	79 052 871	
十三	28 176	9 874	15 783 062	705 284	5 876 039	
十四	1 764	2 601 983	36 129	35 284 091	269 504	
十五	51 786 032	168 502	9 857	2 069 435	73 295	
十六	32 947	9 031 678	298 345	46 371 258	5 324	
十七	480 139	89 247	16 059 862	– 9 736	6 031 942	
十八	1 369 508	87 413 905	3 174	76 592	786 294	
十九	73 601 825	3 764	4 870 912	687 019	24 587	
二十	6 294	857 649	67 839	6 430 129	63 157 029	
合 计						

账表算（二）

序号	一	二	三	四	五	合 计
一	107 468	40 387	41 602 387	5 029 718	8 405	
二	5 326 914	6 895	97 135	96 483 507	692 714	
三	3 807	51 832 746	965 428	16 234	5 237 096	
四	95 286	124 069	1 730 596	9 875	19 408 632	
五	20 179 435	1 079 235	8 042	240 316	35 178	
六	6 902 374	18 367	17 063 985	6 473	610 782	
七	43 159	30 146 258	8 354	958 014	2 087 413	
八	726 408	5 319	4 235 019	50 613 729	18 564	
九	5 267	8 702 941	604 238	45 938	40 156 278	
十	38 670 915	635 074	59 263	3 508 396	3 459	

序号	一	二	三	四	五	合　计
十一	6 412 350	960 357	5 938	70 816 925	80 647	
十二	40 841	46 095 128	1 896 042	204 153	4 152	
十三	80 194 256	8 275	530 179	48 097	9 107 438	
十四	7 432	23 014	41 258 706	5 731 408	– 546 983	
十五	758 693	9 876 342	49 287	3 219	35 791 028	
十六	81 309 257	491 035	5 173 408	4 397	29 185	
十七	4 530 786	49 836	802 391	69 087 123	7 526	
十八	5 921	7 685 042	64 573	270 645	50 936 417	
十九	93 647	2 769	14 725 096	2 815 039	372 098	
二十	286 039	58 720 136	7 294	51 846	9 061 723	
合　计						

账表算（三）

序号	一	二	三	四	五	合　计
一	3 902 418	536 971	2 068	29 456	13 048 5	
二	798 251	15 023 689	8 250 413	7 049	36 742	
三	89 536 047	8 402	937 154	6 905 813	17 254	
四	15 306	4 562 573	36 508 419	174 268	2 983	
五	7 462	17 489	714 863	85 630 506	6 521 309	
六	14 069 728	985 036	38 275	2 169	5 804 143	
七	278 094	2 461	9 051 426	81 517	63 980 635	
八	1 536	32 691 047	6 215 704	63 403	849 289	
九	8 570 312	74 801	2 095	386 735	69 192 468	
十	54 063	6 348 529	509 738	18 041 927	5 271	
十一	6 805 192	162 097	15 097 843	6 842	34 713	
十二	170 348	8 534 214	32 689	94 705 219	7 504	
十三	59 427	5 098	61 246 357	8 416 293	670 153	
十四	94 238 761	370 142	8 476	98 035	5 461 029	
十五	5 349	93 458 706	31 092	2 815 876	140 657	
十六	76 892 413	12 037	6 283 641	506 495	9 802	
十七	1 359 802	8 695	90 813	67 154 073	276 423	
十八	5 047	74 965 213	158 269	4 293 601	80 587	
十九	281 654	36 148	36 274 095	7 852	1 079 036	
二十	63 907	9 704 853	7 546	102 493	54 218 628	
合　计						

账表算 （四）

序号	一	二	三	四	五	合 计
一	6 830 492	926 157	9 287	81 804	75 201 643	
二	48 105 236	9 420 368	175 629	7 289	64 107	
三	86 043	81 302 647	3 860 492	269 517	2 839	
四	7 829	16 803	31 704 658	4 920 836	517 692	
五	571 296	7 289	10 364	37 508 621	8 360 240	
六	965 417	83 219 407	26 083	− 8 296 075	6 254	
七	5 245	945 716	14 897 302	83 206	6 903 572	
八	2 796 303	6 524	574 169	92 137 048	36 028	
九	62 830	9 503 678	6 452	471 695	87 934 201	
十	72 304 981	80 326	3 502 876	6 542	761 954	
十一	35 618 497	5 603	65 417	120 963	9 842 035	
十二	2 945 038	95 846 137	3 059	− 74 516	790 123	
十三	260 793	3 940 825	19 368 745	5 063	67 514	
十四	76 451	701 632	8 049 253	96 571 438	5 306	
十五	3 605	64 157	690 137	5 243 980	47 953 618	
十六	5 437 196	7 019	582 609	81 037 452	84 736	
十七	73 614	3 194 765	5 091	659 208	50 937 812	
十八	37 054 128	86 473	4 137 569	9 017	68 905	
十九	529 086	20 178 354	71 486	6 731 495	7 019	
二十	9 701	896 502	30 587 124	76 138	4 795 163	
合 计						

项目三
钞票点验

📋 项目介绍

钞票点验是会计专业学习者尤其是出纳人员、银行工作人员的必备技能，在本项目中读者将学到点钞的基本要领，手持式和手按式的多种点钞手法，机器点钞的方法，2005版人民币的主要防伪特征，人民币假币（伪币）的种类和特征，假币（伪币）鉴别的简易方法。

📋 学习目标

熟悉手工点钞的基本要领，掌握手工点钞的技巧，熟练掌握手工点钞的技术，能操作点钞机器，熟练地对清点好的人民币进行扎把和打捆；熟悉2005版人民币的主要特征，了解假币（伪币）的主要特征，能辨认与鉴别真假人民币。在学习过程中，养成严谨、细心、静心的职业习惯。

📋 教学导航

教学指引：点验钞是技术性很强的工作，教师务必熟悉2005版人民币的主要特征，能演示几种手工点钞的方法，必要时可以邀请银行的点钞能手到学校给学生现场示范和演练；在点验钞的训练过程中，对初学者务必强调从"动作规范——熟悉——熟练"的渐进性，从"准"开始，逐渐到"快"。

学习引导：点钞是人们日常生活、出纳和银行工作中不可缺少的一项基本技能，它是眼、脑、手三合一的操作技术，点钞技术的高低、速度的快慢、质量的好坏，都直接影响工作的效率和质量。点钞的方法有很多，归纳起来可分为手工点钞和机器点钞两大类，掌握与熟练运用2～3种手工点钞的方法，是今后就业的重要技能；验钞主要指对当前流通币真伪的检验和鉴别。

📋 教学准备

学生自己准备2005版人民币的主要券种、点钞练功券、扎把纸条、记录笔、私章、甘油等。

教学单位给每一位学生购买500张以上的银行工作人员培训用的练功券；点钞训练室需配置扎把的纸条、打捆用的麻绳、甘油、印泥盒等若干，点验钞机器4台，钞票扎把机器4台，钞票打捆机1台；有条件的教师可自备假（伪）人民币多张，供学生对比鉴别时使用。

RAPIDESIGN

任务 手持式点钞
Mission one

 任务描述

了解点钞准备工作，熟悉手持式单指单张点钞、单指多张点钞、四指四张点钞、五指五张点钞和扇面点钞的操作要领，能规范地整理钞票，准确地清点钞票，熟练地扎把、捆结钞票，在点钞过程中较流利地剔除破钞，能在点钞过程中较准确地感觉到假（伪）钞票，并予以剔除。

 任务分析

认识点钞在出纳工作中的主要作用，按手持式点钞的动作要领，从规范每一个动作做起，率先把握某一种点钞方法，待熟练后再逐渐练习其他点钞方法。

 任务实施

手工点钞的方法有很多种，根据持钞姿势的不同，可分为手持式点钞法和手按式点钞法两大类。手持式点钞法是指在点钞时，一只手将钞票拿起，另一只手点数。采用手持式点钞法身体活动自由，操作灵活轻松，速度快。手持式点钞方法也可以作较多的细分，本任务中仅向大家介绍几种常用的手持式点钞方法。

一、点钞准备

（一）整理钞票

钞票在流通过程中，会受到不同程度的折损，所以在点钞票之前先要对混乱不齐、折损不一的钞票进行整理，然后再进行清点。钞票整理有以下三点要求。

1. 按券别分类

在整理钞票时，要把不同面值的钞票分别摆放，票面要平铺，有折角的要展开，揉搓过的钞票要弄直、抹平。

2. 挑出残破钞

人民币在流通使用过程中，因磨损发生残缺或保管不善而损坏票面完整性的票币为残破钞。人民币残破钞由银行按规定标准兑换收回，集中销毁。因此，在收款和整点人民币时，应随时挑出残破的票币，残缺的送银行兑换，断裂的用专用纸条在背面粘好，粘的纸条不能大于钞票，不能用大头针、曲别针或订书机等连接断裂的钞票。

3. 蹾齐钞票

钞票整理好后，将钞票在桌面上蹾齐、扎把，然后统计核对金额。

（二）清点钞票的要求与程序

点钞前应将完整券和破损券分开，按票面金额从大到小分别清点，每百张为一把，十把为一捆，由经办人员盖章，清点结账，复核入库。点钞的基本要求和程序主要有以下几点。

1. 坐姿

点钞时的坐姿将直接影响点钞技术的发挥与提高。正确的坐姿会使点钞时肌肉放松，活动自如，动作协调，减轻劳动强度；否则，效果会受影响。正确的坐姿是身体坐直、挺胸、两脚平踏地面、自然，全身肌肉放松，持钞的左手腕部接触桌面，右手腕部稍抬起。

2. 拆把

把待点的成把钞票的封条拆掉称为"拆把"。

3. 清点

点钞技术的关键是一个"准"字，点数不准会产生差错，造成不必要的损失，还会增加工作量。要做到点钞准确、快速，勤学苦练是必经之路，点钞时精力要集中。钞票清点包括两方面：一是收、付款时款项进出时的清点；二是库存现金的清点。点钞过程中一定要先卡大数，再点细数，收进、拿出的钞票必须进行复点。

4. 计数

计数也是点钞的基本环节，与清点相辅相成。在清点准确的基础上，必须做到计数准确。

5. 蹾齐

点完一把钞票在进行扎把前，先要把钞票蹾齐。蹾齐也是点钞技术中不可缺少的一个环节，它直接影响扎把的质量。钞票蹾齐的要求为：四条边水平齐，不露头，卷角拉平。

6. 扎把

每一百张纸币为一把，用腰条纸扎在纸币的中间，扎紧。小把以提起把中第一张钞票不被抽出为准；按"#"字形捆扎的大捆，以用力推不变形、抽不出把为准。

7. 盖章

盖章是点钞过程的最后一个环节，扎完把后，要在腰条纸上盖上清点人员的名章，表示对此把钞票的质量、数量负责，所以每个点钞人员清点钞票后均要盖章，而且名章要盖清晰，以看得清行号、姓名为准。

 拓展阅读

钞票包装术语

涉及纸币的包装通常会说到一刀、一捆、一条、一包、一箱、原捆、整捆、原箱、整箱、连号、跳号、一麻袋等词语。这些词语是什么意思？

一刀：为 100 张连号纸币。

一捆：为 1 000 张连号纸币。

一条：为 5 000 张连号纸币。

一包：为 10 000 张连号纸币。

一箱：为1元的40 000张连号纸币，或1角、2角、5角的50 000张连号纸币，5元和10元的25 000张连号纸币，50元和100元的20 000张连号纸币。

原捆：是指原包装，包装皮破裂不大，无法将纸币拿出来的那种破裂。

整捆：是指保证千连，而且刀签未断裂，并用塑料袋重新包装了一遍，称为整捆，又称为后封千连。

原箱：是指铅封未开。

整箱：是指原箱的把铅封打开了，但里边的东西未动，称为整箱。

连号：是指号码相连的若干纸币。

跳号：是指在号码相连的若干纸币中有一枚或几枚号码缺少未能连贯的纸币。

一麻袋：为10包分币。

（摘自：http：//zhidao.baidu.com）

二、手持式单指单张点钞

（一）操作要领

手持式单指单张点钞，在点钞时钞票离开桌面，用一个手指点一张钞票的方法叫手持式单指单张点钞法。手持式单指单张点钞法是最常用的点钞方法之一，其基本操作要领与要求有以下几方面。

1. 持钞姿势

左手持钞，手心向下，拇指按住钞票正面的左端中央，食指和中指在钞票背面，与拇指一起捏住钞票；左手无名指自然弯曲，捏起钞票后小拇指伸向钞票正面压住钞票左下方；左手中指稍用力，与无名指、小拇指一起紧卡钞票；左手食指伸直，拇指向上移动，按住钞票的侧面，将钞票压成瓦形；左手将钞票从桌面上擦过，钞票翻转，拇指借从桌面上擦过的力量将钞票撑成微开的扇面并斜对自己。持钞姿势如图3-1、图3-2所示。

图3-1　手持式单指单张点钞法持钞姿势一　　　图3-2　手持式单指单张点钞法持钞姿势二

2. 点钞

将右手指尖轻放在钞票的右上角，拇指在上，食指和中指在下托住钞票的背面，无名指和小指贴中指自然弯曲。用右手拇指指尖和食指摩擦向右下方将钞票捻起一张，用右手的无名指将捻起的钞票往怀里弹，这样一捻一弹，连续操作，直到点完，如图3-3所示。

点钞时发现破损钞票，要随手向外折叠，使钞票伸出外面一截，待点完后，抽出破损券补上正常的钞票。

图 3 - 3　手持式单指单张点钞法点钞姿势

3. 计数

计数与点钞同时进行。计数应采用"分组用心计数法"，每捻动一张记一个数。计数时要默记，不要念出声，不能有读数的口型，要用心记。分组计数有两种方法：

方法一，每 10 张为一组，组别序数在后，我们姑且称为"序后法"。

1、2、3、4、5、6、7、8、9、1（即 10）；
1、2、3、4、5、6、7、8、9、2（即 20）；
1、2、3、4、5、6、7、8、9、3（即 30）；
……

依此类推，数到 1、2、3、4、5、6、7、8、9、10（即 100）。

方法二，每 10 张为一组，组别序数在前，我们姑且称为"序前法"。

1、2、3、4、5、6、7、8、9、10（即 10）；
2、2、3、4、5、6、7、8、9、10（即 20）；
3、2、3、4、5、6、7、8、9、10（即 30）；
……

依此类推，数到 10、2、3、4、5、6、7、8、9、10（即 100）。

采用分组计数法计数既简单又快捷，将十位数的两个数字变成一个数字，每点百张可节约记忆 80 多个字节，而且记的速度与整点的速度相协调，不容易产生差错，可谓省脑、省力又容易记。

4. 扎把

点完一把钞票后，要把钞票墩齐，左手持钞，右手拿腰条纸将钞票扎紧。点钞速度的快慢，在很大程度上取决于扎把。下面介绍三种常用的扎把方法。

（1）缠绕式扎条法。将钞票墩齐横执，左手拇指在前，其余 4 指在后，横握钞票上侧左半部分使其略呈瓦状，右手拇指和食指捏住腰条的一端，并送交左手食指将其压住，右手拇指与食拇由怀里向外缠绕两圈，注意在上方要拉紧，左手食指在钞票的上侧压住拉紧的腰条纸不要松动，然后右手拇指与食指将腰条纸余端向右方平行打折成 45°，如图 3 - 4 所示。

然后用右手食指或中指将腰条纸的头向左掖在凹面瓦形里，再用右手拇指压紧，把钞票抚平即可。

（2）中间夹条法。将钞票墩齐横执，左手拇指在前，其余 4 指在后，横握钞票上侧左半部分使其略呈瓦状，用左手食指将钞票上侧中间分开一条缝，用右手拇指和食指竖向捏住腰条纸的一端，留出约 5 cm 长，插入缝内约 2 cm，然后由上至下向内缠绕两圈，将腰条纸的余端留在钞票的上部，左手将钞票下侧放在桌面稍压呈小瓦形，右手将腰条纸余端用力拉紧，左手食指在钞票的上侧压住拉紧的腰条纸不要松动，然后用右手拇指与食指将腰条纸余端向右平行打折成 45°角，用食指或中指将腰条纸的头掖在凹面瓦形里，再把钞票抚平即可。中间夹条法扎把姿势、过程如图 3-5～图 3-10 所示。

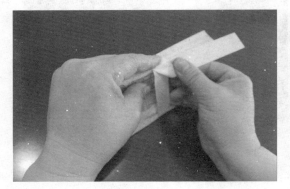

图 3-4　缠绕式扎条法腰条纸余端 45°

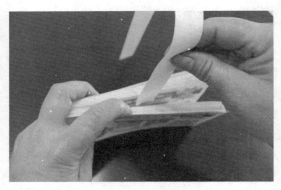

图 3-5　中间夹条法扎把步骤一

图 3-6　中间夹条法扎把步骤二

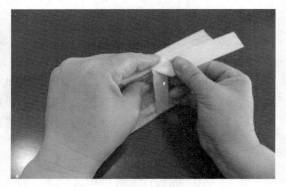

图 3-7　中间夹条法扎把步骤三

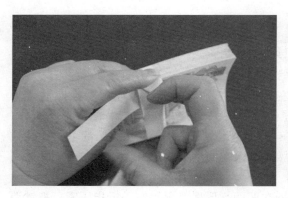

图 3-8　中间夹条法扎把步骤四

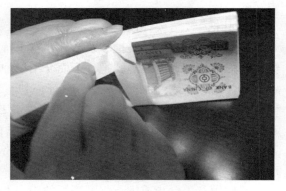

图 3-9　中间夹条法扎把步骤五

　　（3）双端拧结法。扎把时将钞票墩齐，左手横执钞票，拇指捏在票前，中指、无名指和小指在钞票后面。右手拇指和食指捏住腰条纸 1/3 处，将腰条纸的另一端放在钞票上侧中间的位置，使腰条纸的 1/2 在钞票后，1/2 在钞票前，左手食指将腰条纸压在钞票上侧，用右手的拇指和食指将腰条纸在钞票的下面由外向内缠绕半圈至钞票正面，再用右手拇指和食指捏住腰条纸的两端，然后将左手松开换位，从正面捏住钞票两侧，使其呈小瓦形，右手拇指和食指捏紧腰条纸的两端，左手腕向内，右手腕向外转90°拧结，右手食指将腰条纸头掖在凹面瓦形里，再把钞票抚平，把腰条纸压在下面。双端拧结法扎把姿势、过程如图3－11～图3－15所示。

图3－10　中间夹条法扎把步骤六

图3－11　双端拧结法扎把步骤一

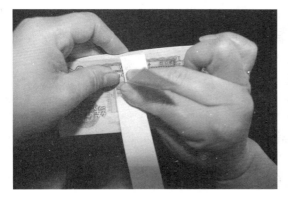

图3－12　双端拧结法扎把步骤二

图3－13　双端拧结法扎把步骤三

图3－14　双端拧结法扎把步骤四

图3－15　双端拧结法扎把步骤五

　　扎把是点钞的一道重要程序，有一定的技术要求和质量标准，操作时要达到快而不脱，紧而不断。一般以每两秒扎一把为快，扎把后最上面一张用手自然提起以抽不出为紧。

　　5. 盖章

　　每扎完一把钞票，都要加盖点钞人员的名章，名章要盖在钞票上侧的腰条纸上，印章要清晰。

手持式单指单张点钞法是点钞中最基本的也是最常用的一种方法。这种点钞方法姿势优美，操作轻松自如，准确率高，适用于收款、付款和整点各种新旧大小的钞票。

（二）技巧解析

（1）右手拇指在捻动钞票时，肌肉要放松，每一张捻动的位置要相同，拇指指尖接触票面的面积要小，捻动幅度不要大，拇指捻起一张后不要抬起后再让钞票下去，而是用无名指将钞票往怀里弹。

（2）右手食指和中指要始终放在钞票的右上角，托住钞票，不能离开。

（3）这种点钞方法的速度和质量往往受到计数的制约，点钞速度越快，计数的难度就越大，所以要掌握好计数的节奏，逢整数时在意念上应有停顿，以提高准确率。

以下介绍的各种点钞方法，其墩齐、扎把、盖章三个环节都与手持式单指单张点钞法相同，在相关内容中不再重复叙述。

三、手持式单指多张点钞

点钞时钞票离开桌面，用一个手指同时点两张或两张以上的方法叫手持式单指多张点钞法。

（一）操作要领

1. 持钞姿势

手持式单指多张点钞法持钞姿势与手持式单指单张点钞法相同。

2. 点钞

右手点钞时，拇指在上，食指和中指在下托住钞票背面的右上角，"多张"分以下三种形式：

（1）单指双张点钞法：用拇指肚先捻起第一张，拇指尖捻起第二张，如图 3-16 所示；

（2）单指三张点钞法：用拇指肚先捻起第一张、第二张，拇指尖捻起第三张，如图 3-17 所示；

图 3-16 手持式单指双张点钞

图 3-17 手持式单指三张点钞

（3）单指四张及四张以上点钞法：右手拇指肚均衡用力，捻起多张，如图 3-18 所示。在右手拇指往下捻钞时，左手拇指稍抬，使票面拱起，形成一个小的弧，从侧边分层错开，便于看清张数，每捻出一组，用无名指弹出让钞票下落，然后再捻下一组，如此循环，直至点完。

3. 计数

手持式单指多张点钞法采用分组计数法。其中：单指双张点钞法，两张为一组记一个数，数到50组就是100张；单指三张点钞法，三张为一组记一个数，数到33组余1张就是100张；单指四张点钞法，四张为一组记一个数，数到25组就是100张；单指五张点钞法，五张为一个组记一个数，数到20组就是100张。

图 3 - 18　手持式单指四张及四张以上点钞

单指多张点钞法是由单指单张点钞法发展而来的，点钞时计数简单省力，速度较快。单指多张点钞法的缺点是不能看清中间几张钞票的票面，不易发现假币和破损券，因此只适用于复点和清点库存现金。

（二）技巧解析

采用手持式单指多张点钞法，要充分发挥右手拇指指肚的作用。根据每组点钞张数的不同，拇指尖伸出钞票右上角的长短应有所不同，右手拇指用力要均衡，捻的幅度不要太大，左手的拇指要配合向后移动。捻钞的同时，眼睛要看清张数，看钞票突起的地方时，确定准确无误后再用无名指弹出。

四、手持式四指四张点钞法

（一）操作要领

点钞时钞票离开桌面，用小指、无名指、中指和食指依次各捻一张钞票，一次清点四张的方法叫手持式四指四张点钞法。

1. 持钞姿势

用左手持钞，先将钞票竖于桌面，左手中指在内，食指、无名指和小指在外，将钞票夹紧，以中指为轴心五指自然弯曲，中指第二关节顶住钞票，向外用力；小指、无名指、食指、拇指同时向手心方向用力，将钞票压成"U"形，"U"形口朝里；左手食指和拇指要从右上侧将钞票往里下方轻压，使其成为微开的扇形；左手手腕向里转动90°，使钞票的凹面向左但略朝里，凸面朝外向右；左手中指和无名指夹住钞票，食指移动到钞票外侧面，用指尖管住钞票，以防下滑，大拇指轻轻按住钞票外上侧，既防钞票下滑又要配合右手清点。最后，左手将钞票移至胸前约20cm的位置，右手做好清点准备，如图 3 - 19、图 3 - 20所示。

2. 点钞

用右手点钞，右手拇指轻轻托住内上角里侧的少量钞票，其余4指自然并拢，弯曲呈弓形，食指在上，中指、无名指、小指依次略低，4指尖呈一条斜线。先由小指从钞票的右

图 3 - 19　手持式四指四张点钞法图一

图 3 - 20　手持式四指四张点钞法图二

下角与拇指摩擦捻起第一张，接着用无名指与拇指摩擦捻起第二张，再用中指与拇指摩擦捻起第三张，最后用食指与拇指摩擦捻起第四张。接着以同样的方法清点，循环往复，直至点完，如图 3 - 21 所示。

图 3 - 21　手持式四指四张点钞法图三

3. 计数

采用分组计数法，每次清点四张为一组，依次从 1 数到 25 组就为 100 张。

（二）技巧解析

（1）点钞时，左手持钞略低，右手手腕抬起高于左手。

（2）捻动钞票时动作要连续，当食指捻起本次最后一张时，小指要紧紧跟上，每次动作之间不要有间歇。

（3）捻动的幅度要小，手指离票面不要过远，4 个指头要一起动作，加快往返的速度。

（4）4 个指头与票面接触要小，用指尖按触票面进行捻动。

（5）右手拇指随着钞票的不断下捻向前移动，托住钞票，但不能离开钞票。

（6）在右手捻动的同时，左手要配合动作，每当右手捻动一组钞票，左手拇指就要推动一次，二指同时松开，使捻出的钞票自然下落，再按住未点的钞票，如此动作，使下钞顺畅自如。

本方法适用于整点各种大小、新旧票面的整理和比赛，不适合收款和付款的结算。

五、手持式五指五张点钞法

（一）操作要领

点钞时钞票离开桌面，用右手 5 个手指一次各捻一张，一次清点 5 张钞票的方法叫五指五张点钞法。

1. 持钞姿势

左手持钞，左手手心面向自己，无名指和小指分开，将钞票左端 1/2 处放在左手无名指和小指的中间，两指弯曲夹住钞票左下方，同时用拇指和中指夹住钞票上端两侧，用食指稍弯顶住钞票背面，并使钞票左端向上，稍用力，使钞票向后弯曲呈小瓦形，如图3－22所示。

2. 点钞

右手点钞，先由拇指开始，从右上角向下拨起第一张，接着用食指、中指、无名指、小指依次从右上角向下方拨起第二张、第三张、第四张、第五张，即完成一次清点。然后再从拇指开始，循环操作，直到点完，如图3－23所示。

图3－22　手持式五指五张点钞法姿势图一　　　图3－23　手持式五指五张点钞法点钞图二

3. 计数

采用分组计数法，每次清点5张为一组记一个数，数到20组为100张。

（二）技巧解析

手持式五指五张点钞法主要靠五指拨钞，用力均匀，点钞速度较快较省力。

（1）右手手腕要灵活，五指动作要协调，用力要均匀，用每个手指侧面捻钞。

（2）左手食指要将钞票顶起，便于右手捻钞。

（3）左手拇指和食指配合要默契，捏得过紧钞票不易捻起，过松钞票则容易脱落。

（4）手眼要配合密切。

本方法适应用于整点各种大小、新旧钞票及比赛，不适合收、付款结算。

六、手持式扇面点钞法

（一）操作要领

点钞时钞票离开桌面，将钞票捻成扇面形状进行清点的方法叫手持式扇面点钞法。

1. 持钞姿势

左手竖拿钞票，左手拇指在钞票下端票面约1/4的中间处，食指和中指在票后与拇指一起捏住钞票，让钞票的左下角与掌心保持一定距离，无名指和小指自然弯曲。右手拇指在左手拇指的上端，其余四指均横在钞票背面，无名指和小指附在左手食指和中指上面。

2. 开扇

开扇是扇面点钞的难点，扇面开得均匀，才便于清点。开扇时以左手拇指为轴心，左手拇指向外推，右手手指灵活地将钞票向胸前压弯，同时右手拇指在钞票前向左上方推动钞票，右手食指、中指在票后用力向右捻动，左手指在钞票原位置向逆时针方向画弧捻动，左手食指、中指在票后用力向左上方捻动，右手食指继续将钞票向胸前左下方压弯，如此循环，右手手指逐步向下移动，至右下角时即可将钞票推成扇面状。如有不均匀的地方，可双手持钞抖动，使其均匀，如图 3 – 24 所示。

3. 点钞

手持式扇面点钞法有两种：拇指清点和四指清点。

（1）拇指清点。左手持扇面，用右手中指、无名指和小指托住钞票的背面，拇指在钞票右上角约 1 厘米处，一次按下 5 张或 10 张，按下后用食指压住，拇指继续向前按下 5 张或 10 张，依次类推，同时左手应随着右手点数速度向内转动扇面，以配合右手按动，直到点完为止，如图 3 – 25 所示。

图 3 – 24　手持式扇面开扇　　　　　　　　图 3 – 25　手持式扇面拇指点钞

（2）四指清点。左手持扇面，在扇面约 2 厘米处先用右手拇指按下第一组，然后用食指按下第二组，中指、无名指依次按下第三组、第四组，再从拇指开始，这样交替清点，同时左手应随着右手点数速度逐步向内转动扇面，配合右手按动，直到点完为止，如图3 – 26所示。

图 3 – 26　手持式扇面四指点钞

4. 计数

计数采用分组计数法，每组点 5 张，点到 20 组为 100 张；每组点 10 张，点到 10 组为 100 张；每组点 14 张，点 7 组剩 2 张为 100 张；每组点 16 张，点 6 组剩 4 张为 100 张。

（二）技巧解析

（1）扇面点钞法，开扇较难，开扇动作要快，最好使拿、拧、抖三个环节一气呵成，打开的扇面每张钞票之间的距离要均匀，以便清点。

（2）点数时左手要将扇面持平，并随着右手点数的速度，腕部稍向内转，同时右手和肘部也要随着点数的速度自然向左前方移动。

（3）眼睛要看清张数。如果点 10 张一组，可看两个 5 张，这样视见度容易兼顾到。

手持式扇面点钞法是手工点钞中速度最快的一种，只适合清点较新的钞票和复点，不适用于收款初点和清点新旧、残破混合的钞票。

任务二　手按式点钞
Mission two

 任务描述

熟悉手按式单指单张点钞、双指双张点钞、多指多张点钞、硬币清点的操作要领，能规范地整理钞票，能准确地清点钞票，能熟练地扎把、捆结钞票，能在点钞过程中较流利地剔除破钞，能在点钞过程中较准确地感觉到假（伪）钞票，并予以剔除。

 任务分析

认识点钞在出纳工作中起的主要作用，根据手按式点钞的动作要领，从规范每一个动作做起，率先掌握某一种点钞方法，待熟练后再逐渐练习其他点钞方法。

 任务实施

点钞时，双手放在桌上，一只手将钞票按在桌上，另一只手进行点数，这种点钞方法叫手按式点钞法。其中墩齐、扎把和盖章三个环节与手持式点钞法的相关内容相同，这里不再赘述。

一、手按式单指单张点钞法

（一）操作要领

1. 按钞姿势

将钞票横放在桌上，钞票靠近桌边，并使钞票右下角向身边倾斜。用左手小指和无名指按住钞票左上角 1/4 处，左手手心向右侧，右手肘抬起离开桌面，右手拇指托起钞票右下角的一部分钞票，其余四指自然弯曲，如图 3 - 27 所示。

2. 点钞

先用右手拇指和食指摩擦向上捻动一张钞票，每捻起一张，左手拇指即往上推动送到左手食指和中指之间夹住，即完成一次点钞动作；然后继续用右手拇指和食指向上捻

图 3 - 27　手按式单指单张点钞法按钞姿势

动钞票，再用左手的拇指往上推动送到左手食指与中指之间夹住，依次连续操作，直到点完，如图3-28、图3-29所示。

图3-28　手按式单指单张点钞法步骤一　　　　图3-29　手按式单指单张点钞法步骤二

3. 计数

计数方法同手持式单指单张点钞法。

手按式单指单张点钞法是一种传统的点钞方法，简单易学，适用于清点各种大小、新旧钞票，速度较慢，但准确率高，但票面视见度较大，便于挑剔残破券和假币，较为实用。

（二）技巧解析

（1）在点钞时，左手要固定放在钞票左上角1/4处，压紧不要移动，以便清点。

（2）右手食指捻动钞票的右下角，接触面不要大，每捻动一张都要与拇指摩擦，才能达到准和快。

（3）右手拇指托起的钞票不要太多或太少，一次以20张左右为宜。

（4）左手拇指和右手食指要默契配合，右手食指捻的同时左手拇指快速向上推动。

二、手按式双指双张点钞法

（一）操作要领

1. 按钞姿势

按钞姿势与手按式单指单张按钞法相同。

2. 点钞

右手点钞，先用右手的中指摩擦钞票（从中指伸直到弯曲的摩擦）捻起第一张不要松动，随即用食指捻起第二张，捻起的这两张钞票由左手拇指往上推送到食指与中指之间夹住，即完成一个点钞动作，然后进行下一个循环，直到点完，如图3-30、图3-31所示。

3. 计数

计数采用分组计数法，每两张为一组，数到50组为100张。

（二）技巧解析

要将右肘抬起，手腕稍向里弯曲，捻起的钞票要经过手指与钞票的摩擦，中指指肚用力避免带双张。

图 3-30　手按式双指双张点钞法图一　　　　图 3-31　手按式双指双张点钞法图二

手按式双指双张点钞法是由手按式单指单张发展而来的，适用于付款和清点各种大小、新旧钞票，速度比手按式单指单张点钞法稍快，准确率高；但票面视见度较小，不便于识别假币。

三、手按式多指多张点钞法

手按式多指多张点钞法有两种，一种是手按式三指三张点钞法；另一种是手按式四指四张点钞法。这里介绍最常用的手按式三指三张点钞法。

（一）操作要领

1. 按钞姿势

按钞姿势与手按式单指单张点钞法相同。

2. 点钞

先用右手的无名指摩擦钞票捻起第一张不要松动，随即用中指摩擦钞票捻起第二张，最后用食指摩擦钞票捻起第三张，同时眼睛要看清楚一个动作是三张后，才将捻起的这三张钞票用左手拇指立即往上推，送到食指与中指之间夹住，即完成一个点钞动作。如此循环操作，直到点完，如图 3-32、图 3-33 所示。

图 3-32　手按式多指多张　　　　　　图 3-33　手按式多指多张
　点钞法（三张）图一　　　　　　　点钞法（三张）图二

手按式四指四张点钞法的姿势、过程同手按式三指三张点钞法，如图 3 – 34 所示。

图 3 – 34　手按式多指多张点钞法（四张）

3. 计数

计数采用分组计数法，点三张的每三张为一组，数到 33 组余一张时即为 100 张，点四张的每四张为一组，数到 25 组时，即为 100 张。

（二）技巧解析

点钞时，右手无名指、中指、食指稍向前伸摩擦钞票后收回，通过手指与钞票的摩擦力带动钞票。在点钞过程中，无名指指肚先用力摩擦带动钞票，中指、食指紧随其后。

手按式三指三张点钞法，点钞速度快，票面视见度小，适用于付款、清点整把和清理各种大小、新旧票面的钞票，以及比赛等，但不便于清点破损券较多的钞票，不便于识别假币。

四、硬币清点

硬币的清点方法有两种：一种是手工清点硬币；另一种是工具清点硬币。这里只介绍手工清点法。

（一）操作要领

1. 折卷

将清点后使用的包装纸平放在桌面上，右手持硬币卷的 1/3 处放在新的包装纸中间，左手撕开硬币卷的左头，然后用右手向下从左端到右端压开包装纸，包装纸压开后，用左手食指平压硬币，右手抽出已压开的包装纸，这样即可清点。

2. 清点

清点用右手，从右向左分组清点。清点时，以右手拇指和食指将硬币分组清点，每次清点的枚数因个人技术熟练程度而定，可一次清点 5 枚或 10 枚，也可一次清点 12 枚、14 枚、16 枚等。为保证清点准确无误，可用中指在一组中间分开查看，能够很快看清两边的数量。如一次点 10 枚，即从中间分开，一边为 5 枚，依次类推。

3. 计数

采用分组计数法，一组为一次，一次清点 5 枚的，点到 20 次即为 100 枚；一次清点 10

枚的，点到 10 次即为 100 枚；一次清点 12 枚的，点到 8 次余 4 枚即为 100 枚；一次清点 14 枚的，点到 7 次余 2 枚即为 100 枚；一次清点 16 枚的，点到 6 次余 4 枚即为 100 枚。

4. 包装

清点完毕后即可包装。包装时，用双手的无名指分别顶住硬币的两头，用拇指、食指、中指捏住硬币的两端，双手的拇指从包装纸底端将纸掀起，接着用食指将硬币卷在纸内，然后用右手掌心用力向外推卷，随后用双手的拇指、食拇和中指分别把两头包装纸向中间方向折压紧贴硬币，再用拇指将后面的包装纸往前压，食指将前面的包装纸往后压，使包装纸与硬币紧贴，最后用拇指和食指向前推币，便包装完毕。

5. 盖章

硬币包装完毕后，整齐地放在桌上，卷缝的方向一致。右手拿名章，用左手掌心滚动硬币卷，右手将名章顺着硬币滚动的方向依次盖在各卷上，对不足 100 枚的硬币卷要标明数量和金额。

（二）技巧解析

手工清点硬币也可以先在撕开的纸上清点，清点后再抽纸。要熟练掌握手工清点硬币的方法，提高清点速度，要加强视力的锻炼，两手协调配合。

五、手工点钞评估

手工点钞技术量化标准，可以参考以下数据。

（一）单指单张点钞标准

一级：3 分钟点钞张数在 800 张以上，即每 100 张为 22 秒以内；
二级：3 分钟点钞张数在 700～799 张以上，即每 100 张为 24.1～23.9 秒；
三级：3 分钟点钞张数在 600～699 张以上，即每 100 张为 24.0～25.9 秒；
四级：3 分钟点钞张数在 500～599 张以上，即每 100 张为 26.0～27.9 秒；
五级：3 分钟点钞张数在 400～499 张以上，即每 100 张为 28.0～29.9 秒。
中国银行合格标准 10 分钟 1 600 张（即 16 把），每把 37.50 秒。

（二）扇面点钞标准

一级：3 分钟点钞张数在 900 张以上，即每 100 张为 20 秒以内；
二级：3 分钟点钞张数在 800 张以上，即每 100 张为 20.1～22.0 秒；
三级：3 分钟点钞张数在 700～799 张以上，即每 100 张为 22.1～24.0 秒；
四级：3 分钟点钞张数在 600～699 张以上，即每 100 张为 24.1～26.0 秒；
五级：3 分钟点钞张数在 500～599 张以上，即每 100 张为 26.1～28.0 秒。

（三）多指多张点钞标准

一级：3 分钟点钞张数在 1 000 张以上，即每 100 张为 17 秒以内；
二级：3 分钟点钞张数在 800～999 张以上，即每 100 张为 17.1～20 秒；
三级：3 分钟点钞张数在 700～799 张以上，即每 100 张为 20.1～22 秒；
四级：3 分钟点钞张数在 600～699 张以上，即每 100 张为 22.1～24 秒；
中国银行合格标准 10 分钟 1 900 张（即 19 把），每把 31.58 秒。

五级：3分钟点钞张数在500～599张以上，即每100张为24.1～26秒。

 **拓展阅读**

苦练基本功

在财会模拟实习室进行点钞练习时，利用点钞练功纸进行练习，练习时间可分为平时练习和集中时间练习；练习方式可采用分组练习，在实习室预备好点钞纸、海绵水缸、计时秒表等工具，将每两名同学分成一组，练习时两名同学交换练习各种点钞法，其中一名计时、检查，另一名同学进行点钞练习，这样既可以培养他们的点钞能力，又可以通过相互比较增强他们练习的积极性。点钞的基本功在于手、眼、脑的紧密分工和配合。所以，点钞基本功练习，主要体现以下三个方面：

（1）练手。手指关节要灵活，接触的感觉要灵敏，动作的幅度要小，以提高捻钞速度，以达到捻钞不重张。

（2）练眼力。眼睛和手相互配合，在手指迅速捻动钞票的过程中，能辨别张数、面额、花纹、色彩。

（3）计数。大脑和手、眼协作，时刻把握清点的张数。

只要坚持不懈，必将取得好成绩。

任务三 机器点钞
Mission three ←

 **任务描述**

机器点钞就是使用点钞机整点钞票以代替手工整点，点钞速度提高了，也减轻了出纳人员的劳动强度。本任务从了解点钞机的基本结构及主要功能切入，讲解了如何在恰当位置安放点钞机，放置待清点的钞票和其他用具，试机后按程序清点、扎把、盖章、装箱等，从而完成钞票清点的整体工作。

 任务分析

认识机器点钞在出纳工作中起的主要作用，根据机器点钞的动作要领，从规范每一个动作做起，逐渐连贯练习，直至熟练掌握机器点钞的整体工作流程。

 **任务实施**

机器点钞就是使用点钞机整点钞票以代替手工整点。由于机器点钞代替手工点钞，对提高工作效率、减轻出纳人员劳动强度、改善临柜服务速度、加速资金周转都有积极的作用，随着机关、企事业单位经济业务的不断发展，出纳的收付业务量也日益增加，所以机器点钞已成为出纳点钞的主要方法。

一、点钞机

点钞机（见图3-35、图3-36）由三大部分组成。第一部分是捻钞；第二部分是计数；第三部分是传送整钞。

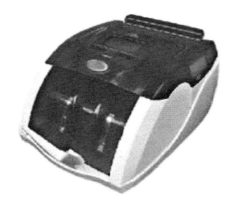

图3-35　科密牌点钞机

图3-36　维融牌点钞机

捻钞部分由下钞斗和捻钞轮组成。其功能是将钞票均匀地捻下送入传送带。捻钞是否均匀，计数是否准确，其关键在于下钞斗下端一组螺丝的松紧程度。使用机器点钞时，必须调节好螺丝，掌握好下钞斗的松紧程度。

计数部分（以电子计数器为例）由光电管、灯泡、计数器和数码组成。捻钞轮捻出的每张钞票通过光电管和灯泡后，由计数器记忆并将光电信号轮换到数码管上显示出来。数码管显示的数字，即为捻钞张数。

传送整钞部分由传送带、接钞台组成。传送带的功能是传送钞票并拉开钞票之间的距离，加大票币审视面，以便及时发现损伤券和假币。接钞台是将落下的钞票堆放整齐，为扎把做好准备。

二、点钞准备

1. 点钞机放置

点钞机一般放在工作台之上、点钞员的正前面，离胸前30cm左右。临柜收付款时也可将点钞机放在钞桌肚内，桌子台面上用玻璃板，以便看清数字和机器运转情况。

2. 钞票与用具放置

机器点钞是连续作业，且速度相当快，因此清点的钞票和操作中需要使用的用具摆放位置必须固定，这样才能做到忙而不乱。一般未点的钞票放在机器右侧，按大小票额顺序排列，或按从小票额到大票额的顺序排列，切不可大小夹杂排列；经复点的钞票放在机器的左侧；腰条纸应横放在点钞机前面即靠点钞员胸前的那一侧，其他各种用具放置要适当、顺手。

3. 试机

首先检查各机件是否完好，再打开电源，检查捻钞轮、传送带、接钞台运行是否正常；灯泡、数码管显示是否正常，如荧光数码显示不是"00"，那么按"0"键钮，使其复位"0"。然后，开始调试下钞斗，松紧螺丝，通常以壹元券为准，调到不松、不紧、不夹、不阻塞为宜。调试时，右手持一张壹元券放入下钞斗，捻钞轮将券一捻住，马上用手抽出，以捻得动抽得出为宜。

调整好点钞机后，还应拿一把钞票试验，看看机器转速是否均匀，下钞是否流畅、均匀，点钞是否准确，落钞是否整齐。若传送带上钞票排列不均匀，说明下钞速度不均，要检查原因或调节下钞斗底螺丝；若出现不整齐、票面歪斜现象，说明下钞斗与两边的捻钞轮相距不均匀，往往造成距离近的一边下钞慢，钞票一端向送钞台倾斜，传送带上钞票呈一斜面排列，反之下钞快。这样应将下钞斗两边的螺丝进行微调，直到调好为止。

三、点钞机操作要领

点钞机的操作程序与手工点钞操作程序基本相同，还是要经过拆把、点数、计数、盖章等环节。

1. 持票拆把

用右手从机器右侧拿起钞票，右手横执钞票，拇指与中指、无名指、小指分别捏住钞票两侧，拇指在里侧，其余三指在外侧，将钞票横捏呈瓦形，中指在中间自然弯曲。然后用左手将腰条纸抽出，右手将钞票速移到下钞斗上面，同时用右手拇指和食指捏住钞票上侧，中指、无名指、小指松开，使钞票弹回原处并自然形成微扇面，这样即可将钞票放入下钞斗。

2. 点数

将钞票放入下钞斗，不要用力。钞票经下钞斗通过捻钞轮自然下滑到传送带，落到接钞台。下钞时，点钞员要注意传送带上的钞票面额，看钞票是否夹有其他票面、损伤券、假币等，同时要观察数码显示情况。拆下的封条纸、腰条纸先放在桌子一边不要丢掉，以便查错用。

3. 计数

当下钞斗和传送带上的钞票下张完毕后，要查看数码显示是否为"100"。如反映的数字不为"100"，必须重新复点。在复点前应先将数码显示置"00"状态，并保管好原把腰条纸。如经复点仍是原数，又无其他不正常因素时，说明该把钞票张数有误，即应将钞票连同原腰条纸一起用新的腰条纸扎好，并在新的腰条纸上写上差错张数，另作处理。一把点完，计数为100张，即可将钞票从接钞台里拿出，把钞票墩齐后进行扎把。

4. 盖章

复点完全部钞票后，点钞员要逐把盖好名章。盖章时要做到先轻后重、整齐、清晰。

四、技巧解析

由于机器点钞速度快，要求两手动作要协调，各个环节要紧凑，下钞、拿钞、扎把等动作要连贯，当右手将一把钞票放入钞斗后，马上拆开第二把，准备下钞，眼睛注意观察传送带上的钞票。当传送带上最后一张钞票落到接钞台后，左手迅速将钞票拿出，同时右手将第二把钞票放入下钞斗，然后对第一把钞票进行扎把。扎把时眼睛仍应注意观察传送带上的钞票。当左手将第二把钞票放在机器左侧的同时，右手从机器右侧拿起第三把钞票做好下钞准备，左手顺势抹掉第三把的腰条纸后，左手迅速从接钞台上取出第二把钞票进行扎把。按这样的顺序操作，连续作业，才能提高工作质量和工作效率。在连续操作的过程中，应注意以下问题：

第一，原把腰条纸要按顺序更换，不得将前把与后把腰条纸混淆，以分清责任。

第二，钞票进入接钞台后，左手取钞必须取净，然后右手再放入另一把钞票，以防止串把现象。

第三，如发现钞票把内有其他票种或损伤券及假币时，应随时挑出并补上完整券后才能扎把。

机器点钞连续操作，归纳起来要做到"五个二"：

二看：看清跑道票面，看准计数；

二清：券别、把数分清和接钞台取清；

二防：防留张，防机器吃钞；

二复：发现钞票有裂缝和夹带纸片要复点，计数不准要复点；

二经常：经济检查机器底部，经常保养、维修点钞机。

机器点钞的操作要领可归纳如下：

认真操作争分秒，左右连贯用技巧；

右手投下欲点票，左手拿出捻毕钞；

两眼查看票面跑，余光扫过计数表；

顺序操作莫慌乱，环节动作要减少；

原钞腰条必须换，快速扎把应做到；

维修保养经常搞，正常运转功效高。

五、差错与防止

1. 接钞台留张

左手到接钞台取钞时，有时会漏拿一张，造成上下把不符。防止方法：取尽接钞台内的钞票，或采取不同的票面交叉进行清点。

2. 机器"吃钞"

引起机器吃钞的主要原因是：钞票较旧，很容易卷到输钞轴上或带进机器肚内；出钞歪斜，容易引起输钞紊乱，挤扎或飞张，也有可能被下钞轮带进机器肚内。防止方法：调整好面板和调节螺丝，使下钞流畅、整齐。输钞紊乱、挤扎时要重新清点一遍。要检查机器底部和前后输钞轴是否有钞票夹住。

3. 多计数

造成多计数的原因主要有：机器在清点辅币、旧币时容易发生飞张造成多计数，钞票开档破裂，或一把钞票内残留纸条、杂物等，也会造成多计数。防止方法：可将钞票掉头后再清点一遍，或将机器内杂物、纸条取出后再清点一遍。

4. 计数不准

计数不准除了电路有误和钞票本身的问题外，光电管、小灯泡积灰或电源、电压大幅度升降都会造成多计数或少计数。防止方法：经常打扫光电管和小灯泡灰尘，荧光数码管突然计数不准，要立即停机，要检查机器的线路或测试电压等。

 **拓展阅读**

关于点钞机

点钞机是一种机电一体化的电子机械产品，最早出现在 20 世纪 80 年代的温州，主要是用来对现金计数、鉴伪、清分的，广泛应用于各种金融行业和有现金流的各种企业事业单位，是伴随着假钞的出现而产生的，是市场和民间打击假钞的产物。点钞机按点验钞的对象不同，分为以下三种。

（1）人民币验钞机，其技术需求有以下几点：其一，整机技术指标执行《人民币伪钞鉴别仪》国家最新标准（GB 16999—1997），按其要求设计制造。其二，采用多种防伪识别方法智能鉴伪，具有光鉴、磁鉴、数码、红外、安全线解码、光谱以及高端的弱磁编码。其三，能够识别各种伪钞，误辨率小于1/2 000，漏辨率小于1/5 000，错点率小于2/10 000。其四，要求生产厂家还承担比较严格的售后质保服务，如出现漏鉴假币、误收假钞等情况，厂家应无条件负责赔偿等。

（2）外币点钞机，其技术需求主要有以下几点：其一，按国际先进防伪技术制造，准确实现量化辨伪，具备计数和鉴别基本功能，具有比较简单的操作界面。其二，工作界面宽，对钞票不同年版、面额、新旧程度、入钞方向无任何限制。其三，高速识别，点算多国货币，至少能鉴别美元、日元、港币、欧元四个币种。其四，至少应采用荧光、红外、磁性三种以上的鉴别方法。其五，鉴别准确率不低于99.99%，鉴别速度不低于300张/分钟。其六，具有良好的可扩展性，能满足新版钞及应对新版假钞的升级且不增加成本，使用人员经简单培训即可使用。

（3）外币鉴别仪，其技术需求主要有以下几点：其一，具备较高的单张外币鉴别准确率，操作及操作界面简单。其二，至少能鉴别包括美元在内的两种以上币种。其三，至少采用荧光、红外、磁性三种以上的鉴别方法。其四，鉴别准确率应在99.99%以上，鉴别速度不低于60张/分钟。其五，具有良好的可扩展性，能满足新版钞及应对新版假钞升级且不得增加成本，使用人员经简单培训即可使用。

任务四 真假钞票识别
Mission four

任务描述

熟悉当前流通中使用的人民币钞票种类、防伪特征，特别是熟悉100元券和50元券的防伪特征，能在接触钞票的第一时间就感觉到"问题"钞票，辅助其他鉴别工具，能准确地对"假伪"人民币进行识别。

任务分析

认识识别真假钞票在出纳工作中起的主要作用，以2005版人民币防伪特征为主要依据，仔细观看各个重要防伪特征，细心、静心体会真币的手感，反复对比辨认假币与真币的区别，达到对假币（伪币）有很高的识别率。

任务实施

一、2005 版人民币改版防伪特征

2005 版人民币是在 1999 年版人民币印制技术的基础上，调整、增删了一些防伪技术，现择要介绍如下。

（一）防伪特征

1. 公众防伪特征

这里主要以公众防伪特征作为介绍的重点。100 元、50 元纸币保留固定人像水印、手工雕刻头像、胶印缩微文字、雕刻凹版印刷。20 元纸币保留固定人像水印、手工雕刻头像、胶印缩微文字、双色横号码。10 元、5 元纸币保留固定花卉水印、白水印、全息磁性开窗安全线、手工雕刻头像、胶印缩微文字、雕刻凹版印刷、双色横号码。以上即为 2005 版人民币 "保留的公众防伪特征"。

2. 改版调整以下防伪特征

（1）100 元、50 元纸币调整光变油墨面额数字、胶印对印图案位置，如图 3 - 37 所示。

100元

50元

图 3 - 37 调整的防伪特征

（2）隐形面额数字：100 元、50 元、20 元、10 元、5 元纸币调整隐形面额数字观察角度。正面右上方有一装饰性图案，将票面置于与眼睛接近平行的位置，面对光源做上下倾斜晃动，可以分别看到面额数字："100"、"50"、"20"、"10"、"5" 字样。

（3）全息磁性开窗安全线：100 元、50 元纸币将原磁性缩微文字安全线调整为全息磁性开窗安全线。背面中间偏右，有一条开窗安全线，开窗部分可分别看到由缩微字符 "￥100"、"￥50" 组成的全息图案，仪器检测有磁性；20 元纸币将原安全线改为全息磁性开窗安全线。正面中间偏右有一条开窗安全线，开窗部分可以看到缩微文字符 "￥20" 字样，如图 3 - 38 所示。

（4）双色异形横号码：100 元、50 元纸币取消原横竖双号码中的竖号码，将横号码改为双色异形横号码。正面左下角印有双色异形横号码，左侧部分为暗红色，右侧部分为黑色。字符由中间向左右两边逐渐变小，如图 3 - 39 所示。

（5）雕刻凹版印刷：20 元纸币背面主景图案桂林山水、面额数字、汉语拼音行名、民族文字、年号、行长章等均采用雕刻凹版印刷，用手指触摸，有明显凹凸感，如图 3 - 40 所示。

100元　　　　　　　50元　　　　　　　20元

图 3 - 38　全息磁性开窗安全线

100元　　　　　　　　　50元

图 3 - 39　双色异形横号码

图 3 - 40　20 元雕刻凹版印刷

3. 改版增加以下防伪特征

（1）白水印。100 元、50 元、20 元纸币位于正面双色异形横号码下方迎光透视，可以分别看到透光性很强的水印"100"、"50"、"20"字样。

（2）凹印手感线。100 元、50 元、20 元、10 元、5 元纸币正面主景图案右侧有一组自上而下规则排列的线纹，采用雕刻凹版印刷工艺印制，用手指触摸，有极强的凹凸感，如图 3 - 41 所示。

（3）胶印对印图案。20 元纸币正面左下角和背面右下角均有一圆形局部图案，迎光透视，可以看到正背面的局部图案合并为一个完整的古印币图案，如图 3 - 42 所示。

4. 删除的防伪元素

2005 版人民币钞票中的 100 元、50 元、20 元、10 元、5 元等纸币，均取消纸张中的

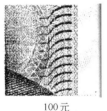  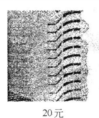  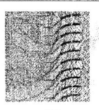

100元　　　　　50元　　　　　20元　　　　　10元　　　　　5元

图 3 – 41　凹印手感线

图 3 – 42　20 元胶印对印图案

"红蓝彩色纤维"的防伪元素。

（二）专业防伪特征

（1）100 元、50 元纸币保留凹印接线印刷、胶印接线印刷、无色荧光油墨印刷图案、无色荧光纤维、有色荧光油墨印刷图案；20 元纸币保留无色荧光油墨印刷图案，无色荧光纤维、有色荧光印刷图案、磁性号码。

（2）调整以下防伪特征。

① 凹印缩微文字。100 元、50 元纸币背面主景下方的凹印缩微文字分别为"RMB100"和"人民币"、"RMB50"和"人民币"长度适当缩短，不穿过面额数字和"YUAN"；20 元纸币正面凹印缩微文字保持不变，背面主景下方，印有凹印缩微文字"RMB20"和"人民币"字样；左下角面额数字"20"中，印有反白的凹印缩微文字"20"字样；10 元、5 元纸币背面主景下方的凹印缩微文字分别为"RMB10"和"人民币"、"RMB10"和"人民币"长度适当缩短，不穿过面额数字和"YUAN"，如图 3 – 43 所示。

100元　　　　　50元　　　　　20元　　　　　10元　　　　　5元

图 3 – 43　凹印微缩文字

② 磁性号码。100 元、50 元纸币用特定的仪器检测，双色异形横号码有磁性，可供机

读，如图 3 - 44 所示。

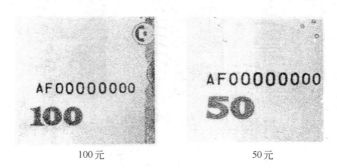

100元　　　　　　　　　50元

图 3 - 44　磁性号码

③ 凹印接线印刷。20 元纸币正面凹印接线印刷不变。背面左下角面额数字"20"字样采用雕刻凹版印刷，不同颜色对接完整，如图 3 - 45 所示。

图 3 - 45　20 元凹印接线印刷

④ 专用纸张。2005 版第五套人民币 100 元、50 元、20 元纸币纸张采用特种原料，运用中性抄纸技术，由专用抄造设备抄制，在紫外光下无荧光反应。

（3）特种标记。

① 特种标记。100 元、50 元、20 元、10 元、5 元纸币正面行名下方有无色荧光油墨印刷图案，增加了特种标记，可供机读，如图 3 - 46 所示。

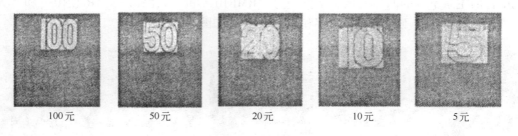

100元　　　50元　　　20元　　　10元　　　5元

图 3 - 46　特种标记

② 胶印接线印刷。20 元纸币正面右下角胶印图案由线条组成，每根线条呈现出两种以上颜色，不同颜色之间对接完整，如图 3 - 47 所示。

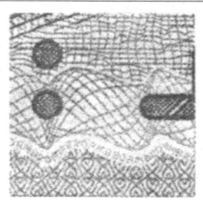

图 3 – 47 胶印接线印刷

二、人民币假币的种类和主要特征

钞票的防伪有许多方法，但在印钞时不可能把这些技术都应用上，而只能根据国家的技术水平和实际情况，选择一些最适用的反假技术和措施。假币是真币的伴生物，综合各种人民币假币的主要特征和制作手段，一般可以归纳为伪造假币和变造假币两大类。

（一）伪造假币

伪造假币是指仿造真币的图案、形状、色彩等，采取各种手段制作的假货币。有用油印定位，手工着色，正背面经分别仿制后粘贴而成的；有用木刻后手工修饰的；有仿照人民币图案绘画、着色的，但这种纯手工绘制的很少见；有彩色复印或黑白复印后手工着色的，更多的是用印刷机印刷的。

1. 机制假币

所谓机制假币就是利用现代化的制版印刷设备伪造的假币。这类假币伪造的质量高、数量多，极其容易扩散，危害性最大，是反假货币最重要的目标。目前市场上伪造人民币的主要是机制胶印假币。随着激光排版、电子分色制版、计算机扫描分色制版和彩色复印、胶版印制等高新技术的广泛应用，犯罪分子利用先进技术和设备大量印制假币。有些假币还通过仿制或变造使假币具有了荧光油墨、磁性金属安全线等机读特征。这类假币由于质量较高，比较难以识别，识别就要掌握其特征。

2. 拓印假币

拓印假币是指利用化学原理，以一定化学物质浸泡真币，使真币颜色脱离，构成另外图案滋生的假币。拓印假币时破坏了真币，形成了被拓印币，被拓印币是真币。

3. 彩色复印假币

复印假币就是指利用分辨率很高的彩色复印机，复印伪造出来的假币。这类假币颜色、图案与真币比较相似，在注意力不集中的情况下容易误收。但只要仔细识别，还是比较容易发现的。因为这类假钞总的来说比较粗糙，线条一般不很光洁，在放大镜下观察，该种假币的图案均由横向或竖向间断线条组成。

4. 手工描绘或手工刻版印制的假币

这类假币是采用传统的原始造假币手段制作的，该类假币伪造手段落后，制版的材料质量低劣，伪造出来的假币质量很差，比较容易识别。

5. 照相假币

照相假币采用相纸做钞纸材料，是利用照相设备拍摄、冲洗成型的假币。这种假币与一般的相片制作方法相同，效果也雷同。此类假币纸张厚且脆，稍加揉折票面就有裂痕，票面带有与真币截然不同的光泽。流通时间久了，会产生形同龟裂的形态。

6. 铸造假币

利用浇铸或印模压印制造的假币。用浇铸方式铸造的假硬币，一般其图纹粗糙、模糊，没有金属光泽，用肉眼容易辨别。通过真币做模板刻制印模，再用冲床机压印出来的假硬币，与真币较为相似，欺骗性强。在识别时需要与真币仔细比较才能看出真假。

（二）变造假币

变造假币是指在真币的基础上，利用挖补、揭层、涂改、拼凑、移位、重印等多种方法制作，改变真币原有形态的假币。变造币由于其变造后改变了真币的一些特征，一般容易识别，其种类主要有以下两种。

1. 剪贴变造假币

将人民币剪成若干条，每张取出其中一条，数条可接凑一张完整的票币，以少张变多张，从中牟利。

2. 揭页变造假币

将人民币先进行一定处理，然后一揭为二，再用白纸进行粘贴，形成一面是真币，一面是假币。

（三）假人民币的主要特征

无论采用何种方式伪造的假人民币，与真币总有一定的差异。假币纸币的主要特征有以下几方面。

1. 固定人像、花卉水印

假钞伪造水印的方法一般有两种：一种是在纸张夹层中涂白色浆料，透光观察水印所在位置的纸张明显偏厚。另一种是在票面上面、背面或正背面同时使用无色或淡黄色油墨印刷类似水印图案，图案不透光也清晰可见，立体感较差。

2. 安全线

假钞伪造安全线的方法有三种：

第一种是在钞票表面，用油墨印刷一个线条，用于伪造安全线，仪器检测无磁性特征。

第二种方法是在纸张夹层中放置与安全线等宽的聚酯类线状物，因其与纸张结合较差，极易抽出。安全线上的缩微文字字形较为粗糙，仪器检测无磁性特征。

第三种方法是伪造开窗安全线，使用双层纸张。在正面的纸张上，对应开窗位置留有断口，使镀有金属反射表面的聚酯类线状物，从一个断口伸出，再从另一个断口埋入，用以伪造开窗安全线，其安全线与纸张结合较差，无全息图像。

3. 雕刻凹版印刷图案

假钞的正背面主景图案多是由细点组成（真钞由点、线组成），图案颜色不正，缺乏层次、明暗过渡不自然。特别是人像目光无神，发丝模糊。图案无凹凸感，也有一部分假币通过在凹印图案部位涂抹胶水或压痕来模仿凹印效果。

4. 隐形面额数字

假钞隐形面额数字是使用无色油墨印刷而成的，图文线条与真券差别较大，而且即使垂直票面观察也可看到。

5. 胶、凹印缩微文字

假钞的缩微文字模糊不清，无法分辨。

6. 光变油墨面额数字

假钞一般使用两种方式伪造光变面额数字，一种是用普通单色油墨平版印刷的，无真币特有的颜色变换特征，用手触摸其表面时无凹凸感；另一种伪造方法是使用珠光油墨丝网印刷，其变色特征与真币有较明显的区别。如 100 元假钞，使用绿色珠光油墨伪造光变面额数字，有一定的光泽，但其线条粗糙，只有绿色珠光效果，无蓝色特征。

7. 阴阳互补对印图案

假钞的对印图案，在迎光透视时正背面重合得不够完整，线条存在明显的错位现象。

8. 专用纸张

大部分假钞所使用的纸张在紫外光线下会发出较强的蓝色荧光，也有少量假钞纸张荧光较弱或没有荧光。假钞纸张中不含无色荧光纤维。

三、真假人民币的简易鉴别

（一）纸币鉴别

纸币真伪的识别通常采用直观对比（眼看、手摸、耳听）和仪器检测相结合的方法，即通常所说的一看、二摸、三听、四测。

1. 眼看

用眼睛仔细地观察票面的颜色、图案、花纹、水印、安全线等外观情况。人民币的图案颜色协调，图案、人像层次丰富，富有立体感，人物形象表情传神，色调柔和亮丽；票面中的水印，立体感强，层次分明，灰度清晰；安全线牢固地与纸张黏合在一起，并有特殊的防伪标记；对印图案完整、准确；各种线条粗细均匀，直线、斜线、波纹线清晰、光洁，即观看外观颜色、固定人像水印、安全线、胶印缩微文字、隐形面额数字、光变面额数字、对印图案。

2. 手摸

依靠手指触摸钞票的感觉来分辨人民币的真伪。人民币是采用特种原料，由专用抄造设备抄制的印钞专用纸张印制，其手感光滑、厚薄均匀，坚挺有韧性，且票面上的行名、盲文、国徽和主景图案一般采用凹版印刷工艺，用手轻轻触摸，有凹凸感，手感与摸普通纸感觉不一样。

3. 耳听

通过抖动使钞票发出声响，根据声音来判别人民币真伪。人民币是用专用特制纸张印制而成的，具有挺括、耐折、不易撕裂等特点，手持钞票用力抖动、手指轻弹或两手一张一弛轻轻对称拉动钞票，均能发出清脆响亮的声音。

4. 检测

检测就是借助一些简单工具和专用仪器进行钞票真伪识别的方法，如借助放大镜来观察票面线条的清晰度、胶印、凹印缩微文字等，用紫外灯光照射钞票，观察有色和无色荧光油墨印刷图案，纸张中不规则分布的黄、蓝两色荧光纤维，用磁性检测仪检测黑色横号码的磁性。

在这里需要指出的是，在钞票真伪的识别过程中，不能仅凭一点或几点可疑就草率判别真伪，还要考虑到钞票在流通中受到诸多因素影响，进行综合分析。

钞票在流通过程中，随着时间的推移，票面会出现磨损，甚至会受到一些化学物质等的污染，从而造成钞票真伪难辨。如流通时间过长，票面会磨损严重造成钞票水印不够清晰，钞票凹印的凹凸感不明显。再如钞票碰到强热辐射颜色会改变，遇到酸、碱、有机溶剂、油污等污染，会造成正面光变面额数字失去光变效果，票面的有色、无色荧光图案和纸张中的无色纤维的荧光反应减弱。还有钞票被洗衣粉等浸泡后，钞票纸会有荧光反应等。同时上述因素还有可能造成清分机或验钞机的误判。

（二）硬币鉴别

硬币鉴别方法有以下四种。

1. 对比法

对比法是识别金属假币的一种比较有效的方法。如果你收到的硬币难以辨别真伪，那么，用 3～5 倍的放大镜，与一枚真的金属硬币仔细比较，一般都能辨出真伪。

2. 测量称重法

通过对比法仍然难以把握金属硬币真伪的，还可以采用测量称重法进行鉴别。

3. 图纹重合比照法

对于有些采用高科技仿制的质量较高的金属假币，我们则采用对接重影比较仪进行图纹重合检查的方法。

4. 合金成分分析法

这种检测分析方法比较专业，不是随时随地到处都可以检测的，如遇数量较大难以分辨的金属假币，建议可以送国家造币厂去检测，通过对硬币金属材料分析，辨别真伪。

 关键词（中英文对照）

钞票清点　Banknote Counting	验钞　Money Detect
钞票　Banknote	假币（伪币）　Counterfeit Money
人民币　RMB	扎把　Tie
点钞　Banknote Counter	验钞机　Money Detector

 项目训练

一、手持式点钞实训

实训 1　用手持式单指单张点钞法点钞 100 张，共点 10 次并记录清点时间。

实训 2　用手持式单指多张点钞法点钞 100 张，共点 10 次并记录清点时间。

实训 3　用手持式四指四张点钞法点钞 100 张，共点 10 次并记录清点时间。

实训 4　用手持式五指五张点钞法点钞 100 张，共点 10 次并记录清点时间。

二、手按式点钞实训

实训 5　用手按式单指单张点钞法点钞 100 张并扎把，共 10 次记时间。

实训 6　用手按式双指双张点钞法点钞 100 张并扎把，共 10 次记时间。

实训 7　用手按式三指三张点钞法点钞 100 张并扎把，共 10 次记时间。

三、机器点钞实训

实训 8　练习机器点钞的技巧。

四、假币（伪币）识别

实训 9　假币（伪币）识别与辨认。

评判标准

实训 1～7，可参照"手工点钞评估"的参数评估，对实训成果予以计分。

实训 8，可参考××银行员工业务技术考核标准评判。

实训 9，依据中国人民银行有关人民币防伪标准，由指导老师现场解答。

项目四
票据运用

项目介绍

票据运用是会计专业学生掌握银行票据业务要必须学习的内容和训练的重要业务技能，从怎样开设银行账户入手，了解银行账户运用程序和管理规定，然后逐步学习支票、银行汇票、银行本票和商业汇票等票据的样票认识、填写规范、运用程序等办理知识与技能，通过学习与训练达到能正确使用银行账户，能正确使用银行票据，获得办理银行业务的重要技能。

学习目标

了解银行账户的开立、运用与管理知识，了解银行票据有关知识，掌握支票、银行汇票、银行本票和商业汇票的运用程序，正确填写规范的各种银行票据和其他结算用凭证，按结算管理办法要求管理银行印鉴或空白银行票据和有关结算凭证，养成耐心细致、一丝不苟的银行结算工作职业习惯。

教学导航

教学指引：银行结算账户是企业对外资金结算的基本平台，银行票据运用是企业对外资金结算的重要工具，正确使用银行账户，正确填写规范的银行票据和其他用结算凭证，是会计工作者尤其是出纳人员的主要职责。教师需要有出纳业务工作的经历过程，并熟悉当前中国人民银行对银行票据结算的主要规定，了解某一个银行对票据结算的具体运用规范和程序，以便正确指导学生完成相关的教学任务，帮助学生获得银行账户开立与运用、银行票据办理等实际工作的能力。

学习引导：从认识银行账户的重要性入手，通过熟悉银行支票、银行汇票、银行本票和商业汇票等票据的样票，依据填写银行票据的规定，正确填写各种银行票据和其他结算用凭证，掌握各种银行票据办理的程序，严格控制银行票据办理过程中的风险。

教学准备

学生自己准备符合银行票据签发要求的书写用笔、墨水和个人印章。

教学单位准备银行现金支票、转账支票、银行汇票、银行本票、银行承兑汇票、商业承兑汇票等主要票据各一份样品，供展示使用；制作银行支票、银行汇票、银行本票和商业汇票结算流程图；给每一位学生复制现金支票、转账支票、银行汇票、银行本票、银行承兑汇票、商业承兑汇票等主要票据各两份样品，供课堂练习和课后练习使用。

有条件的教学单位，可以让学生在相关"出纳实务"软件操作平台上练习，实际操作各种银行票据与其他结算凭证的填写、复（审）核、运用程序等技能。

任务 银行结算账户开立
Mission one

 任务描述

熟悉银行账户开立和银行账户管理的主要规定，了解账户开立程序；会办理银行账户开立，遵守银行账户管理制度。

 任务分析

银行账户是企业对外资金结算的主要平台，在单位经济活动中发挥着重要的作用，依据中国人民银行《人民币银行结算账户管理办法》，按规定程序办理银行账户开立，正确使用银行账户，树立遵守银行结算纪律的职业态度。

 任务实施

一、银行结算账户

银行结算账户是指银行为存款人开立的用于办理现金存取、转账结算等资金收付活动的人民币活期存款账户❶。银行账户是存款人办理存款、贷款、资金收付活动的户头。

银行结算账户按照存款人的不同，可分为单位银行结算账户和个人银行结算账户。单位银行结算账户是指存款人以单位名称开立的银行结算账户。个体工商户凭营业执照以字号或经营者姓名开立的银行结算账户纳入单位银行结算账户管理。

银行结算账户按照币种不同，还可以分为人民币账户和外汇账户，本书只介绍人民币账户的开立和使用。

 知识窗

为规范人民币银行结算账户的开立和使用，维护经济金融秩序稳定，中国人民银行制定了《人民币银行结算账户管理办法》，经 2002 年 8 月 21 日第 34 次行长办公会议通过，现予公布，自 2003 年 9 月 1 日起施行。该办法第七十一条还规定："1994 年 10 月 9 日中国人民银行发布的《银行账户管理办法》同时废止。"

二、单位银行结算账户

单位银行结算账户按用途分为基本存款账户、一般存款账户、专用存款账户和临时存款

---

❶ 存款人可以根据实际经济活动的需要，依据有关规定开立外币结算账户。本书主要讲述人民币存款账户。

账户。

1. 基本存款账户

概念：基本存款账户是存款人因办理日常转账结算和现金收付业务需要开立的银行结算账户。

功能：基本存款账户是办理转账结算和现金收付的主办账户，经营活动的日常资金收付以及工资、奖金和现金的支取均通过该账户办理。存款人只能在银行开立一个基本存款账户。开立基本存款账户是开立其他银行结算账户的前提。

适用对象：企业法人、非企业法人、机关、事业单位、团级（含）以上军队、武警部队及分散执勤的支（分）队、社会团体、民办非企业组织、异地常设机构、外国驻华机构、个体工商户、居民委员会、村民委员会、社区委员会、单位设立的独立核算的附属机构、其他组织。

开立条件：新设企业均需在银行开立基本存款账户，在银行开立账户首先需要将公司的注册资金存入开户银行（临时存款账户），待完成所有工商、税务注册程序后，凭公司登记注册的所有资料到银行开立公司基本存款账户。一个新设企业开立基本存款账户除需要存入资金、办理验资完成公司注册登记等前提条件外，开户银行还需要开户单位提供下列资料：

① 企业法人，应出具企业法人营业执照正本。

② 非法人企业，应出具企业营业执照正本。

③ 机关和实行预算管理的事业单位，应出具政府人事部门或编制委员会的批文（或登记证书）和财政部门同意其开户的证明；非预算管理的事业单位，应出具政府人事部门或编制委员会的批文或登记证书。

④ 军队、武警部队（含）以上单位以及分散执勤的支（分）队，应出具军队军级以上单位财务部门、武警总队财务部门的开户证明。

⑤ 社会团体，应出具由当地民政部门批准设立的"社会团体登记证书"，宗教组织还应出具宗教事务管理部门的批文或证明。

⑥ 民办非企业组织，应出具民办非企业登记证书。

⑦ 外地常设机构，应出具其驻在地政府主管部门的批文。

⑧ 外国驻华机构，应出具国家有关主管部门的批文或证明；外资企业驻华代表处、办事处应出具国家登记机关颁发的登记证书。

⑨ 个体工商户，应出具个体工商营业执照正本。

⑩ 居民委员会、村民委员会、社区委员会，应出具其主管部门的批文或证明。

⑪ 独立核算的附属机构，应出具其主管部门的基本存款账户开户许可证和批文。

⑫ 其他组织，应出具政府主管部门的批文或证明。

存款人为从事生产、经营活动的纳税人的，还应出具税务部门颁发的税务登记证。根据国家有关规定无法取得税务登记证的，可不出具。

存款人申请开立基本存款账户的，应填制基本存款账户开户登记证，提供规定的证件，送交盖有存款人印章的印鉴卡片，报开户银行。经开户银行审核受理，由开户银行报所在地人民银行核准，凭中国人民银行当地分支机构核发的开户许可证，即可开立该账户，如图4-1所示。

图4-1　办理人民币银行结算账户开户手续流程图

图例说明:

① 存款人按照《人民币银行结算账户管理办法》、《人民币银行结算账户管理办法实施细则》的规定,填制开户申请书,并提供相关证明文件,提交开户银行。

② 开户银行应对存款人所提供的开户申请书填写的事项和证明文件进行真实性、完整性和合规性审查,符合开立基本存款账户、预算单位专用存款账户、QFII专用存款账户和临时存款账户条件的,开户银行应将存款人的开户申请书、相关证明文件和开户银行审核意见等开户资料报送中国人民银行,经核准后颁发许可证,办理开户手续。符合开立一般存款账户、其他专用存款账户和个人银行结算账户条件的,开户银行应办理开户手续,并于开户之日起5个工作日内报人民银行账户管理系统备案。

③ 人民银行收到存款人开户银行提交的开户申请书、相关证明文件和开户银行审核意见等开户资料后,应对开户资料的合规性予以审核,并于2个工作日内对符合开户条件的,予以核准;不符合开户条件的,应在开户申请书上签署意见,连同有关证明文件一并退回报送银行。

④ 存款人开户银行收到经人民银行核准的有关账户资料后,应将一联开户申请书及人民银行颁发的开户许可证正本、存款人密码一并交给存款人保管,其余由开户银行留存作档案资料保管;开户银行收到人民银行退回的未核准的有关账户资料后,应全部退回给存款人。

 拓展阅读

需要特别说明的是,印鉴卡片上填写的户名必须与单位名称一致,同时要加盖开户单位公章、单位负责人或财务机构负责人、出纳人员三枚图章。它是单位与银行事先约定的一种具有法律效力的付款依据,银行在为单位办理结算业务时,凭开户单位在印鉴卡片上预留的印鉴审核支付凭证的真伪。如果支付凭证上加盖的印章与预留的印鉴不符,银行就可以拒绝办理付款业务,以保障开户单位款项的安全。

2. 一般存款账户

概念:一般存款账户是因借款或其他结算需要,在基本存款账户开户银行以外的银行机构开立的银行结算账户。

功能:一般存款账户是存款人的辅助结算账户,借款转存、借款归还和其他结算的资金收付可通过该账户办理。该账户可以办理现金缴存,但不办理现金支取。该账户开立数量没有限制。

适用对象:一般存款账户适用于有借款或其他结算需要的单位和组织。

开立条件:申请开立一般存款账户,应向开户银行出具存款人开立基本存款账户所规定的证明文件外,还需要提供基本存款账户开户许可证和下列文件:

第一,因向银行借款需要开立的一般存款账户,应出具借款合同或借据;

第二,因其他结算需要开立的一般存款账户,应出具基本存款账户的存款人同意其附属的非独立核算单位开户的证明。在交验资料后,需要填制"开户单位银行结算账户申请书"(格式见图4-2)、"人民币单位银行结算账户管理协议"、"印鉴卡片"等,再由开户银行审定后办理开户。

3. 专用存款账户

概念及功能:专用存款账户是存款人按照法律、行政法规和规章,对其特定用途资金进行专项管理和使用而开立的银行结算账户。专用存款账户使用时应注意以下几点:

开立单位银行结算账户申请书

(基本格式样表)

按组织机构代码证上的机构类型填写

填写办公地址、邮编与联系电话

填写组织机构代码证上代码号

预算单位无须填写	存款人名称	☆必填项		电 话	☆必填项	
	地 址	☆必填项		邮 编	☆必填项	
	存款人类别	☆必填项	组织机构代码	☆必填项		
	法定代表人( )单位负责人( )	姓 名	☆必填项			
		证件种类	☆必填项	证件号码	☆必填项	
	行 业 分 类	A( )B( )C( )D( )E( )F( )G( )H( )I( )J( )K( )L( )M( )N( )O( )P( )Q( )R( )S( )T( )				
	注 册 资 金	币种:	金额:	地区代码	290000	
	经 营 范 围					
	证明文件种类	☆必填项	证明文件编号	☆必填项		
	国税登记证号	☆选填项	地税登记证号	☆选填项		
	关 联 企 业	关联企业信息填列在"关联企业登记表"上。				
	账 户 性 质	基本( ) 一般( ) 专用( ) 临时( )				
	资 金 性 质		有效日期至	年 月 日		

预算单位无须填写

填写事业法人登记证或批文

预算单位如有国税地税证件,则进行填写。

以下为存款人上级法人或主管单位信息:			
上级法人或主管单位名称			
基本存款账户开户许可证核准号		组织机构代码	
法定代表人( )单位负责人( )	姓 名		
	证件种类	证件号码	

以下栏目由开户银行审核后填写:			
开户银行名称			
开户银行代码		账 号	
账 户 名 称			
基本存款账户开户许可证核准号		开户日期	

本存款人申请开立单位结算账户,并承诺所提供的开户资料真实、有效。 存款人(公章) 年 月 日	开户银行审核意见: 经办人(签章) 开户银行(签章) 年 月 日	人民银行审核意见:(非核准类账户除外) 经办人(签章) 人民银行(签章) 年 月 日

图 4-2 开立单位银行结算账户申请书样本

填写说明:

① 申请开立临时存款账户,必须填列有效日期;申请开立专用存款账户,必须填列资金性质。

② "行业分类"中各字母代表的行业种类如下:A:农、林、牧、渔业;B:采矿业;C:制造业;D:电力、燃气及水的生产供应业;E:建筑业;F:交通运输、仓储和邮政业;G:信息传输、计算机服务及软件业;H:批发和零售业;I:住宿和餐饮业;J:金融业;K:房地产业;L:租赁和商务服务业;M:科学研究、技术服务和地质勘察业;N:水利、环境和公共设施管理;O:居民服务和其他服务业;P:教育业;Q:卫生、社会保障和社会福利业;R:文化、教育和娱乐业;S:公共管理和社会组织;T:其他行业。

③ 带括号的选项填"√"。

④ 申请开立核准类账户,填写本表一式三联,三联申请书由开户银行报送人民银行省(市)级(如重庆)分行,加盖审核章后,一联开户单位留存,一联开户银行留存,一联中国人民银行省(市)级(如上海)分行留存;申请开立备案类账户,填写本表一式二联,一联存款人留存,一联开户银行留存。

（1）单位银行账户的资金必须由其基本存款账户转账存入，该账户不得办理现金收付业务；

（2）财政预算外资金、证券交易结算资金、期货交易保证金和信托基金专用存款账户不得支取现金；

（3）基本建设资金、更新改造资金、政策性房地产开发资金、金融机构存放同业资金账户支取现金的，应在开户时中国人民银行当地分支行批准的范围内办理；

（4）粮、棉、油收购资金，社会保障基金，住房基金和党、团、工会经费等专用存款账户的现金支取，应严格按照国家现金管理的规定办理；

（5）收入汇缴账户除向基本存款账户或预算外资金财政专用存款账户划缴款项外，只收不付，且不得支取现金；

（6）业务支出账户除从基本存款账户拨入款项外，只付不收，且现金支取必须按照国家现金管理的规定办理；

（7）人民币特殊账户资金不得用于放款或提供担保。

适用对象：单位可开立专用存款账户，对下列资金进行管理与使用：基本建设，更新改造资金，财政预算外资金，粮、棉、油收购资金，证券交易结算资金，期货交易保证金，信托基金，金融机构存放同业资金，政策性房地产开发资金，单位银行卡备用金，住房基金，社会保障基金，收入汇缴资金和业务支出资金，党、团、工会设在单位的组织机构经费，其他需要专项管理和使用的资金。

开立条件：申请开立专用存款账户，应向银行交验相关资料，并填制"开户单位银行结算账户申请书"、"人民币单位银行结算账户管理协议"、"印鉴卡片"等。申请开立专用账户需要提供下列相关文件资料：

（1）基本建设资金、更新改造资金、政策性房地产开发资金、住房基金、社会保障基金，应出具主管部门批准文件；

（2）财政预算外资金，应出具财政部门的证明；

（3）粮、棉、油收购资金，应出具主管部门批文；

（4）单位银行卡备用金，应按照中国人民银行批准的银行卡章程的规定出具有关证明和资料；

（5）证券交易结算资金，应出具证券公司或证券管理部门的证明；

（6）期货交易保证金，应出具期货公司或期货管理部门的证明；

（7）金融机构存放同业资金，应出具其证明；

（8）收入汇缴资金和业务支出资金，应出具其开立基本存款账户存款人有关证明；

（9）党、团、工会设在单位的组织机构经费，应出具该单位或有关部门的批文或证明；

（10）其他按规定需要专项管理和使用的资金，应出具有关法规、规章或政府部门的有关文件。

4. 临时存款账户

概念：临时存款账户是存款人因临时需要并在规定期限内使用而开立的银行结算账户。因异地临时经营活动需要时，可以申请开立异地临时存款账户，用于资金的收付。临时存款账户应根据有关开户证明文件确定的期限或存款人的需要确定其有效期限。存款人在账户的使用中需要延长期限的，应在有效期内向开户银行提出申请，并由开户银行报中国人民银行当地分支行核准后办理展期。临时存款账户的有效期最长不得超过 2 年。

功能：临时存款账户用于办理临时机构以及存款人临时经营活动发生的资金收付。其支取现金，应按照国家现金管理的规定办理。注册验资的临时存款账户在验资期间只收不付，注册验资资金的汇缴人应与出资人的名称一致。

适用对象：企业在设立临时机构、异地临时经营活动、注册验资时，可以申请开立临时存款账户。

开立条件：申请开立临时存款账户，应向银行交验相关资料，并填制"开户单位银行结算账户申请书"、"人民币单位银行结算账户管理协议"、"印鉴卡片"等，再由开户银行审定后办理开户。申请开立临时存款账户需要提供下列文件：

（1）临时机构，应出具其驻在地主管部门同意设立临时机构的批文；

（2）异地建筑施工及安装单位，应出具营业执照正本或其隶属单位的营业执照正本，以及施工及安装地建设主管部门核发的许可证或建筑施工及安装合同，并同时出具基本存款账户开户许可证；

（3）异地从事临时经营活动的单位，应出具营业执照正本以及临时经营地工商行政管理部门的批文，并同时出具其基本存款账户的开户许可证；

（4）注册验资资金，应出具工商行政管理部门核发的企业名称预先核准通知书或有关部门的批文。

三、预留银行印鉴

单位在银行开立上述各类账户，必须在银行填写印鉴卡片，并预留银行印鉴。

预留银行印鉴，又称"预留印鉴"，是单位与银行事先约定的一种付款的法律依据。企业的预留印鉴一般为财务专用章和法人代表（或其授权的代理人）名章。当单位需要通过银行办理相关转账、取款业务时，应填写相关的银行票据或凭证，如现金支票、转账支票、银行汇票申请书、银行本票申请书、商业汇票、汇兑凭证等，这些票据上必须加盖预留银行印鉴。银行在为单位办理结算业务时，要核对印鉴卡片上预留的印鉴，如果付款凭证上加盖的印章与印鉴卡片上的印鉴不相符时，银行不能办理付款，以保障开户单位的存款安全。开户单位由于人事变动或其他原因需要变更单位公章、财务专用章、法人代表章、财务主管印鉴或出纳印鉴的，应填写"更换印鉴申请书"，并出具公函，经银行审查同意后，重新填写印鉴卡片，并注销原预留的印鉴卡片，启用新的印鉴。单位在银行预留的印鉴（财务专用章或公章）的名称，必须与账户名称相一致，印鉴卡片样本如图 4-3 所示。

四、银行账户变更、合并、迁移和撤销

1. 账户变更

单位因某些原因需要变更账户名称，应向银行交验上级主管部门批准的正式函件，企业单位和个体工商户需交验工商行政管理部门登记注册的新执照，经银行审查核实后，变更账户名称，或者撤销原账户，重立新账户。

2. 撤销账户

单位因机构调整、合并、撤销、停业等原因，需要撤销账户的，应向银行提出申请，经银行同意后，首先要同开户银行核对存款余额（有贷款的单位在未还清前不得销户），结清

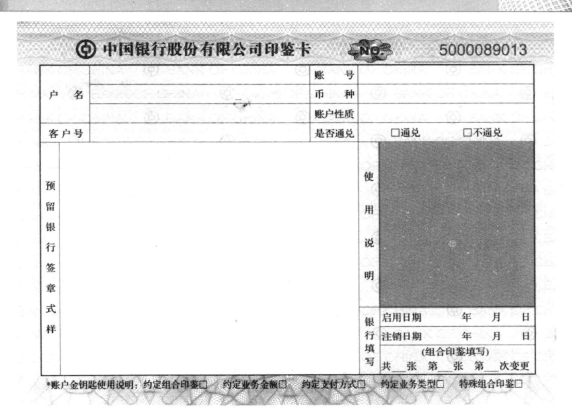

图4-3 印鉴卡片样本

存款利息，全部核对无误后开出支取凭证结清余额，同时将未用完的各种重要空白凭证交银行注销，然后才能办理撤销手续。由于撤销账户单位未交回空白凭证而产生的一切问题由撤销单位承担责任。

五、银行结算管理制度

1. 银行结算的基本原则

根据中国人民银行关于印发《支付结算办法》[银发1997年393号文件] 第16条的规定，单位、个人和银行办理支付结算必须遵守下列原则。

（1）恪守信用，履约付款。在市场经济条件下，存在着多种交易形式，相应地存在着各种形式的商业信用。收付双方在经济往来过程中，在相互信任的基础上，根据双方的资信情况自行协商约期付款。一旦交易双方达成协议，那么交易的一方就应当根据事先的约定行事，及时提供货物或劳务，而另一方则应按约定的时间、方式支付货款。

（2）谁的钱进谁的账，由谁支配。银行作为支付结算和资金清算的中介机构，在办理结算过程中，必须保障客户资金的所有权和自主支配权不受侵犯。各单位在银行的存款受法律保护；客户委托银行把钱转给谁，银行就把钱进谁的账。银行维护开户单位存款的自主支配权，谁的钱就由谁来支配，除国家法律规定以外，银行不代任何单位查询、扣款，不得停止各单位存款的正常支付业务。

（3）银行不垫款。银行在办理结算过程中，只提供结算服务，起中介作用，负责将款项从付款单位账户转到收款单位账户，不为任何单位垫支款项。付款单位在办理结算过程中只能用自己的存款余额支付其他单位款项，收款单位也只能在银行办妥收款手续，款项进入本单位账户后才能支配使用。

2. 银行结算纪律

（1）单位和个人应遵守的银行结算纪律。银行结算纪律是指通过银行办理结算的单位或个人以及银行在办理具体结算过程中，应当遵守的行为规范。银行结算纪律——"四不准"：

① 不准签发没有资金保证的票据或远期支票，套取银行信用；

② 不准签发、取得和转让没有真实交易和债权债务的票据，套取银行和他人资金；

③ 不准无理拒绝付款，任意占用他人资金；

④ 不准违反规定开立和使用账户。

（2）银行应遵守的结算纪律。银行是办理结算的主体，是维护结算秩序的重要环节，银行必须严格按照结算制度办理结算。银行应当遵守的结算纪律主要包括以下几条：

① 不准以任何理由压票、退票、截留挪用客户和他行资金，受理无理拒付，不扣少扣滞纳金；

② 不准在结算制度之外规定附加条件，影响汇路畅通；

③ 不准违反规定开立账户；

④ 不准拒绝受理、代理他行正常结算业务；

⑤ 不准放弃对单位违反结算纪律的制裁；

⑥ 不准违章承兑、贴现商业汇票和逃避承兑责任，拒绝支付已承兑的商业汇票票款；

⑦ 不准超额占用联行资金、转嫁资金矛盾；

⑧ 不准逃避向人民银行转汇大额汇划款项和清算大额银行汇票资金。

银行除了严格遵守上述纪律之外，为了保证结算质量，还必须严格遵守规定的办理结算的时间标准。根据《关于加强银行结算工作的决定》向外发出的结算凭证，必须当天至迟次日寄发；收到的结算凭证，必须及时将款项支付给收款人。

任务二 支票办理
Mission two ◀

任务描述

认识支票基本结构，熟悉支票办理的各种规定，明确支票结算业务办理的程序，会正确填写支票，会准确审核支票的合法性和有效性，能规范地使用支票，能安全地管理支票，养成遵守支票管理制度的职业习惯。

任务分析

依据《中华人民共和国票据法》，从认识支票样票、熟悉支票办理基本规定入手，正确签发支票，按银行规定程序办理支票支付、接受支票进账、持有支票背书、支票遗失挂失、支票权利保障等事项，按支票管理办法管理空白支票和银行印鉴。

任务实施

一、支票种类、样票和结算规定

（一）支票

1. 概念与种类

（1）概念：支票是由出票人签发的，委托办理支票存款业务的银行在见票时无条件支付确定的金额给收款人或者持票人的票据。支票结算是指付款人在其银行的存款限额内签发支票，委托银行从其账户中支付一定款项给收款人，从而实现资金划拨、清算，了结债权债务关系的一个过程。支票的出票人，为在银行开立可以使用支票的存款账户的单位和个人。

（2）种类：支票分为现金支票、转账支票、普通支票，分别介绍如下。

① 支票上印有"现金"字样的为现金支票，现金支票只能用于支取现金。

② 支票上印有"转账"字样的为转账支票，转账支票只能用于转账。

③ 支票上未印有"现金"或"转账"字样的为普通支票，普通支票可以用于支取现金，也可以用于转账。在普通支票左上角划两条平行线的为"划线支票"，划线支票只能用于转账，不得支取现金。

2. 特点

支票结算具有简便、灵活、迅速和可靠的特点，是目前较为常用的一种同城结算方式。

① 简便。是指使用支票办理结算手续简便，只要付款人在银行有足够的存款，它就可以签发支票给收款人，银行凭支票就可以办理款项的划拨或现金的支付。

② 灵活。是指按照规定，支票可以由付款人向收款人签发以直接办理结算，也可以由付款人出票委托银行主动付款给收款人，收款人还可以委托开户银行代为收款，另外转账支票在票据交换区域内可以背书转让。

③ 迅速。是指办理支票结算，收款人将转账支票和进账单送交银行，一般当天或次日即可入账，而使用现金支票当日即可取得现金。

④ 可靠。是指银行严禁签发空头支票，各单位必须在银行存款余额内才能签发支票。因而收款人凭支票就能取得款项，一般不存在票款得不到正常支付的情况。

（二）样票与相关凭证

1. 转账支票

转账支票一页两面：正面分为存根联和正联，内容和格式见样票，如图4-4所示；背面：内容和格式见样票，如图4-5所示。

2. 现金支票

现金支票一页两面：正面分为存根联和正联，内容和格式见样票，如图4-6所示；背面：内容和格式见样票，如图4-7所示。

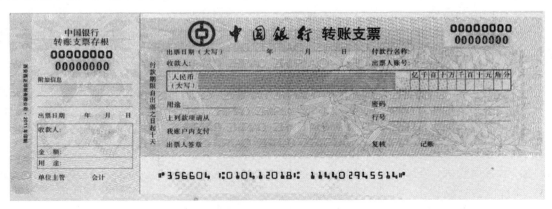

图4-4 转账支票样票（正面，中国银行）

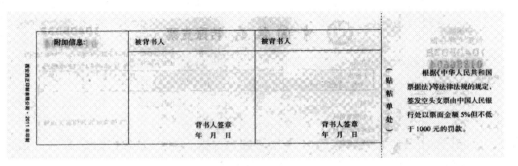

图4-5 转账支票样票（背面，中国银行）

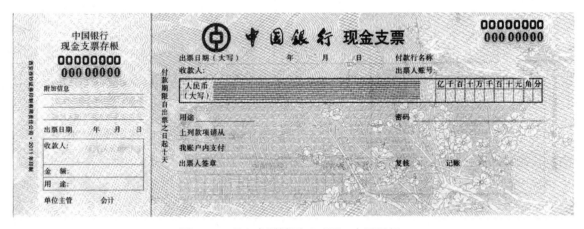

图4-6 现金支票样票（正面，中国银行）

3. 普通支票

普通支票既可以用于支取现金，又可以用于转账。普通支票也为一页两面：正面分为存根联和正联，内容和格式见样票，如图4-8所示；背面内容和格式与转账支票的背面相同。

在普通支票左上角划两条平行线的，为划线支票，划线支票只能用于转账，不能用于支取现金，划线支票出票样票如图4-9所示。

图4-7　现金支票样票（背面，中国银行）

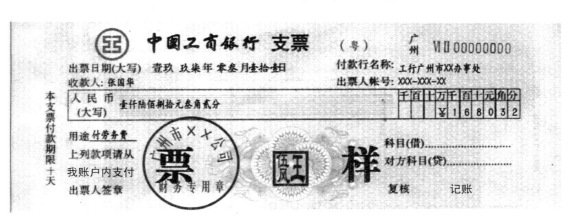

图4-8　普通支票出票样票（个人，可取现金）

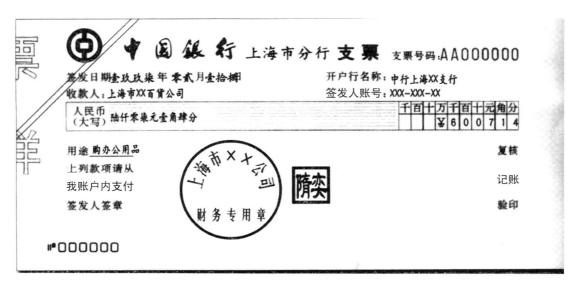

图4-9　划线支票出票样票（只能转账）

4. 进账单

出票人或持票人将手持的转账支票送交银行进账时，须同时填制一式三联的"进账单"。进账单各联的用途分别是：第一联，回单，由银行盖章后交回出票人或持票人（图4－10）；第二联：贷方凭证，由收款单位开户银行做贷方凭证（图4－11）；第三联：收账通知，由收款人银行盖章后交收款人（图4－11）。

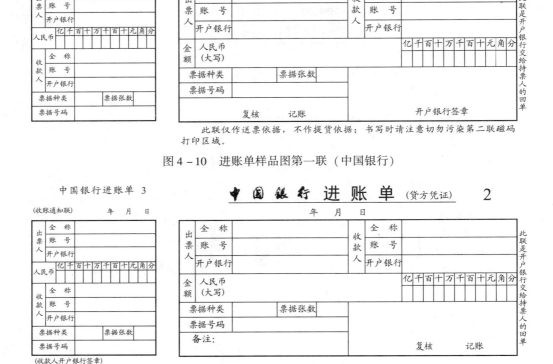

图4－10　进账单样品图第一联（中国银行）

图4－11　进账单样品图第二联、第三联（中国银行）

（三）结算基本规定

（1）单位和个人在同一票据交换区域内的各种款项结算均可使用支票，包括购买商品、接受劳务供应、清偿债务等发生的各种费用支出。

（2）签发支票必须记载的事项。

① 标明"支票"字样；

② 无条件支付的委托；

③ 确定的金额；

④ 付款人名称；

⑤ 出票日期；

⑥ 出票人签章。

欠缺记载上列事项之一的，支票无效。

支票的付款人为支票上记载的出票人开户银行。支票上的金额可以由出票人授权补记，但只能由收款人补记，不允许收款人以外的其他人补记。支票上未记载收款人名称的，经出票人授权可以由他人补记。未补记前的支票，不得背书转让和提示付款。

（3）签发支票应使用碳素墨水或墨汁填写，支票的出票日期、收款人名称、金额（含大小写）不得更改，更改的票据无效。其他事项如有更改，应由原记载人加盖预留银行印鉴之一予以证明。

（4）签发现金支票和用于支取现金的普通支票，必须符合国家现金管理的相关规定。

（5）支票的出票人签发支票的金额不得超过付款时在付款人处实有的存款金额（空头支票）。否则，银行将予以退票，并按票面金额处以 5% 但不低于 1 000 元的罚款，持票人有权要求出票人赔偿支票金额 2% 的赔偿金，对屡次签发的，银行应停止其签发支票。

（6）出票人不得签发与其预留银行签章不符的支票，否则，银行不仅将支票作废退回，还将处以票面金额 5% 但不低于 1000 元的罚款；持票人有权要求出票人赔偿支票金额 2% 的赔偿金。

使用支付密码的，出票人不得签发支付密码错误的支票。支票若加密码，应于签发时填写本张支票的密码，不能提前将支票密码加填（支票的密码可以在单位购买支票时从开户银行随机取得，每张支票都有一个密码信封，撕开密码信封即可看到该张支票的支付密码）。

（7）不准签发远期支票。远期支票是指签发当日以后日期的支票。因为签发远期支票容易造成空头支票，所以银行禁止签发远期支票。

（8）支票的提款付款期限为自出票日起 10 日内（遇法定节假日顺延）。超过提示付款期限提示付款的，持票人开户银行不予受理，付款人不予付款。

（9）不准出租、出借支票。

（10）已签发的支票（内容填写齐全的支票）遗失，可以向银行申请挂失。挂失前银行已支付的，银行不予受理。

二、现金支票

（一）签发

在手工填写现金支票时，应按有关规定认真填写支票中的有关栏目。填写时必须要素齐全、内容真实、数字正确、字迹清晰、不潦草、不错漏，做到标准、规范，防止涂改。

1. 出票日期

中文大写（零、壹、贰、叁、肆、伍、陆、柒、捌、玖、拾。年：年份应按阿拉伯数字表示的年份所对应的大写汉字书写；月：壹至玖月前必须写零字，拾至拾贰月必须写成零壹拾月、壹拾壹月、壹拾贰月；日：1 ～ 9 日、10 日、20 日、30 日前应加零字，11 ～ 19 日前必须加壹）。这样书写的目的是防止涂改支票签发日期等变造支票权利的行为发生，出票日期不得更改。

2. 收款人

收款人的名称应当记载全称或规范化简称，收款人名称不得更改。

3. 付款行名称

记载付款银行的全称或规范化简称。

4. 出票人账号

记载出票人所在银行账号。

5. 人民币（大写）

汉字大写数字金额如零、壹、贰、叁、肆、伍、陆、柒、捌、玖、拾、佰、仟、万、亿等，一律用正楷字或行书体书写，大写金额数字到元或角为止的，在"元"或"角"之后写"整"字，大写金额数字有"分"的，"分"字后不写"整"字。中文大写金额数字应紧接"人民币"字样填写，大写金额栏货币名称与金额之间不得留有空白。大小金额数字不得更改。

6. 小写金额数字

用阿拉伯小写金额数字正确填写支票金额，小写数字前面，均应填写人民币符号"￥"；金额无角、分的，角位和分位打"0"占位。小写金额数字必须与大写金额相符。

7. 用途

按照国家现金管理规定的项目填写，如工资、劳务费等。

8. 密码

要求填写支付密码的支票，单位在填写时，在签发支票的"小写金额栏"下方的"空格栏"内填写该支票的支付密码。

9. 出票人签章

在支票正面的下方出票人签章处，加盖出票人预留在银行的签章（出纳人员将内容填写齐全的现金支票交本单位印鉴管理人员加盖印章），支票上加盖的印章必须清晰，印章模糊者本张支票作废。

出纳人员签发好现金支票后，撕下正联即可到银行办理取现或将正联交收款人；出纳人员根据现金支票存根联登记银行存款日记账和现金日记账，现金支票出票样票如图4-12所示。

图4-12 现金支票出票样票（正面，建设银行）

（二）现金提取

1. 收款人受理现金支票应审查的内容

（1）收款人是否确为本单位或本人；

（2）现金支票是否在提示付款期限内；

（3）必须记载的事项是否齐全。

2. 收款人提示付款

收款人凭持有的现金支票，到出票人开户银行提示付款时，应在现金支票的背面"收款人签章"处签章。

收款人为本单位的，现金支票背面"收款人签章处"的签章为本单位预留在银行的签章；收款人凭现金支票直接到开户银行提取现金，现金支票提示付款签章样票如图4－13所示。

收款人为个人的，现金支票背面"收款人签章处"的签章应为收款人本名的签章（其他印章不盖），同时填明收款人身份证件名称、发证机关和号码，并交验本人身份证件。

付 款 券 别 登 记

数量单位　　券别	一百元	五十元	十元	五元	二元	一元	五角	二角	一角	五分	二分	一分	小计	收款人签章
捆（千张枚）														
把（百张枚）														
张（枚）														

图4－13　现金支票提示付款签章样票

说明：图4-13签发单位签发现金支票发工资，持票人向开户银行提示付款时，由该单位在支票背面"收款人签章"处签章（预留银行印鉴）。如收款人为个人的签发现金支票，其收款人持票向出票人开户银行提示付款时，应在"收款人签章"处签章，并填明身份证件名称、号码及发证机关。

（三）现金管理

现金有广义和狭义之分，广义的现金是指流动性和支付性最强的货币资金，每个单位的现金管理则是出纳工作的重中之重。出纳人员首要的任务是根据国家现金管理的有关规定和单位内部现金管理制度，严格管理好本单位的现金，正确处理好现金的收、付、存业务。狭义的现金是指单位的库存现金，是由单位出纳人员保管的作为零星业务开支之用的库存现款，包括人民币现金和各种外币现金。

1. 现金使用范围

（1）职工工资、津贴。这里所说的职工工资是指企事业单位和机关团体、部队支付给职工的工资和津贴。

（2）个人劳务报酬。是指由于个人向企事业单位和机关、团体、部队等提供劳务而由企事业单位和机关、团体、部队等向个人支付的劳务报酬。它包括新闻出版单位给作者的稿费、各种学校支付给外聘教师的讲课费以及设计费、制图费、咨询费、技术服务费、介绍服务费、代办服务费、各种演出与表演费、其他劳务费。

（3）根据国家的规定和条例，颁发给个人的科学技术、文化艺术、体育等方面的各种奖金。

（4）各种劳保、福利费用以及国家规定的对个人的其他支出，如退休金、抚恤金、学生助学金、职工困难补助等。

（5）收购单位向个人收购农副产品和其他物资的价款，如金银、工艺品、废旧物资的价款。

（6）出差人员必须随身携带的差旅费。

（7）结算起点（1 000 元）以下的零星支出。

（8）中国人民银行确定需要现金支付的其他支出，如因采购地点不确定、交换不便、抢险救灾以及其他特殊情况办理转账结算不够方便，必须使用现金的支出。

除上述（5）、（6）两项外，其他各项支付给个人的款项中，支付现金每人不得超过1 000 元，超过限额的部分根据提款人的要求，在指定的银行转存为储蓄存款或以支票、银行本票予以支付。企业与其他单位的经济往来除规定的范围可以使用现金外，应当通过开户银行进行转账结算。

 知识窗

现金管理法规主要是《中华人民共和国现金管理暂行条例》，中华人民共和国国务院令第12号，1988年9月8日发布；与此文件配套的执行文件是由中国人民银行总行制定的《中华人民共和国现金管理暂行条例实施细则》。

2. 单位库存现金限额的核定管理

为了严格现金管理，保证各单位及时支付日常零星开支，《现金管理暂行条例》及其实施细则规定，库存现金限额于开户银行和开户单位根据具体情况商定。凡在银行开户的单位，银行根据实际需要核定3～5天的日常零星开支数额，作为该单位的库存现金限额。边远地区和交通不便地区的开户单位，其库存现金限额的核定可适当放宽在5天以上，最多不得超过15天的日常零星开支的需要。

按规定，库存现金限额每年核定一次，其核定程序如下：

首先，由开户单位与开户银行协商核定库存现金限额，其公式为：

$$库存现金限额 = 每日零星支出额 \times 核定天数$$

$$每日零星支出额 = 年现金正常支出总额 \div 360（天）$$

其次，由开户单位填写"库存现金限额申请批准书"。

最后，开户单位将库存现金限额申请书报送单位主管部门，经主管部门签署意见后，再报开户银行审查批准。

3. 现金管理的"八不准"

一不准用不符合财务制度的凭证顶替库存现金；

二不准谎报用途套取现金；

三不准单位间相互借用现金；

四不准利用银行账户代其他单位和个人存入或支取现金，逃避国家金融监督；

五不准将单位收入的现金以个人储蓄名义存入银行；

六不准保留账外公款（即小金库）；

七不准发行变相货币；

八不准以任何内部票据代替人民币在社会上流通。

4. 其他规定

（1）各单位现金实行收支两条线，不准"坐支"现金。各单位现金收入应于当日送存银行，当日送存银行确有困难的，由开户单位确定送存时间；开户单位支付现金可以从本单位的库存现金中支付或从开户银行提取。

（2）企业送存现金和提取现金，必须注明送存现金的来源和支取的用途。

（3）配备专职出纳人员管理现金，建立健全现金账目，逐日逐笔登记现金收付业务，做到日清月结。

5. 现金日清月结与盘点

日清月结是出纳员管理现金出纳工作的基本制度，也是避免出现长款、短款的重要措施。所谓日清月结就是出纳人员办理现金出纳业务，必须做到按日清理，按月结账。这里所说的按日清理，是指出纳人员应对当日的经济业务进行清理，全部登记现金日记账，结出库存现金账面余额，并与库存现金实地盘点数核对相符。按日清理的内容包括：

（1）清理各种现金收、付款凭证，检查单据是否相符，即各种收、付款凭证所填写的内容与原始凭证反映的内容是否一致，同时还要检查每张单据是否已经盖齐"收讫"、"付讫"戳记。

（2）登记和清理日记账。将当日发生的所有现金收、付业务全部登记入账，在此基础上，查看账证是否相符，即现金日记账登记的内容、金额与收、付凭证的内容、金额是否一致。清理完毕后，结出现金日记账的当日账面余额。

（3）现金盘点。出纳人员应按券别分别清点其数量，然后加总，即可得出当日现金的实存数。将盘点数得出的实存数与账面余额进行核对，看两者是否相符。如发现有长款或短款，应进一步查明原因，及时进行处理。所谓长款，指现金实存数大于账存数；所谓短款，是指实存数小于账面余额。如果经查明长款属于记账错误、丢失单据等，应及时更正错账或补办手续；如属于少付他人或多收他人则应退还原主，如果确实无法退还，经过一定审批手续可以作为单位的其他收入。对于短款如查明属于记账错误应及时更正错账，如果属于出纳人员工作疏忽或业务水平问题，按规定一般由过失人赔偿。

（4）检查库存现金是否超过规定的现金限额。如实际库存现金超过规定库存限额，则出纳人员应将超过部分及时送存银行；如果实际库存现金低于库存限额，则应及时补提现金。

三、转账支票

（一）签发

转账支票的手工填写包括转账支票的填写和转账进账单的填写两部分。

1. 转账支票的填写

出票日期：中文大写（零、壹、贰、叁、肆、伍、陆、柒、捌、玖、拾。年：年份应按阿拉伯数字表示的年份所对应的大写汉字书写；月：壹至玖月前必须写零字，拾至拾贰月必须写成零壹拾月、壹拾壹月、壹拾贰月；日：1～9日、10日、20日、30日前应加零字，11～19日前必须加壹）。

收款人：收款人的名称应当记载全称或规范化简称。

付款行名称：记载付款银行的全称或规范化简称。

出票人账号：记载出票人所在银行账号。

人民币（大写）：汉字大写数字金额如零、壹、贰、叁、肆、伍、陆、柒、捌、玖、拾、佰、仟、万、亿等，一律用正楷字或行书体书写，大写金额数字到元或角为止的，在"元"或"角"之后写"整"字，大写金额数字有"分"的，"分"字后不写"整"字。中文大写金额数字应紧接"人民币"字样填写，大写金额栏货币名称与金额之间不得留有空白。

小写金额数字：用阿拉伯小写金额数字正确填写支票金额，小写数字前面均应填写人民币符号"¥"；金额无角、分的，角位和分位打"0"占位。小写金额数字必须与大写金额相符。

用途：根据所付款项的内容填写，如货款等。

密码：要求填写支付密码的支票，出纳人员在填写时，在签发支票的"小写金额栏"下方的"空格栏"内填写该张支票的支付密码。

出票人签章：在支票正面的下方出票人签章处，加盖出票人预留在银行的签章（出纳将内容填写齐全的转账支票交给本单位印鉴管理人员加盖印鉴章），支票上加盖的印章必须清晰，印章模糊的支票作废。

2. 转账进账单的填写

转账进账单一式三联（转账进账单可以由出票人填写，也可以由收款人填写）。

出票日期：用小写阿拉伯数字填写。

出票人：全称栏填写付款单位全称；账号栏：与转账支票上记载的出票人账号相符；开户银行：与转账支票上记载的付款行名称相符。

收款人：全称栏与转账支票上记载的收款人名称相符；账号栏填写收款人所在的开户银行账号；开户银行栏填写收款人开户银行全称或规范化简称。

人民币：大写金额必须与小写金额数字相符，并在小写金额数字前加人民币符号"¥"。

票据种类、张数、号码：分别填写转账支票、一张及转账支票的号码。

转账进账单右边部分的填写与左边部分的填写相同。

出纳人员根据银行盖章后的进账单和转账支票存根联，登记银行存款日记账，转账支票出票样票如图4-14所示。

（二）结算办理

转账支票结算流程包括顺进支票和倒提支票，按银行专业术语分别称作贷记支票和借记支票。顺进支票：持票人（可以为付款人，也可以为收款人）持票到付款人开户银行办理转账结算；倒提支票：持票人（为收款人）持转账支票到收款人开户银行提示付款。

1. 顺进支票

流程：

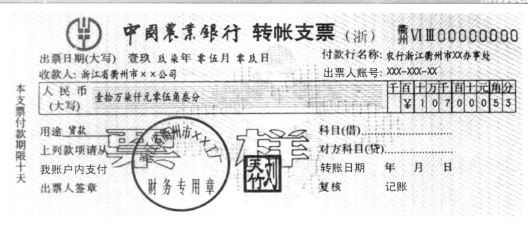

图4-14 转账支票出票样票（正面，农业银行）

（1）出票人出票交收款人（持票人）；

（2）收款人（持票人）向付款人开户银行提示付款；

（3）出票人开户银行付款，通过票据交换并清算资金，将款项划入收款人开户银行；

（4）收款人开户银行收妥入账并通知收款人。

收款人受理转账支票应审查的内容包括：

（1）收款人是否确为本单位或本人；

（2）支票是否在提示付款期限内；

（3）必须记载的事项是否齐全。

转账支票提示付款：持票人（付款单位出纳人员或收款单位人员）直接向出票人开户银行提示付款，这种方法俗称"顺进"。持票人将转账支票及转账进账单送交出票人开户银行，出票人开户银行审核后将转账进账单第一联加盖受理业务专用章后，退持票人。出票人开户银行通过交换将款项划入收款人开户银行，收款人开户银行收妥入账后通知收款人，收款人届时到其开户银行领取收账通知联，凭其记账，如图4-15所示。

2. 倒提支票

流程：

（1）出票人出票交收款人（持票人）；

（2）收款人（持票人）送交支票到收款人开户银行（送交支票前要做成委托收款背书）；

（3）收款人开户银行通过票据交换将票据送到付款人开户银行，付款人开户银行收到票据核对无误后，将款项划入收款人开户银行；

（4）收款人开户银行收妥入账并通知收款人，如图4-16所示。

收款人受理转账支票应审查的内容包括：

（1）收款人是否确为本单位或本人；

（2）支票是否在提示付款期限内；

（3）必须记载的事项是否齐全。

转账支票提示付款：收款人委托其开户银行收款，这种方法俗称倒提。收款人委托其开户银行收款的支票，银行应通过票据交换系统收妥后入账。

图 4-15　顺进（贷记）支票流程

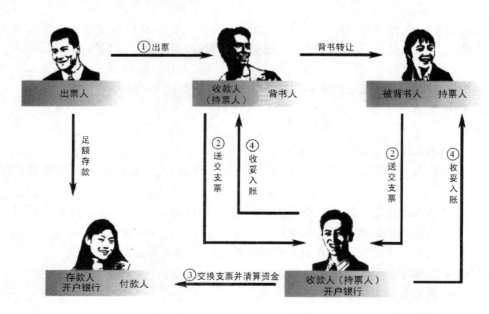

图 4-16　倒提（借记）支票流程

收款人委托开户银行收款时，应做委托收款背书，即在支票背面背书人签章栏签章（背书人即为支票上记载的收款人，背书人签章为背书人预留银行印鉴）、写明"委托收款"

字样和背书日期，在被背书人栏记载开户银行名称并将支票和填制的转账进账单送交开户银行。开户银行审查盖章后，将进账单第一联退收款人。收款人开户银行受理业务后，将支票通过票据交换系统传递到付款人开户银行，付款人开户银行审查后将款项通过交换系统划入收款人开户银行，收款人开户银行收到付款人开户银行划来的票款后，收妥入账并通知收款人。委托收款背书如图4-17、图4-18所示。

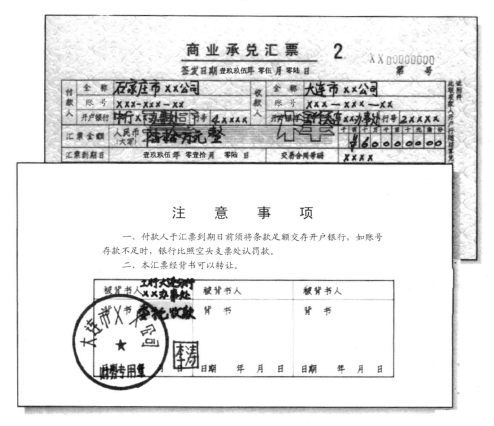

图4-17　票据委托收款背书样票（以商业承兑汇票为例）

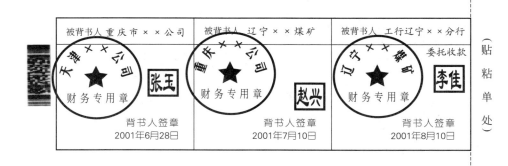

图4-18　票据背书连续与委托收款背书样票（以银行承兑汇票为例）

（三）背书转让

1. 背书的概念

背书是指票据的收款人或者持票人将票据权利转让给他人或者将一定的票据权利授予他人行使，而在票据"背面"或"粘单"上记载有关事项并签章的行为。由于票据权利的转让，一般都是在票据的背面进行的，所以叫做背书。

2. 背书的种类

背书按照目的不同分为转让背书和非转让背书。无论何种背书，都应当记载背书事项并交付票据。

转让背书是以持票人将票据权利转让给他人为目的。非转让背书是将一定的票据权利授予他人行使，包括委托收款背书和质押背书。委托收款背书是委托他人代替自己行使票据权利，收取票据金额的背书，被背书人有权代背书人行使被委托的票据权利。但是，被背书人不得再以背书转让票据权利。质押背书是以设定质权、提供债务担保为目的而进行的背书。被背书人依法实现其债权时，可以行使票据权利。

3. 支票背书转让的条件

转账支票仅限于在其票据交换区域内背书转让。

支票被拒绝付款或超过提示付款期限的，用于支取现金的支票，不得背书转让，背书转让的，背书人应承担票据责任。

支票（或者其他票据）的出票人在票据正面记载"不得转让"字样的，支票不得转让。如果其直接后手再背书转让的，出票人对其直接后手的被背书人不承担保证责任。对被背书人提示付款或委托收款的支票，银行不予受理，禁止转让票据样票如图 4 - 19、图 4 - 20 所示。

背书不得附有条件。背书附有条件的，所附条件不具有票据上的效力。将支票（或其

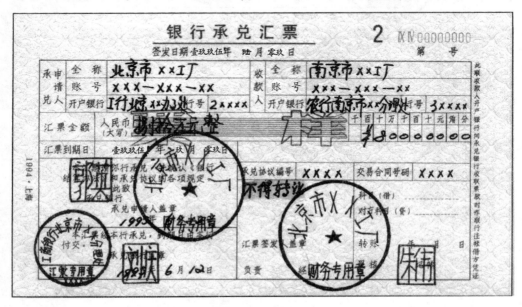

图 4 - 19　禁止转让票据样票（正面记载）

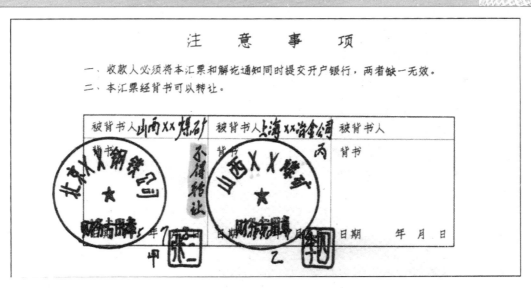

图 4 – 20 禁止转让票据样票（背面记载）

他票据）金额的一部分转让的背书或将支票（或其他票据）金额分别转让给二人以上的背
书，该背书无效，如图 4 – 21 所示。

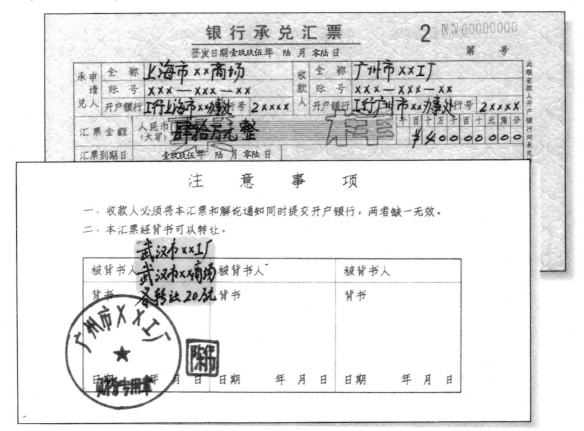

图 4 – 21 无效背书样票（转让给二人的背书）

可以背书转让的支票在背书转让时，背书人（票据上记载的收款人）在支票的背面背书人签章处签章，并填明背书日期，在被背书人（支票的受让人）栏填明收款人名称。背书未填明日期的，视为在支票到期日前背书。

可以背书转让的支票仅限转账支票，现金支票是不得背书转让的。

背书转让的支票，背书必须连续。背书连续是指票据第一次背书转让的背书人是票据上记载的收款人，前次背书转让的被背书人是后一次背书转让的背书人，依次前后衔接，最后一次背书转让的被背书人是票据的最后持票人，如图4-22所示。

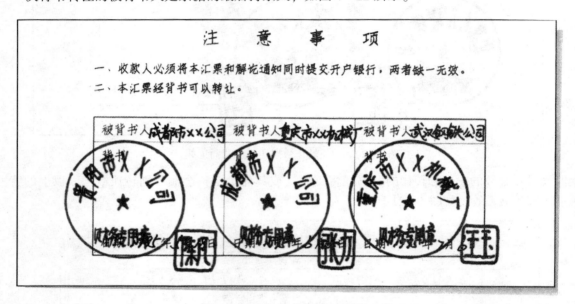

图4-22　票据背书转让连续样票

 拓展阅读

根据中国人民银行总行制定的《支付结算办法》第二十七条规定：票据可以背书转让，但填明"现金"字样的银行汇票、银行本票和用于支取现金的支票不得背书转让。区域性银行汇票仅限于在本区域内背书转让。银行本票、支票仅限于在其票据交换区域内背书转让。

第二十八条规定：区域性银行汇票和银行本票、支票出票人向规定区域以外的收款人出票的，背书人向规定区域以外的被背书人转让票据的，区域外的银行不予受理，但出票人、背书人仍应承担票据责任。

（四）退票

1. 支票退票的概念

支票退票是指由于支票的内容记载不完整、书写不规范、付款单位存款额不足以支付票款等原因，出票人开户银行认为该支票的款项不能进入收款人账户，并将支票退还持票人的情况。

2. 支票退票的原因

（1）出票人存款不足，出现空头支票；

（2）出票人签章与预留银行印鉴不符的支票；

（3）密码支票中未填写密码或密码错误的支票；

（4）远期支票；

（5）票据内容未使用碳素墨水或墨汁书写，如使用圆珠笔填写的支票；

（6）最后持票人与委托收款背书不符的支票；

（7）未填写收款人或者收款人填写错误的支票；

（8）超过提示付款期限的支票；

（9）日期为小写的支票；

（10）内容涂改的支票；

（11）出票人已撤销此银行账户的支票；

（12）出票人已申请挂失的支票；

（13）非出票人银行承付的支票。

收款单位出纳人员收到银行出具的“退票通知书”（图 4 – 23）以及支票和进账单时，应及时与出票人或前手进行联系，将支票退回，并向前手或出票人追索票款的同时，要求出票人赔偿支票金额 2% 的赔偿金。

中 国 银 行 重 庆 市 分 行　　1

退 票 通 知 书（留底联）

<table>
<tr><td>凭证种类</td><td></td><td>凭证号码</td><td></td><td colspan="9">年　　月　　日</td></tr>
<tr><td rowspan="3">付款人</td><td>名　　称</td><td colspan="2"></td><td rowspan="3">收款人</td><td>名　　称</td><td colspan="7"></td></tr>
<tr><td>账　　号</td><td colspan="2"></td><td>账　　号</td><td colspan="7"></td></tr>
<tr><td>开户银行</td><td colspan="2"></td><td>开户银行</td><td colspan="7"></td></tr>
<tr><td>金额</td><td colspan="6">人民币
(大　写)</td><td colspan="6">千 百 十 万 千 百 十 元 角 分</td></tr>
<tr><td>退票理由：</td><td colspan="3">1. 存款不足
2. 签章不符合规定：签章与预留签章不符；支付密码或密钥错误；
3. 票据超过提示付款期：远期票据（含结算凭证）；日期错误；
4. 大、小写金额（包括压印金额。实际结算金额和多余金额。下同）不一致或金额欠缺、更改、错误；
5. 欠缺日期、收(付)款人名称及签章：日期、收款人名称、金额更改</td><td colspan="4">6. 无此账户或账号、户名不符；账户被冻结支付或票据挂失止付；
7. 背书或转让不符合规定(包括无委托收款背书)；背书粘单接处未按规定章；
8. 票据、结算凭证联次不全或破碎、字迹模糊无法确认；不属于本行受理的票据或凭证；
9. 票据、结算凭证未加盖　　章戳(在　　~~上填写缺间名称~~)；
10. ~~签发支票未用碳素墨水或~~墨汁填写；</td><td colspan="5">作附件
复核：　　记账：</td></tr>
</table>

此联退出行作凭证附件

图 4 – 23　退票通知书样本（第 1 联）

（五）票据挂失

我国票据法规定，票据丧失后的权利补救措施有三种：挂失止付、公示催告和普通诉讼。

（1）挂失止付是指失票人将丧失票据的情况通知付款人，接受挂失通知的付款人暂停支付，以防票据款项被他人取得的一种补救措施。

（2）公示催告是在票据丧失后，由失票人向法院提出申请，请求法院以公告的方法通知不确定的利害关系人限期申报权利，逾期未申报者则权利丧失，而由法院通过除权判决宣告所丧失的票据无效的一种制度或程序。

（3）普通诉讼是指丧失票据的失票人直接向人民法院提起民事诉讼，要求法院判令付款人向其支付票据金额的活动。

《支付结算办法》规定：已承兑的商业汇票、支票、填明“现金”字样和代理付款人的银行汇票及填明“现金”字样的银行本票丧失，可由失票人通知付款人或代理付款人挂失止付。未填明“现金”字样和代理付款人的银行汇票以及未填时“现金”字样的银行本票丧失，不得挂失止付。允许挂失止付的票据丧失，失票人需要挂失止付的，应填写“挂失止付通知书”并签章，如图 4－24 所示。

持失止付通知书　　**1**

填写日期　　年　　月　　日

<table>
<tr><td>挂失止付人：</td><td rowspan="7">丧失票据记载的主要内容</td><td>票据种类</td><td></td></tr>
<tr><td>票据丧失时间：</td><td>号　码</td><td></td></tr>
<tr><td>票据丧失地点：</td><td>金　额</td><td></td></tr>
<tr><td rowspan="5">票据丧失事由：

失票人签章
年　月　日</td><td>付 款 人</td><td></td></tr>
<tr><td>收 款 人</td><td></td></tr>
<tr><td>出票日期</td><td></td></tr>
<tr><td>付款日期</td><td></td></tr>
<tr><td colspan="3">持失止付人联系地址(电话)：</td></tr>
</table>

此联是银行给挂失止付人的受理回单

图 4－24　挂失止付通知书样本

“挂失止付通知书”应当记载下列事项：

① 票据丧失的时间、地点、原因；

② 票据的种类、号码、金额、出票日期、付款日期、付款人名称、收款人名称；

③ 挂失止付人姓名、营业场所或住所及联系方式；

④ 欠缺上述记载事项之一的，银行不予受理。

已签发的现金支票、转账支票以及印鉴齐全的空白支票（或其他票据）遗失，可以向银行申请挂失，失票人需填写一式三联的挂失止付通知书，在失票人签章处加盖单位印鉴章，并附单位公函一并到银行办理挂失止付手续，失票人还应在挂失止付后 3 日内，也可以在票据丧失后，依法向人民法院申请公示催告。银行审核确未支付的，应立即暂停支付，在挂失止付通知书第一联上加盖业务公章后退失票人，并按票面金额 1‰收取手续费，不足 5 元，收取 5 元。银行工作人员在操作系统中做第一次处理，期限为 12 日，12 日内银行收到人民法院挂失止付通知书，银行工作人员在操作系统中做第二次挂失处理（此次处理为永久性的），12 天之内银行没有收到人民法院的止付通知的，自第 13 日起，持票人提示付款并依法向持票人付款的，银行不再承担责任。

付款人或代理付款人在收到"挂失止付通知书"之前，已向持票人付款的，不再承担责任。但是，付款人或代理付款人以恶意或重大过失付款的除外。

任务三 银行汇票办理
Mission three

任务描述

认识银行汇票的基本结构，熟悉银行汇票办理的各种规定，了解银行汇票的结算业务办理程序，会填写银行汇票申请书，会审核银行汇票的合法有效性，能规范地使用银行汇票，遵守银行汇票管理制度。

任务分析

依据《中华人民共和国票据法》，从认识银行汇票样票、熟悉银行汇票办理基本规定入手，正确申请银行汇票，按银行规定程序办理银行汇票进账、背书、挂失等事项，按银行汇票管理办法管理银行汇票。

任务实施

一、银行汇票

1. 概念

银行汇票是出票银行签发的，由其（即签发银行）在见票时，按照实际结算金额无条件支付给收款人或者持票人的票据。银行汇票的提示付款期限自出票日起 1 个月。

2. 种类

银行汇票包括转账银行汇票和现金银行汇票。注明现金字样的能提取现金，就是现金银行汇票，否则就是转账银行汇票。

3. 银行汇票结算方式的特点

（1）适用范围广。银行汇票是异地结算中较为广泛采用的一种结算方式。这种结算方式不仅适用于在银行开户的单位、个体经济户和个人，而且适用于未在银行开立账户的个体经济户和个人。凡是各单位、个体经济户和个人需要在异地进行商品交易、劳务供应和其他经济活动及债权债务的结算，都可以使用银行汇票。银行汇票既可以用于转账结算，也可以支取现金。

（2）票随人走，钱货两清。实行银行汇票结算，购货单位交存票款，银行出票，票随人走；购货单位购货给票，销售单位验票发货，一手交票，一手交货；银行见票付款，这样可以减少结算环节，缩短结算资金在途时间，方便购销活动。

（3）信用度高，安全可靠。银行汇票是银行在收到汇款人款项后签发的支付凭证，因而具有较高的信用度，银行保证支付，收款人持有票据，可以安全及时地到银行支取款项。

（4）使用灵活，适应性强。实行银行汇票结算，持票人可以将汇票背书转让给收款人，也可以通过银行办理转账结算。

（5）结算准确，余款自动退回。一般来说，购货单位很难确定具体购货金额，因而出现汇多用少的情况是不可避免的。在有些情况下，多余款项往往长时间得不到清算，从而给购货单位带来极大不便和损失。而使用银行汇票结算则不会出现这种情况，单位持银行汇票购货，凡在汇票金额之内的，可根据实际采购金额办理结算，多余款项将由银行自动退回申请人账户。

二、样票与相关凭证

1. 银行汇票样本格式和内容

银行汇票一式四联，各联的名称和内容分别是：第一联，卡片，用于出票行结算汇票时做汇出汇款借方凭证。第二联，银行汇票，有正背两面，用于代理付款行付款后做“联行往账”借方凭证附件。第三联，解讫通知，代理付款行兑付后随“报单”寄出票行，用于由出票行做多余款贷方凭证。第四联：多余款收账通知，出票行结清多余款后交申请人，银行汇票样票如图 4－25 所示。

附式二之2

× ×银行

银 行 汇 票　　2

付款期限 壹 个 月

汇票号码

第　　号

出票日期（大写）　壹玖　　年　　月　　日　　代理付款行：　　行号：

收款人：		账号：									
出票金额	人民币（大写）										
实际结算金额	人民币（大写）	千	百	十	万	千	百	十	元	角	分

申 请 人：　　账号或住址：

出 票 行：　　行号：

备　　注：

凭票付款

出票行签章

										科目（借）
多余金额										对方科目（贷）
千	百	十	万	千	百	十	元	角	分	兑付日期　年　月　日
										复核　记账

此联代理付款行付款后作联行往账借方凭证附件

10×17.5公分(专用水印纸蓝油墨，出票金额栏加红水纹)

注：汇票号码前加印省别代号

图 4－25　银行汇票样票

2. 银行汇票申请书样本和内容

银行汇票申请书一式三联，各联的名称和内容分别是：第一联，存根，由申请人留存。第二联，出票行做借方凭证；如果申请人交现金办理银行汇票时，第二联则须当即注销。第三联，出票行做汇出汇款贷方凭证，如图 4－26 所示。

附式一之2

××银行汇票申请书(借方凭证) 2

第 号

申请日期 19 年 月 日

申 请 人		收 款 人		此联出票行作借方凭证
账 号 或 住 址		账 号 或 住 址		
用 途		代 理 付 款 行		
汇票金额	人民币 (大写)		千百十万千百十元角分	

上列款项请从我账户内支付

申请人盖章

科目(借) _____

对方科目(贷) _____

转账日期 年 月 日

8.5×17.5公分(白纸蓝油墨)

复核 记账

图 4 – 26 银行汇票申请书样本 (第二联)

三、申请与签发

申请人使用银行汇票,须向出票银行填写"银行汇票申请书",填明收款人名称、汇票金额、申请人名称、申请日期等事项并签章,签章为其预留银行的签章。

申请人和收款人均为个人的,需要使用银行汇票向代理付款人支取现金的,申请人须在"银行汇票申请书"上填明代理付款人名称,在"汇票金额"栏先填写"现金"字样,后填写汇票金额。

申请人或收款人为单位的(任意一方为单位的),不得在"银行汇票申请书"上填明"现金"字样,不得填写"代理付款人"名称。

银行汇票的代理付款人是代理本系统出票银行或跨系统签约银行审核支付汇票款项的银行。

(一)申请书

(1)申请日期:填写阿拉伯数字;

(2)申请人:填写申请人(付款人)全称;

(3)账号:申请人开户银行账号;

(4)用途:根据所付款项的内容填写(支取现金的银行汇票按国家现金管理规定的项目填写);

(5)收款人:填写收款单位(或收款人)的全称;

(6)账号:收款人开户银行账号;

(7)代理付款人:此栏转账银行汇票不得填写,现金银行汇票必须填写(支付票款的银行名称）；

（8）出票金额：大写金额数字应紧接人民币字样填写，需要支取现金的汇票应在"出票金额栏"先填写"现金"字样，后填写出票金额，同时记载小写金额数字；

（9）银行汇票的第2联：申请人应在"申请人签章处"签章，签章必须与预留银行签章相同。

出票银行受理银行汇票申请时，收妥款项后签发银行汇票，并用压数机压印出票金额，将银行汇票和解讫通知一并交给申请人。

（二）签发

1. 银行汇票的记载事项

（1）标明"汇票"的字样；

（2）无条件支付的承诺；

（3）确定的金额；

（4）付款人名称；

（5）收款人名称；

（6）出票日期；

（7）出票人签章。

2. 申请人取得银行汇票时，应审查下列事项

（1）银行汇票和解讫通知是否齐全，汇票号码和记载的内容是否一致；

（2）收款人是否确定为本单位或本人；

（3）银行汇票是否在提示付款期限内；

（4）必须记载的事项是否齐全；

（5）出票人签章是否符合规定，是否有压数机压印的出票金额，并与大写出票金额一致；

（6）出票日期、出票金额、收款人名称是否更改，更改的其他记载事项是否由原记载人签章证明。

银行汇票出票样票——转账银行汇票（现金银行汇票）如图4-27、图4-28所示。

四、结算办理

（一）背书转让

银行汇票背书是指汇票的持票人将票据权利转让他人的一种票据行为。通过背书转让其权利的人称为背书人，接受经过背书汇票的人就称为被背书人。

1. 银行汇票背书转让注意事项

（1）填明"现金"字样的银行汇票不得背书转让。

（2）收款人可以将银行汇票背书转让给被背书人。银行汇票的背书转让以不超过出票金额的实际结算金额为准。未填写实际结算金额或实际结算金额超过出票金额的银行汇票不得转让。

（3）银行汇票背书转让时，票据上记载的收款人在票据背面背书人签章处签章，并填

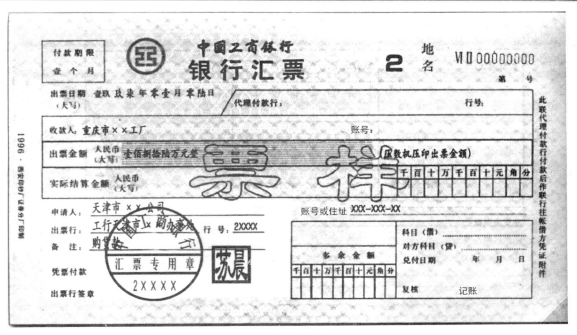

图4－27　银行汇票出票样票——转账银行汇票

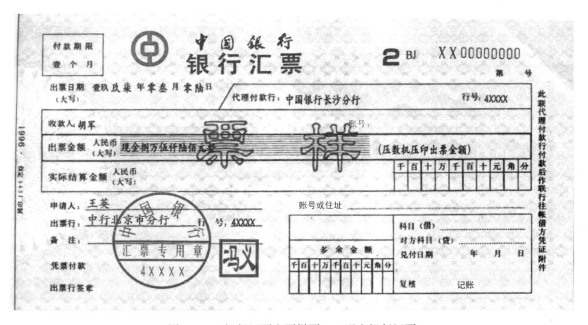

图4－28　银行汇票出票样票——现金银行汇票

明背书日期；接受汇票权利的人在被背书人栏填写收款人名称（如××公司）。

（4）以背书转让的银行汇票，背书应当连续。背书连续是指第一次背书转让的背书人是票据上记载的收款人，前次背书转让的被背书人是后一次背书转让的背书人，依次前后衔接，最后一次背书转让的被背书人是票据的最后持票人。

（5）票据的背书人应当在票据背面的背书栏依次背书。背书栏不附背书的，可以使用统一格式的"粘单"，黏附于票据凭证规定的黏接处。粘单上的第一记载人（被背书人），应当在票据和粘单的黏接处签章，如图 4-29 所示。

粘　　　单

被背书人	被背书人
背 书 人 签 章 年　　月　　日	背 书 人 签 章 年　　月　　日

图 4-29　背书粘单样本

2. 审核

被背书人受理银行汇票时，除按收款人受理银行汇票的规定审查外，还应审查下列事项：

（1）银行汇票是否记载实际结算金额，有无更改，其金额是否超过出票金额；

（2）背书是否连续，背书人签章是否符合规定，背书使用的粘单是否按规定签章；

（3）背书人为个人的身份证件。

（二）提示付款

持票人向银行提示付款时，必须同时提交银行汇票和解讫通知书，缺少任何一联，银行都不予受理。

（1）在银行开立存款账户的持票人向开户银行提示付款时，应在票据背面"持票人向银行提示付款签章"处签章。签章须与预留银行签章相同，并将银行汇票和解讫通知、进账单（与转账进账单的填写相同）送交开户银行。银行审查无误后办理转账，如图 4-30、图 4-31 所示。

银行汇票的实际结算金额应小于或等于出票金额，实际结算金额低于出票金额的，其多余金额由出票银行退交申请人。

② 未在银行开立存款账户的个人持票人，可以向选择的任何一家银行机构提示付款。提示付款时，应在汇票背面"持票人向银行提示付款签章"处签章，并填明本人身份证件名称、号码及发证机关，由其本人向银行提交身份证及其复印件。银行审查无误后，将其身份证件留存备查，并以持票人的姓名开立"应解汇款及临时存款"账户，该账户只付不收，付完清户，不计付利息，其后的使用按下列规定办理：

① 转账支付的，应由原持票人向银行填制支款凭证——"进账单"或"特种转账凭证"，并由本人交验其身份证办理支付款项。该账户的款项只能转入单位或个体工商户存款账户，严禁转入储蓄和信用卡账户。

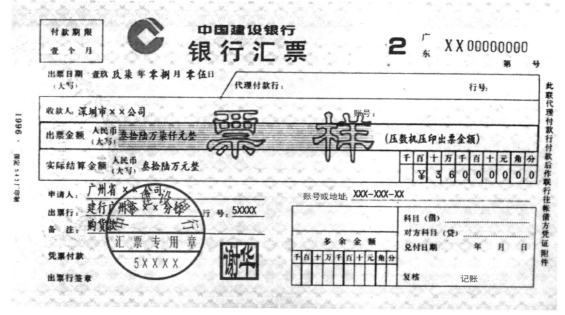

图 4－30　银行汇票结算样票

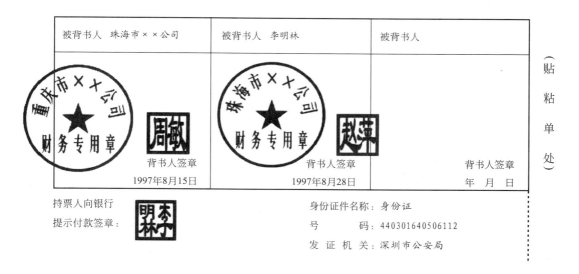

图 4－31　银行汇票提示付款签章样票（持票人为个人）

（2）支取现金的，银行汇票上必须有出票银行按规定填明的"现金"字样，才能办理。未填"现金"字样，需要支取现金的，由银行按照国家现金管理规定审查支付。

（三）结算流程

（1）申请人填写银行汇票申请书，向开户银行申请签发汇票；

（2）申请人开户银行收妥款项后向申请人出票；

（3）收款人或持票人持往异地结算；

（4）收款人向代理付款人（银行）提示付款；

（5）代理付款人审查后付款入账；

（6）银行之间清算资金（代理付款银行与出票银行）；

（7）出票银行将多余款项退回申请人账户。

银行汇票结算流程如图4-32所示。

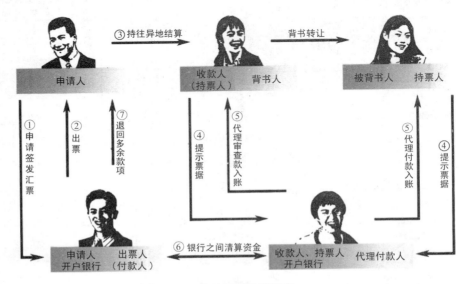

图4-32 银行汇票结算流程

任务四 银行本票办理
Mission four

 任务描述

认识银行本票的基本结构，熟悉银行本票办理的各种规定，了解银行本票的结算业务办理程序，会填写银行本票申请书，会审核银行本票的合法有效性，能规范地使用银行本票，遵守银行本票管理制度。

 任务分析

依据《中华人民共和国票据法》，从认识银行本票样票、熟悉银行本票办理基本规定入手，正确申请银行本票，按银行规定程序办理银行本票进账、背书、挂失等事项，按银行本票管理办法管理银行本票。

任务实施

一、银行本票

1. 概念

银行本票是由银行签发的，承诺自己在见票时无条件支付确定的金额给收款人或持票人的票据。单位和个人在同一票据交换区域内需要支付各种款项，均可以使用银行本票。银行本票可以用于转账，注明"现金"字样的银行本票可以用于支取现金。

银行本票的提示付款期限自出票日起最长不得超过两个月。

2. 种类

银行本票分为定额本票和不定额本票两种。

定额本票面额为 1 000 元、5 000 元、10 000 元和 50 000 元四种。定额本票由单联组成，其中左边 1/4 为存根，右边 3/4 为本票联；背面用于背书转让和提示付款签章。

3. 特点

（1）使用方便。单位、个体经济户和个人不管其是否在银行开户，他们之间在同城范围内的所有商品交易、劳务供应以及其他款项的结算都可以使用银行本票。

（2）信誉度高，支付能力强。银行本票是由银行本身签发的，并于指定到期日由签发银行无条件支付，因此信誉度高。

二、样本与相关凭证

1. 定额本票

定额本票系"单联式"构成，其中左边 1/4 为存根，右边 3/4 为本票联；背面用于背书转让和提示付款签章，如图 4－33、图 4－34 所示。

××银行本票存根	付款期限 × 个 月	××银行　地 名　本票号码
本票号码：IX V 00000000		本　票
地　名		出票日期　年　月　日
收 款 人：		（大写）
金　额　壹万圆整	收款人	
用　途：	凭票即付人民币	壹万圆整
科　目（借）＿＿＿＿		
双方科目（贷）＿＿＿		￥10000
出票日期：　年　月　日	转账　　现金	
出纳　复核　经办		出票行签章

图 4－33　银行定额本票样票（正面）

被背书人	被背书人	被背书人	贴
			黏
			单
			处
背书人签章 年　月　日	背书人签章 年　月　日	背书人签章 年　月　日	
持票人向银行 提示付款签章	身份证件名称： 号　　　码： 发 证 机 关：		

图 4 – 34　银行定额本票样票（背面）

2. 不定额银行本票

第一联：卡片。由出票行留存，结算本票时做借方凭证附件。

第二联：本票，分正、背两面。由出票银行结清本票时做借方凭证，如图 4 – 35 所示。

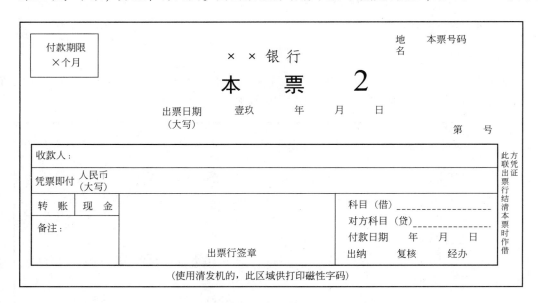

图 4 – 35　不定额银行本票样票（第二联）

3. 银行本票申请书

第一联：存根。由申请人留存。

第二联：出票行借方凭证。

第三联：出票行贷方凭证。

银行本票申请书的格式与银行汇票申请书的格式基本相同，只是申请书的名称有别，可参见图 4－27 银行汇票申请书样本。

4. 结算业务申请书

在实际工作中商业银行在办理银行汇票、银行本票、汇兑等结算业务时，都统一使用“结算业务申请书”。现以中国银行办理上述结算业务的“结算业务申请书”为例，其格式如图 4－36 所示。

中国银行 BANK OF CHINA　　结算业务申请书　　渝　　NO.1443233

申请日期：　　　年　　月　　日

业务种类：行内汇款☐　境内同业汇款☐　银行汇款☐　银行本票☐

申请人	名称		收款人	名称	
	账号			账号	
	联系电话			联系电话	（收款人未在我行开户的须填写）
	身份证件类型		汇入行名称		
	身份证件号		汇入行地点		省　　市（县）
金额	人民币（大写）				亿 千 百 十 万 千 百 十 元 角 分
扣账方式：　转账☐　现金☐　其他☐			收费账号：		
现金汇款请填写	国籍：　　职业：		用途：		
支付密码：			附言：		
申请人签章：			核准：　　经办：		

第一联　银行留存联

图 4－36　中国银行结算业务申请书

三、申请与签发

申请人使用银行本票，应向银行填写“银行本票申请书”，填明收款人名称、申请人名称、支付金额、申请日期等事项并签章。

申请人和收款人均为个人的需要支取现金的，应在“支付金额”栏先填写“现金”字样，后填写支付金额。

申请人或收款人为单位的（任意一方为单位的），不得申请签发“现金银行本票”。

（一）申请书

申请人在申请银行本票前，先将票款交存出票银行，出票银行受理银行本票申请书，收妥款项后签发银行本票。出票银行在银行本票上签章后交申请人。银行本票申请书按以下要求填写。

（1）申请日期：填写小写阿拉伯数字；

（2）申请人：填写付款单位全称；

（3）申请人账号：填写付款人开户银行账号；

（4）用途：根据所付款项的内容填写（支取现金的按国家现金管理规定项目填写）；

（5）收款人：填写收款人全称或规范化简称；

（6）收款人账号：填写收款人开户银行账号；

（7）代理付款行：支付本票款项的银行名称；

（8）申请金额（人民币）：中文大写金额数字紧接人民币字样填写，不得留有空白；

（9）金额小写：阿拉伯小写金额数字前加人民币符号"￥"；

在银行本票申请书的第二联的申请人签章处签章（预留银行签章）。

（二）银行本票签发

1. 银行本票应记载的事项

（1）标明"银行本票"字样；

（2）无条件支付的承诺；

（3）确定的金额；

（4）付款人名称；

（5）收款人名称；

（6）出票日期；

（7）出票人签章。

2. 申请人取得银行本票时，应审查下列事项

（1）收款人是否确为本单位或本人；

（2）银行本票是否在提示付款期限内；

（3）必须记载的事项是否齐全；

（4）出票人签章是否符合规定，不定额银行本票是否有压数机压印的出票金额，并与大写出票金额一致；

（5）出票金额、出票日期、收款人名称是否更改，更改的其他记载事项是否由原记载人签章证明。

定额（不定额）本票出票样票如图4－37、图4－38所示。

四、结算办理

（一）背书转让

（1）收款人可以将银行本票（仅限转账本票）背书转让给被背书人。背书转让方式和支票背书转让方式相同，填明"现金"字样的银行本票不得背书转让。

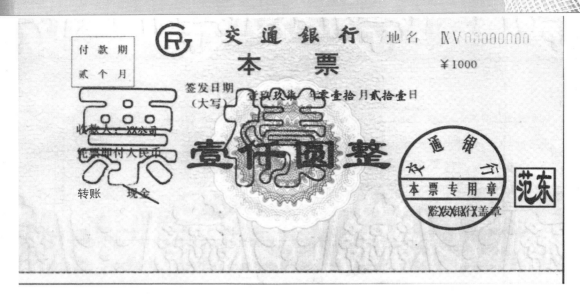

图 4 - 37 定额本票出票样票（交通银行）

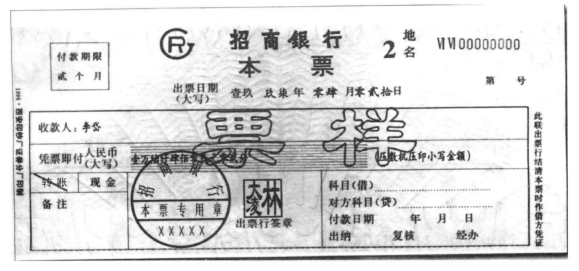

图 4 - 38 不定额本票出票样票（招商银行）

（2）被背书人受理银行本票时，除按收款人受理银行本票的审查事项审查外，还应审查下列事项：背书是否连续，背书人签章是否符合规定，背书使用粘单是否按规定签章；背书人为个人的身份证件。

（二）提示付款

（1）在银行开立存款账户的持票人向开户银行提示付款时，应在银行本票背面"持票人向银行提示付款签章"处签章，签章须与预留银行签章相同，并将银行本票、进账单（填写方法与转账进账单相同）送交开户银行。银行审查无误后办理转账。

（2）未在银行开立存款账户的个人持票人，凭注明"现金"字样的银行本票向出票银行支取现金的，应在银行本票的背面"持票人向银行提示付款签章"处签章（收款人本名的签章），记载本人身份证件名称、号码及发证机关，并交验本人身份证件及复印件。

（三）结算流程（见图4-39）

（1）申请人填写本票申请书，向开户银行申请签发银行本票；
（2）申请人开户银行审查同意后，向申请人签发银行本票；
（3）申请人向收款人（持票人）交付票据；
（4）收款人或被背书人持票向开户银行（或代理付款人）提示付款；
（5）收款人（或代理付款人）审查后代理付款入账；
（6）银行之间清算资金。

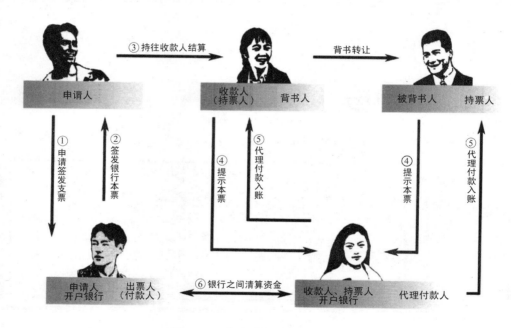

图4-39　银行本票结算流程

 商业汇票办理
Mission five ←

任务描述

认识商业汇票的基本结构，熟悉商业汇票办理的各种规定，了解商业汇票的结算业务办

理程序，会签发商业汇票，会申请承兑商业汇票，会审核商业汇票的合法性与有效性，能规范地使用商业汇票，遵守商业汇票管理制度。

 任务分析

依据《中华人民共和国票据法》，从认识商业汇票样票、熟悉商业汇票办理基本规定入手，正确签发商业汇票，按银行规定程序办理商业汇票进账、背书、挂失等事项，按商业汇票管理办法管理商业汇票。

 任务实施

一、商业汇票

1. 概念

商业汇票是出票人签发的，委托付款人在指定日期无条件支付确定的金额给收款人或持票人的票据。

2. 种类

商业汇票按承兑人的不同分为"商业承兑汇票"和"银行承兑汇票"。由银行以外的付款人承兑的商业汇票称为"商业承兑汇票"；由银行承兑的商业汇票称为"银行承兑汇票"。

商业汇票必须承兑，承兑人负有到期无条件支付票款的责任。承兑是指汇票付款人承诺在汇票到期日支付汇票金额的票据行为。

商业汇票的付款人为"承兑人"，承兑人承担商业汇票的"主债务人"责任。

3. 特点

（1）与银行汇票等结算方式相比，商业汇票的适用范围相对较窄，各企业、事业单位之间只有根据购销合同进行合法的商品交易，才能签发商业汇票。除商品交易以外，其他方面的结算，如劳务报酬、资金借贷等不能采用商业汇票结算方式。

（2）与银行汇票等结算方式相比，商业汇票的使用对象也相对较少。商业汇票的使用对象是在银行开立账户的法人。使用商业汇票的收款人、付款人以及背书人、被背书人等必须同时具备两个条件：一是在银行开立账户；二是具有法人资格。个体工商户、农村承包人、个人、法人的附属单位等不具有法人资格的单位或个人以及具有法人资格但没在银行开立账户的单位都不能使用商业汇票。

（3）商业承兑汇票可以由付款人签发，也可以由收款人签发；银行承兑汇票由在承兑银行开立存款账户的存款人签发；但都必须经过承兑。只有经过承兑的商业汇票才具有法律效力。承兑人负有到期"无条件付款的责任"。商业汇票的期限最长不超过6个月。如果在购销活动中双方约定分期付款的，则可以一次签发若干张不同期限的商业汇票。

（4）未到期的商业汇票可以到银行办理"贴现"，从而使结算和银行资金融通相结合，有利于企业单位及时地补充流动资金，保证生产经营的正常进行。

（5）商业汇票在同城、异地都可以使用，而且没有结算起点限制。

（6）商业汇票可以背书转让。商业汇票到期后，一律通过银行办理转账结算，银行不支付现金。

二、样票与相关凭证

1. 商业承兑汇票

商业承兑汇票一式三联，第一联：卡片，由承兑人留存；第二联：商业承兑汇票，持票人开户银行随委托收款凭证寄给付款人开户银行做借方凭证附件（是银行之间清算的凭证），如图4－40所示；第三联：由出票人存查。

商 业 承 兑 汇 票 2

出票日期 （大写）	年 月 日		汇票号码 第 号	

付款人	全 称		收款人	全 称			
	账 号			账 号			
	开户银行	行号		开户银行		行号	

出票金额	人民币 （大写）		千 百 十 万 千 百 十 元 角 分

汇票到期日		交易合同号码	

本汇票已经承兑，到期无条件支付票款 承兑人签章 承兑日期 年 月 日	本汇票请予以承兑于到期日付款 出票人签章

此联持票人开户行随委托收款凭证寄付款人开户行作借方凭证附件

图4－40 商业承兑汇票样票（第二联）

关于商业承兑汇票的承兑协议的内容与格式，与"银行承兑协议"基本相同，此处不再赘述和列示。

2. 银行承兑汇票

银行承兑汇票一式三联，第一联：卡片，由承兑行留存备查，到期支付票款时做借方凭证附件；第二联：银行承兑汇票，收款人开户银行随委托收款凭证寄付款行做借方凭证附件（如图4－41所示）；第三联：由出票人存查。

3. 银行承兑协议

出票人或持票人持银行承兑汇票向汇票上记载的付款银行申请或提款付款时，承兑银行审查同意后，即可与出票人签署银行承兑协议，如图4－42所示。

银行承兑协议一式三联，第一联：由出票人留存；第二联、第三联（副本）和汇票的第一、二联一并交银行会计部门使用留存。

4. 贴现凭证

持票人持未到期的商业汇票向银行申请贴现时，应根据汇票填制"贴现凭证"。贴现凭证一式五联。

银 行 承 兑 汇 票　2

汇票号码

出票日期
（大写）　壹玖　　年　　月　　日

第　　号

出票人全称				收款人	全称				
出票人账号					账号				
付款行全称		行号			开户银行		行号		
出票金额	人民币（大写）					千百十万千百十元角分			
汇票到期日			本汇票已经承兑，到期日由本行付款			承兑协议编写			
本汇票请你行承兑，到期无条件付款						科目（借）＿＿＿＿＿			
						对方科目（贷）＿＿＿			
出票人签章　年　月　日			承兑行签章 承兑日期　年　月　日			转账　　年　月　日			
			备注：			复核　　　记账			

此联收款人开户行随委托收款凭证寄付款行作借方凭证附件

图 4 - 41　银行承兑汇票样票（第二联）

第一联：既做银行贴现借方凭证，也代申请书，如图 4 - 43 所示；第二联：银行做持票人账户贷方凭证；第三联：银行做贴现利息贷方凭证；第四联：银行给持票人的收账通知；第五联：到期卡（银行）。

三、结算基本规定与流程

（一）结算基本规定

（1）在银行开立存款账户的法人以及其他组织之间必须有真实的交易关系或债权债务关系，才能使用商业汇票。

（2）签发商业汇票必须记载下列事项：标明"商业承兑汇票"或"银行承兑汇票"的字样；无条件支付的委托；确定的金额；付款人名称；收款人名称；出票日期；出票人签章。

欠缺记载上列事项之一的，商业汇票无效。

（3）商业汇票可以在出票时向付款人承兑后使用，也可以在出票后先使用再向付款人提示承兑。定期付款或者出票后定期付款的商业汇票，持票人应当在汇票到期日前向付款人提示承兑。见票后定期付款的汇票，持票人应当自出票日起一个月内向付款人提示承兑。付款人接到出票人或持票人向其提示承兑的汇票时，应当向出票人或持票人签发收到汇票的回单，记明汇票提示承兑日期并签章。付款人应当在自收到提示承兑的汇票之日起 3 日内承兑或者拒绝承兑（付款人拒绝承兑的，必须出具拒绝承兑的证明）。

（4）商业汇票的付款期限，最长不得超过 6 个月（按到期日的对日计算，无对日的，月末为到期日，遇法定节假日顺延）。

① 定日付款的汇票，付款期限自出票日起计算，并在汇票上记载具体的到期日。

② 出票后定期付款的汇票，付款期限自出票日起按月计算，并在汇票上记载。

银行承兑汇票协议

2011（银承）

承兑申请人：

营业执照号码：

法定代表人或负责人：

法 定 地 址：

联 系 电 话：

承 兑 人： ××银行

法定代表人或负责人：

法 定 地 址：

联 系 电 话：

　　　　承兑申请人、承兑人经平等协商，就商业汇票（下称汇票）承兑有关事项达成一致，特订立本协议。

第一条 承兑申请人签发汇票＿＿张，金额合计（小写）＿＿＿＿＿＿元，（大写）＿＿＿＿＿＿。（详见附件银行承兑汇票内容）。

第二条 承兑申请人（下称申请人）就第一条所述汇票向承兑人申请承兑，并严格遵照《中华人民共和国票据法》、《支付结算办法》等有关法律法规、监管规定及下列条款：

1. 申请人于汇票到期日前将应付票款交存在承兑人处开立的结算账户，
账号：＿＿＿＿＿＿＿＿＿＿＿＿＿＿＿＿＿＿＿。

2. 申请人于承兑前向承兑人缴存承兑汇票票面金额的＿＿＿＿＿＿，金额为＿＿＿＿＿＿（大写），作为承兑保证金，存于在承兑人处开立的专用保证金账户（开户行：＿＿＿＿＿＿＿＿＿＿＿＿＿＿＿＿，户名：＿＿＿＿＿＿＿＿＿＿＿＿＿＿＿，账号：＿＿＿＿＿＿＿＿＿＿＿＿＿＿＿），用于申请人向承兑人担保到期支付汇票款项。承兑人对该账户实行专户管理，未经承兑人书面同意申请人不得在该账户中支取任何款项，经双方约定该协议项下保证金款项按单位存款以下第＿＿＿＿项计息(利率以保证金存入日，承兑人公布的单位存款相应档次利率为准)：

（1）活　　　期：

（2）3 个月定期：

（3）6 个月定期：

（若该协议项下为多笔承兑汇票且保证金计息方式不同，可另附明细表作为此项说明并签章）

3. 申请人应按汇票票面金额万分之五的标准向承兑人支付承兑手续费，并在承兑人承兑时一次付清，承兑人有权从申请人在承兑人处开立的账户中直接扣收手续费。

4. 申请人委托承兑人根据本协议第一条有关汇票内容，经承兑人系统处理后代为打印汇票，申请人负责核对打印汇票内容，并在汇票上签章，申请人在汇票上一经签章，即视为申请人已签发汇票，由承兑（以下省略）

图4-42　银行承兑汇票协议

③ 见票后定期付款的汇票，付款期限自承兑或拒绝承兑日起按月计算，并在汇票上记载。

④ 商业汇票的提示付款期限，自汇票到期日起10日内。持票人应在提示付款期限内通过开户银行委托收款或者直接向付款人提示付款。

⑤ 商业汇票的付款期限可以按月计算，也可以按日计算。按月计算时，到期日为到期

贴 现 凭 证 (代申请书) 1

申请日期　　年　　月　　日　　　　　　　第　　号

贴现汇票	种类		号码		持票人	名称		此联银行作贴现借方凭证
	出票日	年　月　日				账号		
	到票日	年　月　日				开户银行		

汇票承兑人	名称		账号		开户银行	

汇票金额	人民币(大写)								千	百	十	万	千	百	十	元	角	分

贴现率	‰	贴现利息	千	百	十	万	千	百	十	元	角	分	实付贴现金额	千	百	十	万	千	百	十	元	角	分

附送承兑汇票申请贴现，请审核。	银行审批		科目(借)_____ 对方科目(贷)_____
持票人签章	负责人　　信贷员		复核　　记账

图 4-43　贴现凭证（第一联）

月的对日，如出票日为 2011 年 1 月 31 日，期限为一个月的商业汇票，到期日为 2011 年 2 月 28 日，即月末签发的票据不论大小月均与到期月的月末为到期日；按日计算时，应按实际经历的天数计算，而且算头不算尾，或算尾不算头，如出票日为 2011 年 1 月 31 日，期限为 30 天的票据，到期日为 2011 年 3 月 2 日。

（5）符合条件的商业汇票的持票人可持未到期的商业汇票向银行申请贴现。

（二）流转程序

1. 商业承兑汇票的流转程序（图 4-44）

（1）出票人向收款人（或持票人）交付已承兑的商业承兑汇票；

（2）收款人（被背书人）向开户银行委托收款；

（3）收款人、持票人开户银行向承兑人（付款人）开户银行发出委托收款；

（4）付款人开户银行向出票人（承兑人）发出付款通知；

（5）付款人通知开户银行付款；

（6）付款人开户银行向收款人（持票人）开户银行划回票款；

（7）收款人（持票人）开户银行收妥入账，并通知收款人（持票人）。

注意事项：由收款人出票的，应先交付款人承兑后再办理委托收款。

2. 银行承兑汇票的流转程序（图 4-45）

（1）出票人（购货单位）出票，并向承兑银行（即付款单位的开户银行）申请承兑；

（2）承兑银行审查后承兑；

（3）出票人向收款人（持票人）交付汇票；

（4）收款人（被背书人）向其开户银行委托收款；

汇票流转程序　商业承兑汇票流转程序图

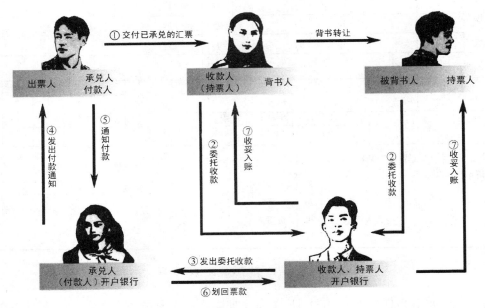

图4-44　商业承兑汇票流转程序

汇票流转程序　银行承兑汇票流转程序图

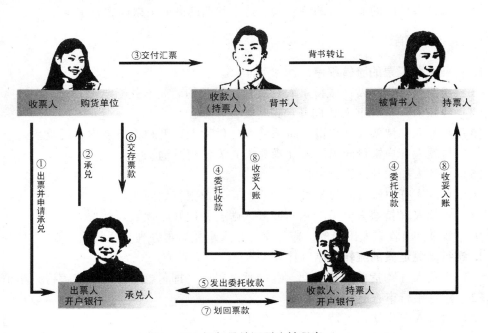

图4-45　银行承兑汇票流转程序

（5）收款人开户银行向出票人开户银行发出委托收款；

（6）出票人向开户银行交存票款；

（7）出票人开户银行向收款人开户银行划回票款；

（8）收款人开户银行收妥入账，并通知收款人。

四、签发

（一）签发商业承兑汇票

在银行开立存款账户的法人领购商业汇票，必须填写"票据和结算凭证领用单"并签章，签章应与预留银行的签章相符。存款账户结束时，必须将全部剩余空白商业汇票交回银行注销。

商业承兑汇票的出票人，为在银行开立存款账户的法人以及其他组织，与付款人有真实的委托付款关系，具有支付汇票金额的可靠资金来源。

商业承兑汇票可以由付款人签发并承兑，也可以由收款人签发交由付款人承兑。

签发商业承兑汇票时，出票单位出纳人员应按照规定逐项填明商业承兑汇票的各项内容，填写要求如下所述（图4-46）。

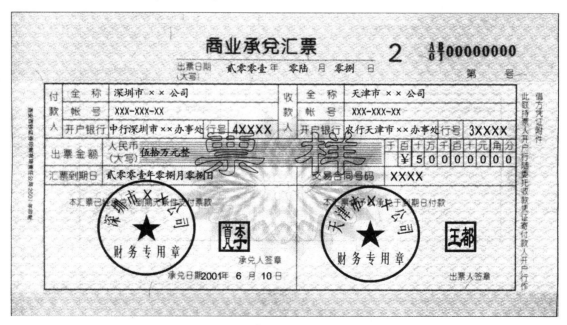

图4-46 商业承兑汇票出票样票

① 出票日期：中文大写；

② 付款人：记载付款人全称、付款人开户银行的账号、付款人开户银行全称及行号；

③ 收款人：记载收款人全称、收款人开户银行的账号、收款人开户银行全称及行号；

④ 出票金额：人民币大写金额数字，同时填写阿拉伯小写金额数字；

⑤ 汇票到期日：中文大写；

⑥ 交易合同号码：阿拉伯数字小写；

⑦ 出票人签章：出票人在第一联、第二联、第三联出票人签章处签章；

⑧ 承兑人签章：承兑人在商业汇票的第二联承兑人签章处签章（必须为预留银行签章），并填明承兑日期（小写）。

（二）签发银行承兑汇票

银行承兑汇票应由在承兑银行开立存款账户的存款人签发。

1. 银行承兑汇票的出票人必须具备的条件

（1）在承兑银行开立存款账户的法人及其他组织；

（2）与承兑银行具有真实的委托付款关系；

（3）资信状况良好，具有支付汇票金额的可靠资金来源。

2. 申请签发银行承兑汇票的步骤

（1）根据购销合同填写银行承兑汇票申请书并加盖印鉴章；

（2）填写银行承兑协议，由承兑银行和出票人在银行承兑协议上盖章；

（3）签发银行承兑汇票的两种书写方法。银行承兑汇票的签发有手写和机打两种方式：手写银行承兑汇票，由付款单位出纳填写，由开户银行承兑；机打银行承兑汇票，则由开户银行（代出票人）出具，由开户银行承兑。

3. 签发银行承兑汇票

付款单位出纳人员根据交易合同、购货发票、银行承兑协议等签发银行承兑汇票时，应按照规定逐项填明银行承兑汇票的各项内容（图4-47）。

① 出票日期：中文大写；

② 出票人全称：记载付款人全称；

③ 出票人账号：记载付款人开户银行账号；

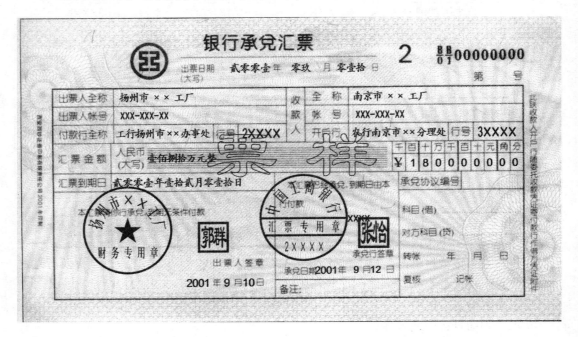

图4-47　银行承兑汇票出票票样

④ 付款行全称：记载付款人开户银行全称；

⑤ 收款人：记载收款人全称、收款人开户银行账号、收款人开户银行全称及行号；

⑥ 汇票金额：人民币大写金额数字，同时填写阿拉伯小写金额数字；

⑦ 汇票到期日：中文大写；

⑧ 承兑协议编号：填写与银行签署的承兑协议编号；

⑨ 出票人签章：出票人在第一联、第二联出票人签章处签章，同时填写出票日期（小写）；

⑩ 承兑行签章：将填制完整的银行承兑汇票交开户银行承兑，承兑银行在汇票的第二联承兑银行签章处签章，同时填写承兑日期。

（三）申请汇票承兑

商业汇票签发完毕后，商业汇票的持票人应向付款人提示承兑。付款单位承兑商业汇票时，在汇票第二联"承兑人签章"处加盖预留银行印鉴，并注明承兑日期，承兑后的商业汇票交收款单位。

银行承兑汇票的出票人或持票人向银行提示承兑时，银行信贷部门负责按照有关规定和审批程序，对出票人的资格、资信、购销合同和汇票记载的内容进行认真审查，符合规定和承兑条件的，与出票人签订一式三联的承兑协议，在银行承兑汇票第二联承兑银行盖章处签章，并注明承兑日期。

五、结算办理

（一）背书转让

背书转让是写在商业汇票背面或粘单上，注意以下几点：

（1）背书人栏签章：汇票上记载的收款人为背书人，在背书人栏签章，并填明背书日期。

（2）被背书人栏：接受票据权利的人为被背书人，在被背书人栏填写收款人名称（如××公司）。

（3）持票人委托银行收款或以票据质押的，除按上述两条规定的背书外，还应在背书人栏记载"委托收款"或"质押"字样。

上述处理方法参见图4-18票据背书连续与委托收款背书样票。

（二）提示付款

商业汇票的持票人应在提示付款期限内，通过开户银行办理委托收款（填制委托收款凭证，填写方法在"结算方式运用"中介绍），或直接向付款人提示付款。持票人委托开户银行收款时，在商业汇票的背面做成委托收款背书。商业汇票提示付款时，持票人应填制一式五联的托收凭证，将托收凭证及商业汇票一并交开户银行办理托收。对异地委托收款的，持票人可匡算邮程，提前通过开户银行委托收款。持票人超过提示付款期限提示付款的，持票人开户银行不予受理。

（三）贴现

符合条件的商业汇票的持票人可持未到期的商业汇票连同贴现凭证向银行申请贴现。

1. 商业汇票的持票人向银行办理贴现必须具备的条件

（1）在银行开立存款账户的企业法人及其他组织；

（2）与出票人或直接前手之间具有真实的商品交易关系；

（3）提供与其直接前手之间的增值税发票和商品交易发运单据复印件。

持票人向银行申请贴现时，应由持票人单位出纳填制一式五联的"贴现凭证"到银行办理贴现。

2. 贴现凭证

贴现凭证由银行统一制作样本凭证，一式五联，按以下要求填写。

申请日期：小写数字填写（申请贴现当日）；

贴现汇票：种类栏填写银行承兑汇票及号码、银行汇票出票日期及到期日；

持票人：填写持票人全称、开户银行账号及开户银行全称；

汇票承兑人：填写汇票承兑人全称、账号、开户银行名称；

汇票金额：大写金额数字及小写金额数字，两者必须一致；

贴现率：根据与银行谈妥的利率填写；

贴现利息：根据计算结果填写，其中，贴现利息的计算是：贴现利息＝汇票金额×贴现天数×贴现率÷360，贴现天数的计算方法是：从贴现日起至汇票到期日的前一日，另加三天划款日期；

实际贴现金额：根据汇票金额扣除贴现利息后的差额填写；

持票人签章：持票人在贴现凭证第一联"持票人签章处"签章；

银行审批：收款人开户银行审查贴现凭证和汇票后，由银行负责人和信贷员在贴现凭证的第一联"银行审批"栏签章，同时在贴现凭证的第四联"银行盖章"处盖章后，交持票人做收账通知。

 拓展阅读

根据中国人民银行总行制定的《支付结算办法》第36条规定：商业汇票的持票人超过规定期限提示付款的，丧失对其前手的追索权，持票人在作出说明后，仍可以向承兑人请求付款。

银行汇票、银行本票的持票人超过规定期限提示付款的，丧失对出票人以外的前手的追索权，持票人在作出说明后，仍可以向出票人请求付款。

支票的持票人超过规定的期限提示付款的，丧失对出票人以外的前手的追索权。

第40条规定：票据到期被拒绝付款或者在到期前被拒绝承兑，承兑人或付款人死亡、逃匿的，承兑人或付款人被依法宣告破产的或者因违法被责令终止业务活动的，持票人可以对背书人、出票人以及票据的其他债务人行使追索权。

持票人行使追索权，应当提供被拒绝承兑或者被拒绝付款的拒绝证明或者退票理由书以及其他有关证明。

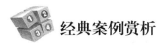 经典案例赏析

本票被伪造引发的票据损害赔偿纠纷案❶

[关键字] 票据损害赔偿 伪造 本票 背书

[案情简介]

原告：某中国银行

被告：某工商银行

被告：某合作公司

1995年12月24日，某合作公司与香港商人陈某约定：由合作公司用400万港元从陈某手中购买香港某银行开出的050760号和050767号本票两张，金额分别为260万和240万港元。陈某在上述两张本票的收款人空白栏内填入合作公司后，合作公司当日即持票到某工商银行办理兑付。由于该行与香港某银行无直接业务关系，便建议合作公司到某中国银行办理兑付。

12月25日，某工商银行与合作公司一起到某中国银行办理兑付业务。某中国银行（是香港某银行在海外的联行）审查后，认为该两张本票票面要件相符，密押相符，便在本票上盖了"印押相符"章，合作公司与某工商银行分别在两张本票后背书鉴章。某中国银行即将500万元港币划入某工商银行账内，某工商银行又将此款划入合作公司账户。合作公司见款已入账，在认为没有问题的情况下将400万元人民币划到陈某指定的账户上。某中国银行工作人员在划出500万元港币汇账后，便把两张本票留作存根归档，至1996年8月22日，有关人员在检查中发现这两张本票后，方从档案中取出这两张本票，并向香港某银行提示付款。

12月30日，某中国银行接到香港某银行的退票通知书称此两张本票系伪造，拒绝付款。某中国银行即日向某工商银行退回本票并说明理由，要求其将500万元港币归还。某工商银行接票后当日即函复某中国银行请求控制合作公司在某中国银行的港币账户。此时陈某已不知去向。某中国银行以某工商银行与合作公司为共同被告提起诉讼。

[裁判要点]

法院认为，本案涉诉本票系伪造，无伪造人签名、无陈某签名、出票人香港某银行的鉴章系伪造。因此，伪造人陈某、香港某银行均不负票据上的责任，香港某银行可以拒绝承担付款义务；某工商银行与合作公司在支票上背书鉴章，应对票据上的债务负连带责任；持票人某中国银行未在有效付款提示期限内向香港某银行提示付款，丧失了对其前手某工商银行和合作公司的追索权，但其仍然有权请求民事赔偿，某工商银行和合作公司应根据过错大小承担民事赔偿的法律责任。

[法理评析]

这是一起因涉外本票被伪造而引发的纠纷案，案情比较复杂，需依据《中华人民共和国票据法》（以下简称《票据法》）的规定围绕本案争议重要问题逐一解决。

（1）本案法律适用。本案本票的初手倒卖、两次背书转让均发生在内地，持票人、背

---

❶ 本案例原始资料摘录于110法律咨询网，本书略有删节，做了少量文字校对。

书人为中国的银行或公司，而本票所记载的出票人和付款债务人为香港某银行，具有涉外因素。根据《票据法》第 98 条、第 99 条和第 101 条以及《民事诉讼法》的有关规定，本案中有关本票的出票、付款提示期限应适用我国香港的法律，而有关本票的背书及非票据法上的关系，则应当适用我国内地法律。

（2）本案本票效力认定。票据是要式证券，必须具备《票据法》规定的形式。票据形式是否符合《票据法》的要求，是认定票据有效与否的唯一标准。无效票据产生的原因是票据上的记载事项违反《票据法》的规定，它具体体现为两种情况：一是票据上的记载事项不齐全，从而引起票据无效；二是虽然票据上的记载事项齐全，但其记载不符合《票据法》的规定，从而引起票据无效。反之，只要票据在形式上符合《票据法》的要求，票据即生效力，至于出票人有无票据能力、意思表示是否真实、鉴章是否真实等均不能引起票据的无效。

本案中的两张本票并不欠缺法定应记载的事项，从形式上说，符合《票据法》要求，应认定为是有效的。不能因为该本票实际上并不是由香港某银行作出的而否定其效力。这是因为，其后的票据受让人不可能从票据的形式及文义来判断出票行为的实质情况，为保护善意票据受让人的利益，维护票据的流通性，此时应适用票据行为独立性原则，即出票行为因欠缺实质要件而无效的，并不导致票据无效，也不影响其他票据行为的效力。

（3）本案本票伪造人、陈某、香港某银行是否应承担票据责任？票据是文义证券，只有在票据上鉴章的人才能按照票据所记载的事项承担票据责任。未在票据上真实鉴章的，不负票据上的责任，但应该按照民法的规定承担责任。本案的两张伪造本票由于无伪造人签名、无陈某签名，出票人香港某银行的鉴章系伪造，因此伪造人、陈某、香港某银行不应负有票据上的责任。但伪造人及陈某应当承担民法上的侵权责任，若构成刑法上的诈骗或伪造有价证券罪，应当承担相应的刑事责任。

（4）某工商银行、合作公司是否应承担票据责任？合作公司、某工商银行是本案本票的背书人，根据票据行为独立性的原则以及《票据法》第 14 条第 2 款的规定："票据上有伪造、变造的鉴章的，不影响票据上其他真实鉴章的效力"，合作公司和某工商银行就应对票据上所记载事项承担票据上的责任，根据《票据法》第 37 条、第 70 条和第 71 条的规定，某工商银行和合作公司以背书转让本票后，即承担保证其后手所持本票付款的责任，在本票得不到付款时，应当向持票人清偿下列金额：

① 已清偿的全部金额；

② 自提示付款日起至清偿日止，按照中国人民银行规定的利率计算的利息；

③ 取得有关拒绝证明和发出通知书的费用。

可见，票据上的背书人具有担保票据付款人付款的责任。

（5）某中国银行能否请求合作公司和某工商银行承担票据责任？依据《票据法》原理，当持票人向第一债务人提示请求付款遭拒绝后，可向票据上的背书人及其他债务人行使追索权，但持票人追索权的行使有时间上的限制，即当持票人不在有效的付款提示期内行使权利，便会丧失对其前手的追索权。我国《票据法》第 80 条规定："本票的持票人未按照规定期限提示见票的，丧失对出票人以外的前手的追索权。"第 79 条规定："本票自出票日起，付款期限最长不得超过 2 个月。"由于本案本票付款提示期适用我国香港法律，所以某中国银行能否对合作公司和某工商银行行使追索权，应依我国香港票据法律来认定。

《香港票据条例》第 92 条规定:"凡已背书即期本票须于背书后合理时间内,作出付款提示,如不作上述提示,则背书人责任即告解除。"这个合理时间一般可由本票的性质、交易惯例及客观情况而定,但不可能太长。本案某中国银行作为持票人,由于其工作人员失误致使两张本票长期作为存根归档,从 1995 年 12 月至 1996 年 8 月这漫长的八个月显然不能认定为"合理时间"。某中国银行超过了有效付款提示期限,也当然丧失了对其前手某工商银行和合作公司的追索权,据此,某中国银行不能要求某工商银行和合作公司再承担票据上的责任。

(6)本案责任应如何分担?尽管本案某中国银行丧失了票据权利,但并不影响其行使其他民事权利,其仍有权要求有过错的当事人承担民事赔偿责任,因此本案实为与票据有关的非票据诉讼案件,确定当事人的民事责任是解决本案实体的关键。某中国银行未进行严格而慎重的审查,使合作公司确信本票没有问题,从而陈某得以提走 400 万元人民币,因此,某中国银行对此案的发生负有重大过错,对本案的损失承担主要责任。合作公司以不正当方式购买本票,非法买卖外汇,其违法过错行为是本案发生的初始原因,也应承担相应责任。某工商银行尽管已免除了票据上的被追索义务,但由于背书所具有的担保性质,其应对合作公司的债务承担连带赔偿责任。

 关键词（中英文对照）

票据运用　the Application of Notes	退票　Refund
银行结算账户 Bank Settlement Accounts	银行汇票　Bank Draft
支票　Check	银行本票　Banker's Order
现金支票　Cash Check	商业汇票　Commercial Draft
转账支票　Check for Transfer	商业承兑汇票　Commercial Acceptance Draft
背书转让　Endorsement Transfer	银行承兑汇票　Bank Acceptance Draft
挂失　Report of Loss	

 **项目训练**

训练一

背景资料:经办人员持《名称预先核准通知书》,到银行办理结算账户开户申请。核准的单位名称为:重庆南湖机械有限公司,号码为 ID9871458。该公司需在中国银行西部新城支行申请开立基本存款账户,营业执照号码为 3502042071124,成立日期为 2012 年 1 月 27 日,企业名称:重庆南湖机械有限公司,注册资金 100 万元人民币,公司地址:西部新城南二路 17 号,法人代表:卢宇,身份证号:500183198002050743。企业类型:有限责任公司,经营范围:机械加工,销售。营业期限:2012 年 1 月 27 日至 2022 年 1 月 26 日,组织机构代码 23870832 - 5。税务登记证号:渝地税字 300123458792457。

目的要求:根据背景资料,填写"开立单位银行结算账户申请书"。

附表:开立单位银行结算账户申请书(样本)。

开立单位银行结算账户申请书

存款人名称			电 话	
地 址			邮 编	
存款人类别		组织机构代码		
法定代表人（ ） 单位负责人（ ）	姓 名			
	证件种类		证件号码	
行 业 分 类	A（ ）B（ ）C（ ）D（ ）E（ ）F（ ）G（ ）H（ ）I （ ）J（ ） K（ ）L（ ）M（ ）N（ ）O（ ）P（ ）Q（ ）R（ ）S（ ）T（ ）			
注 册 资 金	币种：	金额：	地区代码	290000
经 营 范 围				
证明文件种类			证明文件编号	
国税登记证号			地税登记证号	
关 联 企 业		关联企业信息填列在"关联企业登记表"上。		
账 户 性 质		基本（ ） 一般（ ） 专用（ ） 临时（ ）		
资 金 性 质		有效日期至	年 月 日	

以下为存款人上级法人或主管单位信息：

上级法人或主管单位名称				
基本存款账户开户许可证核准号			组织机构代码	
法定代表人（ ） 单位负责人（ ）	姓 名			
	证件种类		证件号码	

以下栏目由开户银行审核后填写：

开户银行名称			
开户银行代码		账 号	
账 户 名 称			
基本存款账户开户许可证核准号		开户日期	

本存款人申请开立单位银行结算账户，并承诺所提供的开户资料真实、有效。 存款人（公章） 年 月 日	开户银行审核意见： 经办人（签章） 开户银行（签章） 年 月 日	人民银行审核意见： （非核准类账户除外） 经办人（签章） 人民银行（签章） 年 月 日

训练二

背景资料：

（1）北京市陆达轮胎有限公司，开户银行名称：中国银行绿林支行，开户单位账号：405123456789；

（2）北京化纤织物厂开户行名称：工商银行绿林支行，账号为509357135269。

出票人预留银行印鉴为：财务专用章和企业法人代表章。

业务：2012年1月21日，北京市陆达轮胎有限公司财务部提取现金5 000元备用。

业务：2012年5月8日，北京市陆达轮胎有限公司从北京化纤织物厂购涤纶布20吨，价税款共计1 142 784元，合同规定结算方式为转账结算。

目的要求：签发现金支票和转账支票各一张。

附件：现金支票（样票），转账支票（样票），进账单（样单）。

××银行现金支票存根		××银行 **现金支票**	地名	支票号码：
支票号码	本支票付款期限十天	出票日期(大写)　年　月　日	付款行名称：	
科　目		收款人：	出票人账号：	
对方科目		人民币（大写）　　千百十万千百十元角分		
出票日期　年　月　日		用途 ＿＿＿＿	科目(借)＿＿＿＿＿	
收款人：		上列款项请从我账户内支付	对方科目(贷)＿＿＿＿	
金　额：		出票人签章	付讫日期　年　月　日	
用　途：			出纳　复核　记账	
单位主管　　会计			贴对号单处　　出纳对号单	

××银行转账支票存根		××银行 **转账支票**	地名	支票号码：
支票号码	本支票付款期限十天	出票日期(大写)　年　月　日	付款行名称：	
科　目		收款人：	出票人账号：	
对方科目		人民币（大写）　　千百十万千百十元角分		
出票日期　年　月　日		用途 ＿＿＿＿	科目(借)＿＿＿＿＿	
收款人：		上列款项请从我账户内支付	对方科目(贷)＿＿＿＿	
金　额：		出票人签章	转账日期　年　月　日	
用　途：			复核　　记账	
单位主管　　会计		（使用清分机的，此区域供打印磁性字码）		

中国银行进账单

年　月　日

出票人	全称	
	账号	
	开户银行	

人民币	亿	千	百	十	万	千	百	十	元	角	分

收款人	全称	
	账号	
	开户银行	

票据种类		票据张数	
票据号码			

中国银行进账单（回单）　1

年　月　日

出票人	全称		收款人	全称	
	账号			账号	
	开户银行			开户银行	

金额	人民币（大写）				亿	千	百	十	万	千	百	十	元	角	分

票据种类		票据张数	
票据号码			

复核　　记账　　　　　　开户银行签章

此联是开户银行交给持票人的回单

此联仅作送票依据，不作提货依据；书写时请注意切勿污染第二联磁码

训练三

背景资料：

（1）北京市陆达轮胎有限公司，开户银行名称：中国银行绿林支行，开户单位账号：405123456789；

（2）南京化工原料公司开户银行：中国银行南京市分行，账号为221345678987。

业务：2012年5月20日，北京市陆达轮胎有限公司向其开户银行申请签发银行汇票一张，票面金额1 000 000元，收款人为南京化工原料公司，采购员陆明前往南京购料，结算方式为银行汇票结算。

目的要求：

（1）填写银行汇票申请书；

（2）转换角色：代银行签发银行汇票。

附件：银行汇票申请书（样本），银行汇票（样票）。

××银行汇票申请书（借方凭证）　2

第　　号

申请日期　　年　月　日

申请人		收款人	
账号或住址		账号或住址	
用途		代理付款行	

汇票金额	人民币（大写）			千	百	十	万	千	百	十	元	角	分

上列款项请从我账户内支付

申请人盖章

科目(借)＿＿＿＿＿＿＿＿

对方科目(贷)＿＿＿＿＿＿＿

转账日期　　年　月　日

8.5厘米×17.5厘米(白纸蓝油墨)

复核　　记账

此联出票行作借方凭证

附式二之2

××银行

银行汇票 2

| 付款期限 壹个月 | | 汇票号码 第 号 |

| 出票日期（大写） | 年 月 日 | 代理付款行： | 行号： |

收款人：		账号：
出票金额 人民币（大写）		
实际结算金额 人民币（大写）		千 百 十 万 千 百 十 元 角 分

申请人：_____ 账号或住址：_____

出票行：_____ 行号：_____

备 注：_____

凭票付款

出票行签章

多余金额		科目（借）_____
		对方科目（贷）_____
千 百 十 万 千 百 十 元 角 分		兑付日期 年 月 日
		复核 记账

此联代理付款行付款后作联往账借方凭证附件

10厘米×17.5厘米(专用水印纸蓝油墨，出票金额栏加红水纹)

注：汇票号码前加印省别代号

训练四

背景资料：

（1）北京市陆达轮胎有限公司，开户银行名称：中国银行绿林支行，开户单位账号：405123456789；

（2）上海汽车制造厂开户银行名称：中国工商银行浦东支行，账号为433542222125。

业务：2012年6月1日，上海汽车制造厂向北京陆达轮胎有限公司购买轮胎2000条，价税款共计2 340 000元，合同号为050006。签发付款期限为4个月的商业承兑汇票一张，结算货款。

延伸运用：利用上述资料，假设为银行承兑汇票结算，请签发银行承兑汇票一张，并由持票人在7月1日申请贴现。

目的要求：签发商业承兑汇票和银行承兑汇票各一张，填写银行承兑汇票贴现凭证一份。

附件：商业承兑汇票（样票），银行承兑汇票（样票），银行承兑汇票贴现凭证一份。

商 业 承 兑 汇 票 2

| | | | 汇票号码 第 号 |

出票日期（大写） 年 月 日

付款人	全 称		收款人	全 称		
	账 号			账 号		
	开户银行	行号		开户银行	行号	
出票金额	人民币（大写）				千 百 十 万 千 百 十 元 角 分	
汇票到期日			交易合同号码			
本汇票已经承兑，到期无条件支付票款			本汇票请予以承兑于到期日付款			
		承兑人签章				
	承兑日期 年 月 日			出票人签章		

此联持票人开户行随委托收款凭证寄付款人开户行作借方凭证附件

银行承兑汇票　2

汇票号码

出票日期（大写）　　年　　月　　日　　　　第　　号

出票人全称				收款人	全　称													
出票人账号					账　号													
付款行全称		行号			开户银行		行号											
出票金额	人民币（大写）								千	百	十	万	千	百	十	元	角	分
汇票到期日				本汇票已经承兑，到期日由本行付款 承兑行签章 承兑日期　年　月　日					承兑协议编号									
本汇票请你行承兑，到期无条件付款 出票人签章 年　月　日									科目（借） 对方科目（贷） 转账　年　月　日 复核　　记账									
				备注：														

此联收款人开户行随委托收款凭证寄付款行作借方凭证附件

贴现凭证（代申请书）　1

申请日期　　年　　月　　日　　　　第　　号

贴现汇票	种　类		号码		持票人	名　称														
	出票日	年　月　日				账　号														
	到期日	年　月　日				开户银行														
汇票承兑人	名称				账号		开户银行													
汇票金额	人民币（大写）										千	百	十	万	千	百	十	元	角	分
贴现率　‰	贴现利息	千	百	十	万	千	百	十	元	角	分	实付贴现金额	千	百	十	万	千	百	十	元	角	分
附送承兑汇票申请贴现，请审核。 持票人签章	银行审批	负责人　　信贷员										科目（借） 对方科目（贷） 复核　　记账								

此联银行作贴现借方凭证

训练五

背景资料：

（1）北京市陆达轮胎有限公司，开户银行名称：中国银行绿林支行，开户单位账号：405123456789；

（2）北京橡胶厂，开户银行名称：中国银行朝阳支行，账号为511238091001。

业务：2012年10月5日，北京陆达轮胎有限公司向北京橡胶厂采购合成橡胶100吨，发票一张，价税款598 066元，签发银行本票结算货款。

目的要求：

（1）填写银行本票申请书；

（2）转换角色：代银行填写银行本票一份。

附件：银行结算业务申请书，银行本票（样票）。

结算业务申请书　　渝　　NO.1443233

申请日期：　　年　月　日

业务种类：行内汇款□　境内同业汇款□　银行汇款□　银行本票□

申请人	名称		收款人	名称	
	账号			账号	
	联系电话			联系电话	（收款人未在我行开户的须填写）
	身份证件类型		汇入行名称		
	身份证件号		汇入行地点		省　　市（县）

| 金额 | 人民币（大写） | | | 亿 千 百 十 万 千 百 十 元 角 分 |

扣账方式：　转账□　现金□　其他□　　　　收费账号：

现金汇款请填写　国籍：　　职业：　　　　用途：

支付密码：　　　　　　　　　　　　　　　　附言：

申请人签章：

核准：　　　　经办：

第一联　银行留存联

<table>
<tr><td>付款期限
×个月</td><td colspan="2">××银行
本　票　2</td><td>地名　本票号码</td></tr>
</table>

出票日期　　　年　月　日
（大写）　　　　　　　　　　第　号

收款人：

凭票即付　人民币（大写）

转　账	现　金	
备注：		

出票行签章

科目（借）＿＿＿＿＿＿＿＿
对方科目（贷）＿＿＿＿＿＿＿
付款日期　年　月　日
出纳　　复核　　经办

此方凭证出票行结清本票时作借

（使用清分机的，此区域供打印磁性字码）

 项目评价

项目训练一至训练五，评价标准是中国人民银行票据法、支付结算办法等的相关规定。

 学习资源链接

中国人民银行官方网站网址 http：//www. pbc. gov. cn/；条法司栏目中票据法和支付结算办法等原文。

中国人民银行. 中华人民共和国票据法实用图解. 新华出版社，1995.

中国人民银行支付结算管理办公室. 支付结算汇编. 新华出版社，2002.

项目五
结算方式运用

项目介绍

　　结算方式运用是会计专业学习者掌握银行结算方式业务必须学习的内容和必须训练的重要业务技能，在对银行票据业务知识掌握的基础上，分别学习汇兑结算、托收承付结算、委托收款结算、国内信用证和银行卡结算等方式的概念、种类、样票认识、填写规定、运用程序等知识与技能，通过学习与训练达到能正确使用银行结算方式，获得办理银行结算业务的重要技能。

 学习目标

　　了解汇兑结算、托收承付结算、委托收款结算、国内信用证和银行卡结算等方式的概念、种类、样票认识、填写规定等知识，掌握汇兑结算、托收承付结算、委托收款结算、国内信用证和银行卡结算等方式的运用程序，正确填写规范的各种结算方式的凭证，按结算管理办法要求和银行卡管理办法要求，管理银行印鉴和空白银行票据及相关结算凭证，养成耐心细致的、一丝不苟的银行结算工作职业习惯。

教学导航

　　教学指引：银行结算方式是企业对外资金结算的重要工具，正确使用汇兑结算、托收承付结算、委托收款结算、国内信用证和银行卡结算等方式，正确填写规范的汇兑、托收承付、委托收款、国内信用证等结算方式的结算凭证，是会计工作者尤其是出纳人员的主要职责，正确使用银行卡也是现代人生活方式的一个

标志。教师需要有出纳业务工作的经历，并熟悉当前中国人民银行对汇兑结算、托收承付结算、委托收款结算、国内信用证和银行卡等结算方式的主要规定，了解某一个银行（如中国银行）对结算方式的具体运用规范和程序，以便正确指导学生完成相关的教学任务，帮助学生获得办理各种结算业务的实际工作能力。

学习引导：汇兑结算、托收承付结算和委托收款结算是我国传统的三大结算方式，国内信用证结算方式历史也是很悠久的，银行卡结算方式是新兴的结算方式。通过对汇兑、托收承付、委托收款、国内信用证和银行卡等结算方式的样票、样卡的学习，依据填写各种结算方式的规定，正确填写各种结算凭证，掌握各种结算办理的程序，严格控制结算办理过程中的相关风险。

教学准备

学生准备符合银行结算方式凭证签发要求的书写用笔和墨水，个人印章。

教学单位准备汇兑（邮寄和电汇）、托收承付（邮寄和电汇）、委托收款、国内信用证等主要结算凭证各一份样品，供展示使用；教师可以用自己的银行卡作为展示品，制作汇兑（邮寄和电汇）、托收承付（邮寄和电汇）、委托收款、国内信用证等主要结算流程图；给每一位学生复印汇兑、托收承付、拒付理由书和委托收款等结算方式的凭证各两份，供课堂练习和课后练习使用。

有条件的教学单位，可以让学生在网络"出纳实务"软件操作平台上练习、实操各种结算凭证的填写、复（审）核、运用程序等技能。

任务一 汇兑结算方式
Mission one

任务描述

了解汇兑的概念和方式，认识汇兑结算方式的主要凭证，熟悉汇兑结算方式办理的主要规定与运用流程，会办理汇兑结算，遵守汇兑结算管理制度。

任务分析

认识汇兑结算在会计单位经济活动中起的重要作用，依据中国人民银行《支付结算办法》，按规定程序办理汇兑结算，正确使用汇兑结算，养成遵守支付结算纪律的良好职业习惯。

任务实施

结算方式是支付结算的重要组成内容，包括汇兑结算、托收承付结算、委托收款结算和其他结算方式。

一、汇兑结算

汇兑的概念。汇兑是指汇款人委托银行将其款项支付给收款人的结算方式。

汇兑按款项结转方式的不同，可分为信汇和电汇两种，由汇款人选择使用。信汇是指汇款人委托银行通过邮寄的方式将款项划给收款人。电汇是指汇款人委托银行通过电报将款项划转给收款人。在这两种结算方式中，信汇费用较低，但速度相对较慢；电汇速度快，但费用相对高。

单位和个人的各种款项结算均可使用汇兑结算方式，如单位之间先付款后发货的商品交易，单位对在异地的退休职工支付工资、医药费等款项都可采用信汇或电汇结算方式。

二、结算凭证

1. 信汇结算凭证

汇款人委托银行办理信汇时，应填写一式三联的信汇结算凭证，其内容和格式如图5－1至图5－3所示。

2. 电汇结算凭证

汇款人委托银行办理电汇时，应填写一式三联的电汇结算凭证，其内容和格式与信汇相同。

3. 支付结算通知查询查复书

支付结算通知查询查复书的内容和格式如图5－4所示。

中国银行 BANK OF CHINA

境内汇款申请书

委托日期：　年　月　日

业务编号：

请将下述款项用以下方式汇出：

☐ 实时汇划
☐ 普通汇款
☐ 同业汇款

客户填写	汇款申请人	全称		收款人	全称	
		账号			账号	
		汇出地址	省(区)　市(县)		汇入地址	省(区)　市(县)
		汇出行地址			汇入行地址	
		身份证件号		扣账方式	☐转账　☐现金　☐其他	
	金额(大写)	(货币)			千百十万千百十元角分	
	汇款用途		汇款人签章			
	汇款人联系电话					
	收款人联系电话					

银行填写	
汇款金额	
手续费	
电子汇划费(邮电费)	
总金额	
汇率	

第一联 银行留存联

业务主管　授权　复核　经办

请仔细阅读背面之客户须知，并准确填写。

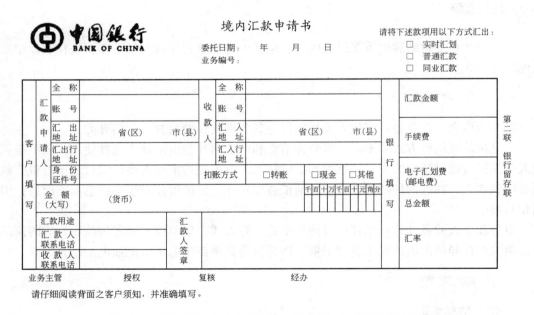

图 5－1　境内汇款申请书样本——第一联，汇出银行留存联

中国银行 BANK OF CHINA

境内汇款申请书

委托日期：　年　月　日

业务编号：

请将下述款项用以下方式汇出：

☐ 实时汇划
☐ 普通汇款
☐ 同业汇款

客户填写	汇款申请人	全称		收款人	全称	
		账号			账号	
		汇出地址	省(区)　市(县)		汇入地址	省(区)　市(县)
		汇出行地址			汇入行地址	
		身份证件号		扣账方式	☐转账　☐现金　☐其他	
	金额(大写)	(货币)			千百十万千百十元角分	
	汇款用途		汇款人签章			
	汇款人联系电话					
	收款人联系电话					

银行填写	
汇款金额	
手续费	
电子汇划费(邮电费)	
总金额	
汇率	

第二联 银行留存联

业务主管　授权　复核　经办

请仔细阅读背面之客户须知，并准确填写。

图 5－2　境内汇款申请书样本——第二联，汇入银行留存联

支付结算查询查复书用做支付结算时，只需将“查询查复”字样划去；用做查询书时，将“通知”和“查复”字样划去；用做查复书时，将“通知”和“查询”字样划去。

当汇款人要求退款时，单位出具公函，由银行填写“退汇通知书”（用该支付结算通知查询查复书代替）。支付结算通知查询查复书一式四联：

第一联上批注“某月某日申请退汇，等款项退回后再办理退款手续”字样，交付汇款人；第二、第三联寄汇入行；第四联与函件和回单一起保管。

中国银行 BANK OF CHINA

境内汇款申请书

委托日期：　年　月　日

业务编号：

请将下述款项用以下方式汇出：

☐ 实时汇划

☐ 普通汇款

☐ 同业汇款

客户填写	汇款申请人	全　称		收款人	全　称		银行填写	汇款金额
		账　号			账　号			
		汇　出地　址	省(区)　市(县)		汇　入地　址	省(区)　市(县)		手续费
		汇出行地　址			汇入行地　址			
		身　份证件号		扣账方式	☐转账	☐现金　☐其他		电子汇划费(邮电费)
	金　额(大写)		(货币)			千百十万千百十元角分		总金额
	汇款用途			汇出行签章				汇率
	汇 款 人联系电话							
	收 款 人联系电话							

第三联　客户回单联

业务主管　　授权　　复核　　经办

请仔细阅读背面之客户须知，并准确填写。

图 5－3　境内汇款申请书样本——第三联，客户回单联

支付结算通知/查询查复书（第　联）

主送：

抄送：　　填发日期　年　月　日

结　算　种　类		凭　证　号　码	
凭　证　日　期		凭　证　金　额	
付　款　人　名　称		收　款　人　名　称	
通知（或查询/查复）事由： 填发银行盖章			科目________ 对方科目________ 转账日期　年　月　日 复核　记账

说明：本联作支付结算通知书时，将“查询查复”字样划去，将“通知”“查复”字样划去，作查复书时，将“通知”“查询”字样划去。

图 5－4　支付结算通知查询查复书（样本）

如果汇款人要求用电报通知退款时，只需要填写上述第一联和第四联即可。

三、汇兑结算的主要规定及运用流程

1. 使用汇兑结算的主要规定

（1）签发汇兑凭证必须记载下列事项：标明“信汇”或“电汇”的字样；无条件支付

的委托；确定的金额；收款人的名称；汇款人名称；汇入地点、汇入行名称；汇出地点、汇出行名称；委托日期；汇款人签章。汇兑凭证上欠缺上列事项之一的，银行不予受理。委托日期是指汇款人向汇出银行提交汇兑凭证的当日日期。

（2）汇兑凭证上记载收款人为个人的，收款人需要到汇入银行领取汇款。汇款人应在汇兑凭证上"收款人账号或住址"栏注明"留行待取"字样。留行待取的汇款，需要指定单位的收款人领取汇款的，应注明收款人的单位名称；信汇凭收款人签章支取的，应在信汇凭证上预留其签章。汇款人确定不得转汇的，应在汇兑凭证备注中注明"不得转汇"字样。

（3）汇款人和收款人均为个人，需要在汇入银行支取现金的，应在信汇或电汇凭证的"汇款金额"大写栏，先填写"现金"字样，后填写汇款金额。

2. 汇兑结算的程序

汇兑结算的具体办理有两个步骤，即付款人办理汇款，收款人办理进账和取款。

汇款人填写汇兑凭证、交付款项，委托汇出银行将款项汇出；汇出银行将款项划转汇入银行；汇入银行收到款项后，划入收款人账户或通知收款人取款，如图5-5所示。

图5-5 汇兑结算流程图

四、汇兑结算实务

1. 信汇凭证的填写

汇款人委托银行办理信汇时，应向银行填制一式三联的信汇凭证。

（1）委托日期：用阿拉伯小写数字书写。

（2）汇款申请人栏。

① 全称：填写汇款单位全称或个人全称；

② 账号：填写汇款单位开户银行账号（没有账户的个人汇款人不填写）；

③ 汇出地址：填写汇款人所在省、市；

④ 汇出行名称：填写汇款人开户银行名称；

⑤ 身份证号：个人汇款人需填写身份证号。

（3）收款人栏。

① 全称：填写收款单位全称或个人全称；

② 账号：填写收款单位账号，没有账户的个人不填写；

③ 汇入地址：填写收款人所在省、市；

④ 汇入行名称：填写收款人开户银行名称；

⑤ 扣账方式：选择转账或现金。

（4）金额栏：货币前面空格处填写货币名称，如人民币或美元等；在货币后面用中文大写数字填写汇款金额（如收款人需取现金的，先填写"现金"后填大写金额）、用阿拉伯数字填写小写金额，并在小写金额数字前填写人民币符号"￥"；大、小写金额数字必须一致。

（5）汇款用途：根据汇款内容填写，如货款、职工工资等。

（6）汇兑凭证要素填写齐全后，在第一、第二联下方"汇款人签章"处加盖单位预留在银行的印鉴章（如信汇凭收款人签章支取的，应加盖其预留印章）。

2. 电汇凭证的填写

汇款人委托银行办理电汇时，应向银行填制一式三联的电汇凭证。填写方法与信汇凭证的填写相同。在电汇凭证第一、第二联下方"汇款人签章"处加盖单位预留银行的印鉴章。

出纳人员将填写齐全的汇兑凭证送交汇出银行，汇出银行审查无误后，在信汇、电汇凭证第三联上加盖转讫章退给汇款人。

3. 退汇的处理

（1）汇出行承办的处理手续。汇款人要求退汇时，对收款人在汇入行开立账户的，由汇款人与收款人自行联系退汇；对收款人未在汇入行开立账户的，应由汇款人备函或本人身份证件连同原信汇、电汇回单交汇出行办理。

汇出行接到退汇函件或身份证件以及信汇、电汇回单，应填写四联"退汇通知书"，在第一联上批注"某月某日申请退汇，款项退回后再办理退款手续"字样，交给汇款人。如汇款人要求用电报通知退汇时，只需填制两联退汇通知书，比照信件退汇通知书第一、四联的手续处理，并凭退汇通知书拍发电报通知汇入行。

（2）汇入行的处理手续。汇入行接到汇出行寄来的第二、三联退汇通知书或通知退汇的电报，如该笔汇款已转入应解汇款及临时存款科目，尚未解付的，应向收款单位或收款人联系索回便条。

如该笔汇款业务已解付，应在第二、三联退汇通知书或电报上注明解付情况及日期后，将第二联退汇通知书或电报留存，以第三联退汇通知书（或拍发电报）通知汇出行。

（3）汇出行收到的处理手续。汇出行接到汇入行寄来的邮划贷方补单及第三联退汇通知书或退汇电报时，应以留存的第四联退汇通知书注明"退汇款汇回已代进账"字样，加盖转讫章后作为收账通知交给原汇款人。

如接到汇入行寄回的第三联退汇通知书或发来的电报注明汇款已解付时，应在留存的第四联上批注解付情况，通知原汇款人。

 课堂训练

沿用项目四训练二的相关资料（以购涤纶布 20 吨为结算内容），填写一份汇兑凭证。

 **拓展阅读**

结算方式基本规定

（1）单位在结算凭证上的签章，应为该单位的财务专用章或者公章加其法定代表人或者其授权的代理人的签名或者盖章。

（2）银行办理结算，给单位或个人的收、付款通知和汇兑回单，应加盖银行的转讫章；银行给单位或个人的托收承付、委托收款的回单和向付款人发出的承付通知，应加盖银行业务公章。

（3）结算凭证上的记载事项必须符合结算办法的规定。结算凭证上可以记载本办法规定以外的其他记载事项，除国家和中国人民银行另有规定的除外，该记载事项不具有支付结算的效力。

（4）按照结算办法的规定必须在结算凭证上记载汇款人、付款人和收款人账号的，账号与户名必须一致。

（5）银行办理结算向外发出的结算凭证，必须于当日至迟次日寄发；收到的结算凭证，必须及时将款项支付给结算凭证上记载的收款人。

任务二 托收承付结算方式
Mission two

任务描述

了解托收承付的概念，认识托收承付结算方式的主要凭证，熟悉托收承付结算方式办理的主要规定与运用流程，会办理托收承付结算，遵守托收承付结算管理制度。

任务分析

了解托收承付结算在会计单位经济活动中起的重要作用，依据中国人民银行《支付结算办法》，按规定程序办理托收承付结算，正确使用托收承付结算，养成遵守支付结算纪律的良好职业习惯。

任务实施

一、托收承付结算

1. 托收承付的概念

托收承付，是指根据购销合同由收款人发货后委托银行向异地付款人收取款项，由付款人向银行承认付款的结算方式。

2. 托收承付的种类及特点

托收承付按结算款项的划回方法不同，可分为"邮划"和"电划"两种。邮划就是用传统的邮寄方式送达收款代理行，电划就是用电报的方式返还收款代理行。

托收承付结算方法使用范围较窄，仅限于有稳定购销业务的已经建立起信用关系的往来单位之间使用。银行担负了较为严格的监督收款任务，当然这种方式的信用度较高。

二、托收承付结算凭证

1. 托收承付凭证

收款人办理托收业务时，应当填写托收承付凭证，其内容和格式如图 5 – 6 所示。

托 收 凭 证 (受理回单) 1

| 委托日期 | | 年 | 月 | 日 | | | | | | | | | | | | | | |

业务类型	委托收款(□邮划、□电划)　托收承付(□邮划、□电划)																
付款人	全称			收款人	全称													
	账号				账号													
	地址	省　市县　开户行			地址	省　市县　开户行												
金额	人民币(大写)					亿	千	百	十	万	千	百	十	元	角	分		
款项内容		托收凭据名称					附寄单证张数											
商品发运情况				合同名称号码													
备注：		款项收妥日期																
复核　　记账		年　月　日		收款人开户银行签章　　年　月　日														

此联作收款人开户银行给收款人的受理回单

托 收 凭 证 (贷方凭证) 2

| 委托日期　　年　　月　　日 | | | | | | | | | | | | | | | | | | |

业务类型	委托收款(□邮划、□电划)　托收承付(□邮划、□电划)																
付款人	全称			收款人	全称													
	账号				账号													
	地址	省　市县　开户行			地址	省　市县　开户行												
金额	人民币(大写)					亿	千	百	十	万	千	百	十	元	角	分		
款项内容		托收凭据名称					附寄单证张数											
商品发运情况				合同名称号码													
备注：		上列款项随附有关债务证明，请予办理。																
收款人开户银行收到日期：　年　月　日		收款人签章		复核：　　记账														

此联收款人开户银行作贷方凭证

托 收 凭 证 (借方凭证) 3

| 委托日期　年　月　日 | | | | | | | 付款期限　年　月　日 | | | | | | | | | | | |

业务类型	委托收款(□邮划、□电划)　托收承付(□邮划、□电划)																
付款人	全称			收款人	全称													
	账号				账号													
	地址	省　市县　开户行			地址	省　市县　开户行												
金额	人民币(大写)					亿	千	百	十	万	千	百	十	元	角	分		
款项内容		托收凭据名称					附寄单证张数											
商品发运情况				合同名称号码													
备注：		收款人开户银行签章																
付款人开户银行收到日期：年　月　日		年　月　日		复核：　　记账														

此联付款人开户银行作借方凭证

图 5 – 6　托收凭证（样票）——第 1～5 联

托 收 凭 证 （汇款依据或收账通知） 4

| 委托日期 | 年 月 日 | | 付款期限 | 年 月 日 |

| 业务类型 | 委托收款(□邮划、□电划) | 托收承付(□邮划、□电划) |

付款人	全称		收款人	全称	
	账号			账号	
	地址	省 市县 开户行		地址	省 市县 开户行

| 金额 | 人民币(大写) | | 亿 千 百 十 万 千 百 十 元 角 分 |

| 款项内容 | | 托收凭据名称 | | 附寄单证张数 | |

| 商品发运情况 | | 合同名称号码 | |

| 备注： | 上列款项已划回收入你方账户内。 收款人开户银行签章 年 月 日 |
| 复核 记账 | |

此联付款人开户行凭以汇款或收款人开户银行作收账通知

托 收 凭 证 （付款通知） 5

| 委托日期 | 年 月 日 | | 付款期限 | 年 月 日 |

| 业务类型 | 委托收款(□邮划、□电划) | 托收承付(□邮划、□电划) |

付款人	全称		收款人	全称	
	账号			账号	
	地址	省 市县 开户行		地址	省 市县 开户行

| 金额 | 人民币(大写) | | 亿 千 百 十 万 千 百 十 元 角 分 |

| 款项内容 | | 托收凭据名称 | | 附寄单证张数 | |

| 商品发运情况 | | 合同名称号码 | |

| 备注： 收款人开户银行收到日期： 年 月 日 复核 记账 | 付款人注意： 1.根据支付结算办法，上列委托收款(托收承付)款项在付款期限内未提出拒付，即视为同意付款，以此代付款通知。 2.如需提出全部或部分拒付，应在规定期限内，将拒付理由书并附债务证明退交开户银行。 |
| 付款人开户银行签章 年 月 日 | |

此联付款人开户银行给付款人按期付款通知

图 5-6 托收凭证（样票）——第1～5联（续）

第一联，受理回单（白纸蓝油墨），此联用途为收款单位开户银行同意办理托收的证明。办理托收时，收款单位开户银行在此联"收款人开户银行签章"处加盖"结算业务专用章"，表示同意办理。

第二联，贷方凭证（白纸红油墨），用途为收款单位开户银行为收款人收到款项时作为增加银行存款的凭证。办理托收时，收款单位在"收款人签章"处加盖预留印鉴，即"财务专用章"和"法人名章"。

第三联，借方凭证（白纸黑油墨），用途为付款单位开户银行为付款人付款后作为银行存款减少的凭证。办理业务时，收款人开户银行在"收款人开户银行签章"处签章并交付款人开户银行。

第四联，汇款依据或收账通知（白纸紫油墨），用途为收到款项时，收款单位开户银行给收款单位的通知。托收款项时，收款单位开户银行在"收款人开户银行签章"处加盖"转讫章"。

第五联，付款通知（白纸绿油墨），用途为付出款项时付款单位开户银行给付款单位的通知；托收款项付出时，付款单位开户银行在"付款人开户银行签章"处加盖"转讫章"。

2. 拒绝付款理由书

托收承付（或者委托收款）结算方式下的付款人，在承付期内提出全部或部分拒绝付货款时，应填写拒绝付款理由书。拒绝付款理由书格式如图 5－7 所示。

托收承付/委托收款 结算 全部/部分 拒绝付款理由书（回单或付款通知） 1

拒付日期　　年　　月　　日　　原托收号码：

<table>
<tr><td rowspan="3">付款人</td><td>全　称</td><td colspan="3"></td><td rowspan="3">收款人</td><td>全　称</td><td colspan="3"></td></tr>
<tr><td>账　号</td><td colspan="3"></td><td>账　号</td><td colspan="3"></td></tr>
<tr><td>开户银行</td><td></td><td>行号</td><td></td><td>开户银行</td><td></td><td>行号</td><td></td></tr>
<tr><td colspan="2">托收金额</td><td></td><td>拒付金额</td><td colspan="3"></td><td>部分付款金额</td><td colspan="2">千 百 十 万 千 百 十 元 角 分</td></tr>
<tr><td>附寄单证</td><td>张</td><td>部分付款金额（大写）</td><td colspan="7"></td></tr>
<tr><td colspan="6">拒付理由：

付款人盖章</td><td colspan="4"></td></tr>
</table>

此联银行给付款人的回单或付款通知

图 5－7　拒绝付款理由书（第一联）

拒绝付款理由书一式四联，各联的内容与作用如下：

第一联，回单或付款通知，付款人开户行给付款人的回单或付款通知（白纸黑油墨）；

第二联，借方凭证，付款人开户行做借方凭证（白纸蓝油墨）；

第三联，贷方凭证，收款人开户行做贷方凭证（白纸红油墨）；

第四联，收账通知，收款人开户行给收款人做收账通知或全部拒付通知书（白纸褐油墨）。

三、托收承付结算的主要规定及结算流程

1. 结算的主要规定

（1）使用托收承付结算方式的收款单位和付款单位，必须是国有企业、供销合作社以及经营管理较好，并经开户银行审查同意的城乡集体所有制工业企业。

（2）办理托收承付结算的款项，必须是商品交易以及因商品交易而产生的劳务供应的款项。代销、寄销、赊销商品的款项，不得办理托收承付结算。

（3）收付双方使用托收承付结算必须签有符合《中华人民共和国经济合同法》的购销合同，并在合同上注明“使用托收承付结算方式”。

（4）收付双方办理托收承付结算，必须重合同、守信用。收款人对同一付款人发货托收累计三次收不回货款的，收款人开户银行应暂停收款人向该付款人办理托收结算；付款人累计三次提出无理拒付的，付款人开户银行应暂停其向外办理托收。

（5）收款人办理托收，必须具有商品确已发运的证件（包括铁路、航运、公路等运输

部门签发的运单、运车副本和邮局包裹回执）。

（6）托收承付结算每笔的金额起点为 10 000 元；新华书店系统每笔的金额起点为 1 000 元。

（7）签发托收承付凭证必须记载下列事项：标明"托收承付"的字样；确定的金额；付款人名称及账号；收款人名称及账号；付款人开户银行名称；收款人开户银行名称；托收附寄单证张数及册数；合同名称、号码；委托日期；收款人签章。托收承付凭证上欠缺记载上列事项之一的，银行不予受理。

2. 托收承付结算流程

托收承付结算流程如图 5 - 8 所示。

图 5 - 8　托收承付结算流程图

（1）收款单位按合同发货。

（2）收款单位委托开户银行收取款项，收款人办理托收时，需填制一式五联的托收承付凭证，银行受理后，在第一联回单上盖章后退收款人。

（3）收款人开户银行向付款人开户银行传递托收凭证。

（4）付款人开户银行向付款人发出承付通知。验单承付期限为 3 天，从银行对付款人发出承付通知日的次日（付款人来行自取的，为银行收到托收凭证日的次日）算起（承付期内遇法定假日顺延），必须邮寄的，应加邮程；验货付款的承付期为 10 天，从运输部门向付款人发出提货通知日的次日算起；银行根据邮划或电划第三、四联托收凭证，逐笔登记定期代收结算凭证登记簿，将邮划或电划第三、四联托收凭证专夹保管，将第五联托收凭证加盖业务公章，连同交易单、证一并及时交付款人。

（5）付款人承付。

（6）银行之间划转承付的款项。付款人开户银行在承付期满的次日上午（遇法定节假日顺延）划转款项。

（7）收款人开户银行通知收款人款项已收妥。

四、托收承付结算实务

（一）托收承付凭证的填写

（1）委托日期：用阿拉伯小写数字填写。

（2）付款人：全称，付款单位全称；账号，填写付款人开户银行账号；地址，填写付款人所在的省、市；开户银行，填写付款人开户银行名称。

（3）收款人：全称，收款单位全称；账号，填写收款人开户银行账号；地址，填写收款人所在的省、市；开户银行，填写收款人开户银行名称。

（4）托收金额人民币大写：用中文大写数字填写实际结算的金额；用阿拉伯数字填写小写金额；大写和小写金额必须一致。

（5）款项内容：根据经济业务内容填写。

（6）托收凭证名称：填写发票等。

（7）附寄单证张数：用小写数字填写实际结算的发票张数。

（8）商品及发运情况：汉字填写，如商品已发运等。

（9）合同名称号码：用阿拉伯数字填写合同号码。

（10）填写完上述 9 项后，在托收凭证的第二联下方，收款人签章处，加盖单位公章（或财务专用章）。

（二）托收承付实务

1. 收款单位的处理

收款单位在办妥托收手续后，应当根据托收凭证第一联回单及有关销售凭证，做转账分录，借记应收账款——某单位，贷记主营业务收入——某产品，同时贷记应交税费——应交增值税（销项税额）。

收到款项时，根据银行转来的第四联收款通知，出纳人员直接登记银行存款日记账，会计据此编制会计分录，借记银行存款，贷记应收账款——某单位。

 课堂训练

沿用项目四训练二的相关资料（以购涤纶布 20 吨为结算内容），填写一份托收承付结算凭证。

2. 付款单位的处理

（1）付款单位在承付款项后，出纳人员根据银行转来的第五联付款通知，登记银行存款日记账，会计据此编制付款凭证，借记材料采购——某材料，借记应交税费——应交增值税（进项税额），贷记银行存款。

（2）付款单位全部拒付的处理。付款人在承付期内提出全部拒绝付款时，应当填写四联全部拒绝付款理由书（填写时需划去"部分"字样），连同有关的拒付证明、第五联托收凭证及所附单证送交开户银行。

银行按照支付结算办法有关托收承付拒绝付款的规定，对付款人提出的拒付理由进行认真审查。对拒付手续不全、依据不足、理由不符合规定和不属于支付结算办法有关托收承付中七种可以拒付款情况的，以及超过承付期拒付、部分拒付提为全部拒付的，银行不予受理。对无理的拒绝付款，而增加银行审查时间的，应从承付期满日起，为收款人计扣逾期付款赔偿金。

对符合规定同意拒付的，经批准后将第一联拒绝付款理由书加盖业务公章作为回单退付款人，将第二联连同托收凭证第三联一并留存备查，将第三联、第四联连同有关的拒付证明和第四联、第五联托收凭证及单证一并寄收款人开户银行。

（3）付款单位部分拒绝付款的处理。付款人在承付期内提出部分拒付时，应填制一式四联拒绝付款理由书（划去"全部"字样），连同有关的拒付证明、拒付部分的商品清单送交开户行。开户行按照拒付的审查程序和要求认真审查。对不符合规定的拒付，不得受理。对符合规定同意拒付的，依照全部拒付的审查手续办理，并在托收凭证和登记簿备注栏注明"部分拒付"字样及金额。对同意承付部分，以拒付理由书第二联代借方凭证，第三联托收凭证作为借方凭证附件，进行转账划款。转账后，将拒付理由书第一联加盖转讫章作为支款通知交付款人，将第三联、第四联和托收凭证第四联连同拒付部分的商品清单和有关证明寄收款人开户银行。

3. 拒付理由书的填写

（1）拒付日期：用阿拉伯数字书写（向银行提出拒付的日期）。

（2）付款人栏：全称，填写付款单位全称；账号，付款人开户银行账号；开户银行，付款人开户银行全称。

（3）收款人栏：全称，填写收款单位全称；账号，收款人开户银行账号；开户银行，收款人开户银行全称。

（4）托收金额：用阿拉伯数字填写原托收凭证上记载的金额。

（5）拒付金额：用阿拉伯数字填写拒付的金额（如为全部拒付，填写托收金额）。

（6）部分付款金额：用阿拉伯数字填写承付部分的金额（托收金额减去拒付金额；如为全部拒付，此栏小写金额为零）。

（7）附寄单证：用阿拉伯数字据实填写单证张数。

（8）部分付款金额大写：用中文大写数字填写承付金额（如为全部拒付，此栏不填写）。

（9）拒付理由：据实填写拒付理由。

（10）在拒付理由书第一、二、三、四联下方，付款人签章处加盖预留银行印鉴。

 课堂训练

沿用项目四训练二的相关资料（以购涤纶布20吨为结算内容），为付款单位填写一份部分拒付理由书凭证。

 拓展阅读

各种支付结算凭证印制管理权限规定

根据中国人民银行《支付结算办法》第256条规定：银行汇票、商业汇票由中国人民银行总行统一格式、联次、颜色、规格，并在中国人民银行总行批准的印制厂印制。由各家银行总行组织订货和管理。

银行本票、支票由中国人民银行总行统一格式、联次、颜色、规格，并在中国人民银行总行批准的印制厂印制，由中国人民银行各省、自治区、直辖市、计划单列市分行负责组织各商业银行订货和管理。

信用卡按中国人民银行的有关规定印制，信用卡结算凭证的格式、联次、颜色、规格由中国人民银行总行统一规定，各发卡银行总行负责印制。

汇兑凭证、托收承付凭证、委托收款凭证由中国人民银行总行统一格式、联次、颜色、规格，由各行负责印制和管理。

任务三 委托收款结算方式
Mission three

 任务描述

了解委托收款的概念，认识委托收款结算方式凭证，熟悉委托收款结算方式办理的主要规定与运用流程，会办理委托收款结算，遵守委托收款结算管理制度。

 任务分析

了解委托收款结算在会计单位经济活动中所起的作用，依据中国人民银行《支付结算办法》，按规定程序办理委托收款结算，正确使用委托收款结算，养成遵守支付结算纪律的良好职业习惯。

 任务实施

一、委托收款结算

1. 委托收款的概念

委托收款是收款人委托银行向付款人收取款项的结算方式。与托收承付结算方式的主要区别，在于银行在结算中仅起到结算服务的作用，不再承担监督收款付款的功能。

2. 委托收款的种类

委托收款按结算款项的划回方式，分为邮划和电划两种，由收款单位选择使用。

3. 委托收款的特点

委托收款结算具有使用范围广、灵活、简便，由收款单位主动收款等特点，在同城、异地均可使用。

二、委托收款结算凭证

委托收款结算方式要使用"委托收款结算凭证"和相应"委托收款拒付理由书"等配套凭证，委托收款凭证和拒付理由书凭证的主要内容和格式，与托收承付结算凭证和拒付理由书凭证的内容和格式完全相同，托收或委收由收款人选择使用，此处不再赘述。

三、委托收款结算的主要规定及流程

1. 委托收款的基本规定

（1）单位和个人凭已承兑的商业汇票、债券、存单等付款人债务证明办理款项的结算，均可使用委托收款结算方式。

（2）签发委托收款结算凭证必须记载下列事项：标明"委托收款"的字样；确定的金

额；付款人名称；收款人名称；委托收款凭据名称及附寄单位张数；委托日期；收款人签章。欠缺记载上列事项之一的，银行不予受理。

委托收款以银行以外的单位为付款人的，委托收款凭证必须记载付款人开户银行名称；以银行以外的单位或在银行开立存款账户的个人为收款人的，委托收款凭证必须记载收款人开户银行名称；未在银行开立存款账户的个人为收款人的，委托收款凭证必须记载被委托银行名称；欠缺记载的，银行不予受理。

（3）银行不负责审查付款人拒付理由。

（4）委托收款的付款期为 3 天。付款人应于接到付款通知的当日书面通知银行付款；付款人未在接到通知的次日起 3 日内通知银行付款的，视同付款人同意付款，银行于付款人接到通知的次日起第 4 日上午开始营业时，将款项划给收款人。

（5）凭证的索回期为两天。

2. 委托收款结算程序（图 5 - 9）

图 5 - 9　委托收款结算流程图

（1）收款人填写收款凭证，并加盖单位公章或财务专用章后交开户银行委托收款，银行受理后将第一联盖章退收款人；

（2）收款人开户银行向付款人开户银行传递委托收款凭证；

（3）付款人开户银行通知付款人付款；

（4）付款人同意付款或拒绝付款；

（5）付款人开户银行划转款项或传递拒付理由书及有关债务证明；

（6）收款人开户银行通知收款人已收妥款项或对方拒绝付款。

四、委托收款结算实务

（一）委托收款凭证填写

收款人办理委托收款结算，应当填写"委托收款结算凭证"。

（1）委托日期：用阿拉伯数字填写。

（2）付款人：

① 全称，付款单位全称；

② 账号，填写付款人开户银行账号；

③ 地址，填写付款人所在省、市；

④ 开户银行，填写付款人开户银行名称。

（3）收款人：

① 全称，收款单位全称；

② 账号，填写收款人开户银行账号；

③ 地址，填写收款人所在省、市；

④ 开户银行，填写收款人开户银行名称。

（4）委托金额人民币大写：

① 用中文大写数字填写实际结算的金额；

② 用阿拉伯数字填写小写金额；大写和小写金额必须一致。

（5）款项内容：根据委托业务的内容填写，如货款等。

（6）委托收款凭据名称：根据所附单证名称填写，如发票、支票、承兑汇票等。

（7）附寄单证张数：用小写数字填写所附的单证张数。

（8）填写完上述 7 项后，在委托凭证的第二联下方，收款人签章处，加盖单位公章（或财务专用章）。

（二）委托收款实务

1. 收款单位的处理

收款单位办理委托收款，开户银行审查同意后，将"托收凭证"第一联加盖银行业务章后退收款人。会计人员据此编制转账凭证，借记应收账款——某单位，贷记主营业务收入（或其他业务收入），同时贷记应交税费——应交增值税（销项税额）。

收款人在收到开户银行转来的收款通知时，出纳人员据此登记银行存款日记账，会计人员编制收款凭证，借记银行存款，贷记应收账款——某单位。

 课堂训练

沿用项目四训练二的相关资料（以购涤纶布 20 吨为结算内容），填写一份委托收款结算凭证。

2. 付款单位的处理

（1）付款人开户银行接到收款人开户银行寄来的委托收款凭证及有关附件，经审查核实无误后，即可办理付款。

（2）付款人为银行的，银行应于当天将款项划转给收款人开户银行。

（3）付款人为银行客户的，银行应及时通知付款人承付（倒提支票的委托收款）。

（4）付款人接到银行的付款通知和有关附件后，对银行转来的托收凭证和相关附件进行审查，主要审查以下内容：

① 托收凭证填列的付款人是否为本单位；

② 委托收款的项目是否与实际经济业务相符，所列内容和附件是否齐全、正确；

③ 委托收款金额和应付金额是否一致，付款期限是否到期。

付款单位审查无误，应在收到通知的当天书面通知银行付款。如果委托收款的金额少于应付金额，应当填写一式四联的"增付款理由书"，于付款到期前，由付款单位送交银行。

从付款人开户银行发出付款通知的次日算起（国家法定节假日顺延）3天内，付款人未向银行提出异议，银行即可视做付款人同意付款，并在第4日上午银行开始营业时，将款项划转给收款人开户银行。

3. 付款人拒绝付款的处理

如果付款单位在审查中发现开户银行转来的托收凭证不属于本单位的，应当立即退回银行。

如果付款单位在审查托收凭证及有关凭证中发现问题，需要拒绝付款的，应在付款期限（3日）内填制一式四联的拒绝付款理由书，以及付款人持有的债务证明和第五联托收凭证一并交开户银行。经银行受理后（注意：银行不负责审查拒付理由），在托收凭证和收到委托收款凭证登记簿备注栏注明"拒绝付款"字样。然后，将第一联拒付理由书加盖业务公章退付款人作为回单，将第三、四联拒付理由书连同付款人提交的债务证明和第四、五联收款凭证一并寄收款人开户银行，并转交给收款人。

属于全部拒付的，付款人将拒付理由书保管备查；属于部分拒付的，付款单位会计据以编制承付部分的银行存款付款凭证，出纳人员根据承付金额登记银行存款日记账。

4. 付款人延期付款的处理

（1）付款人在付款期满日营业终了前，如果没有足够资金支付全部款项，应当在委托收款凭证上注明"无款支付"字样，并填写付款人未付款通知书，连同有关凭证一并交开户银行转交收款人。

（2）如果有关的债务证明留存在付款人开户行。付款人应当在两天内，将有关委托收款凭证第五联付款通知连同有关单证退开户行，由开户银行将有关结算凭证连同单证退收款人开户银行转交收款人。

（3）付款人逾期不退回单证的，开户行按照委托收款金额，自发出通知的第3天起，每天处以万分之五但不低于5元的罚金，并暂停付款人委托银行办理结算业务，直到退回单证为止。

任务四 其他结算方式
Mission four ←

任务描述

我国传统的结算方式包括汇兑、托收承付和委托收款三种，此外还包括国内信用证、银行卡等结算方式。了解国内信用证和银行卡的概念，认识国内信用证和银行卡结算方式凭证或卡种，了解国内信用证和银行卡结算方式办理的基本规定与运用流程，会办理国内信用证和银行卡结算，遵守国内信用证和银行卡结算管理制度。

任务分析

了解国内信用证和银行卡结算在会计单位经济活动和个人生活中的作用，依据中国人民银行《支付结算办法》和相关的规定，按规定程序办理国内信用证和银行卡结算，正确使用国内信用证和银行卡结算，养成遵守支付结算纪律的良好职业习惯。

 任务实施

一、国内信用证

1. 国内信用证的概念

国内信用证是指开证银行依照申请人（购货方）的申请向受益人（销货方）开出一定金额并在一定期限内凭信用证规定的单据支付款项的书面承诺。国内信用证结算适用于国内企业间的商品交易款项的结算，不能用于劳务供应款项的结算。

2. 国内信用证的特点

付款保证性强，申请开证时交纳一定比例的保证金，只要受益人遵守了信用证条款，开证行就必须无条件付款；具有融资功能，受益人在信用证到期前需要资金时，可以向指定的议付行申请议付；通过银行进行传递，手续严密，不可背书转让，流转环节少；灵活性强，信用证开出后，在信用证有效期内，随着购销活动的变化，经开证申请人与受益人协商一致，可以修改已确定的信用证条款；开证行作为付款中介，负责单据与已订立信用证条款的核对工作，很好地保护了收款、付款双方的利益。

3. 国内信用证的缺点

采用这种结算方式，对货运单据的合法性、规范性要求高，手续相对繁杂，手续费也比较高。我国信用证为不可撤销、不可转让的跟单信用证，开证行在决定受理该项业务时，应向申请人收取不低于开证金额20%的保证金。

4. 国内信用证结算方式的主要程序

（1）买卖双方签订购销合同，货款支付方式采用国内信用证。

（2）买方向开证行申请开立国内信用证。

（3）开证行（买方开户银行）受理业务向通知行（卖方开户银行）开立国内信用证。

（4）通知行收到国内信用证后通知卖方。

（5）卖方收到国内信用证后，按国内信用证条款规定发货。

（6）卖方发货后备齐单据，向委托收款行（通常是通知行）交单。

（7）延期付款信用证，卖方可向议付行（通常是通知行）申请议付。

（8）委托收款行或议付行将全套单据邮寄开证行，办理委托收款。

（9）开证行收到全套单据、审查单证相符后，向委托收款行或议付行付款或发出到期付款确认书。

（10）开证行通知买方付款，并将单据交予对方。

二、银行卡

（一）银行卡的概念和分类

1. 银行卡的概念

银行卡是指经批准由商业银行向社会发行的具有消费信用、转账结算、存取现金等全部

231

或部分功能的信用支付工具。

2. 银行卡的分类 （见图 5-10）

（1）按是否具有透支功能，分为信用卡和借记卡。信用卡可以透支，贷记卡是指发卡银行给予持卡人一定的信用额度，持卡人可在信用额度内先消费后还款的信用卡。准贷记卡是指持卡人须先按发卡银行要求交存一定金额的备用金，当备用金账户余额不足以支付时，可在发卡银行规定的信用额度内透支的信用卡。转账卡是实时扣账的借记卡，具有转账结算、存取现金和消费功能。专用卡是具有专门用途、在特定区域使用的借记卡，具有转账结算、存取现金功能。储值卡是发卡银行根据持卡人要求将其资金转至卡内储存，交易时直接从卡内扣款的预付钱包式借记卡。

（2）按照币种不同分为人民币卡、外币卡。

（3）按发行对象不同分为单位卡（商务卡）和个人卡。

（4）按信息载体不同分为磁条卡、芯片（IC）卡。

图 5-10　部分银行银行卡卡样

 拓展阅读

银行卡成居民消费结算主流方式[1]

随着现代支付方式的普及和老百姓消费理念的转变，如今刷卡消费已成为国内居民首选

---

[1] 来源于贵港日报网站 2012 年 4 月 11 日（星期三出版），编者做了必要的删节和调整。

的支付方式。

2012年春节期间，客户使用中国工商银行银行卡实现的消费金额达到了750亿元，还通过中国工商银行的信用卡实现了30多亿元的分期付款交易。

根据广大客户的消费特点，尤其是酒店、餐饮及娱乐等行业在周末和节假日期间的旺市结算需求，中国工商银行贵港分行将人力和物力倾斜到这些行业POS机的营销和维护上，为商户提供上门安装和讲解一站式服务，不定期上门维护走访，随时了解商户情况，及时解决反馈问题，不断满足商户和客户的结算需求。随着贵港自用车市场日益发展，工行贵港分行在风险可控的前提下，根据市场需求和导向，进一步拓展特约汽车商户，简化业务办理流程，采取灵活多样的担保方式，并提供完善的贷后咨询服务，致力打造该行的自用车分期付款业务品牌。同时，继续加大分期付款业务在通信、家电、百货、家居、装修等热点消费领域和行业的推广力度，竭力满足广大客户的消费需求。

近年来，中国工商银行积极发挥银行卡等现代支付方式对居民消费的增长和经济结构调整的积极促进作用，持续从创新产品、优化服务和改善支付环境等方面着手，赢得了广大用户的支持和品牌认同，有效扩大了社会消费需求，其中工行贵港分行2011年的刷卡消费交易额近5亿元。在优化用卡环境和提升服务水准方面，中国工商银行近年来持续加大了银行卡终端设备的投放力度，目前工行贵港分行自动柜员机和自助终端的保有量超过了100台。同时，终端设备的服务网络布局进一步优化、使用效率进一步提高。目前，工行贵港分行自动柜员机日均业务总量近1.8万笔。

 ## 关键词 （中英文对照）

结算方式运用　The Application about Mode of Settlement

汇兑结算　Remittance Settlement

托收承付结算　Settlement of Collection and Acceptance

拒付理由书　Statement of Refusal to Pay

委托收款结算　Consignment Collection Settlement

国内信用证　Domestic Letter of Credit

银行卡　Bank Card

 ## 项目训练

实训一

资料：明发商贸有限公司，开户行名称：中国银行北京西城支行，账号：0200001009012136441；上海榕运商行，开户行名称：中国建设银行上海陕西南路分理处，账号为：4367420010523682475。

业务：2012年5月22日，明发商贸有限公司向上海榕运商行购显示器80台，单价1 500元，总价款120 000元，根据合同规定，购货方先预付50 000元。

目的要求：填制电汇凭证预付货款。

附件：境内汇款申请书（样本）一份。

中国银行 BANK OF CHINA　境内汇款申请书

请将下述款项用以下方式汇出：
- ☐ 实时汇划
- ☐ 普通汇款
- ☐ 同业汇款

委托日期：　　年　月　日
业务编号：

客户填写	汇款申请人	全　称				收款人	全　称				银行填写	汇款金额		第一联　银行留存联
		账　号					账　号							
		汇出地址	省(区)　　　市(县)				汇入地址	省(区)　　市(县)				手续费		
		汇出行名称					汇入行名称							
		身份证件号		扣账方式	☐转账　☐现金　☐其他							电子汇划费(邮电费)		
		金额(大写)	(货币)					千百十万千百十元角分				总金额		
		汇款用途		汇款人签章								汇率		
		汇款人联系电话												
		收款人联系电话												

业务主管　　　　授权　　　　复核　　　　　经办

请仔细阅读背面之客户须知，并准确填写。

实训二

资料：新太阳集团有限公司，开户银行：中国银行北京东城支行，账号：09048708098329；上海天地集团有限公司，开户银行：交通银行上海浦东新区分理处，账号：6222127316555422。

业务：2012年6月28日，新太阳集团有限公司（国企）向上海天地集团有限公司（国企）销售空调25台，发票一张，价税款合计85 800元。货已发出，公路、运河货运输业统一发票一张，计运输费500元，合同规定货款及运费结算方式为托收承付结算，合同号码为：555431（电划）。

目的要求：根据背景资料，填制托收承付凭证。

附件：托收凭证（样票）一张。

托 收 凭 证 (受理回单)　　1

委托日期　　　年　　月　　日

业务类型	委托收款(☐邮划、☐电划)　　托收承付(☐邮划、☐电划)								此联作收款人开户银行给收款人的受理回单
付款人	全称			收款人	全称				
	账号				账号				
	地址	省　市县　开户行			地址	省　市县　开户行			
金额	人民币(大写)						亿千百十万千百十元角分		
款项内容		托收凭据名称				附寄单证张数			
商品发运情况				合同名称号码					
备注：		款项收妥日期							
					收款人开户银行签章				
复核　　记账		年　月　日			年　　月　　日				

234

实训三

资料：明发商贸有限公司，开户行名称：中国银行北京西城支行，账号：0200001009012136441；上海榕运商行，开户行名称：中国建设银行上海陕西南路分理处，账号：4367420010523682475。

业务：2012年9月25日，明发商贸有限公司将本单位持有的上海榕运商行3月25日签发的期限为6个月并由其开户银行承兑的银行承兑汇票，向开户银行办理委托收款（邮划），银行承兑汇票到期日为2012年9月25日，出票金额50 000元，合同号码为200902025（承兑协议编号）。

目的要求：填写委托收款凭证。

附件：托收凭证（样票）一张。

托 收 凭 证 (受理回单)　　1

委托日期　　　　年　　　月　　　日		
业务类型	委托收款(□邮划、□电划)　　托收承付(□邮划、□电划)	
付款人	全称	收款人 全称
	账号	账号
	地址　省　市县　开户行	地址　省　市县　开户行
金额	人民币（大写）　　　　　亿千百十万千百十元角分	
款项内容	托收凭据名称　　　　附寄单证张数	
商品发运情况	合同名称号码	
备注：　　　　款项收妥日期		
复核　记账　　年　月　日　　收款人开户银行签章　　年　月　日		

此联作收款人开户银行给收款人的受理回单

项目评价

项目实训一至实训三，评价标准是中国人民银行《支付结算办法》的相关规定。

项目六
会计小键盘录入

项目介绍

会计日常工作中有很大一部分是录入会计凭证，计算账户的发生额、余额等工作，在这些工作中都离不开小键盘的使用。本项目从认识小键盘入手，指导学生训练正确的小键盘指法，并在工作中熟练运用。

学习目标

了解小键盘的构成，熟练掌握小键盘录入的技术和银行员工测试系统，运用小键盘处理财经工作中数字录入、计算等工作任务，能快速准确地进行传票翻打、账表平打等，养成专业、严谨的职业态度。

教学导航

教学指引：在小键盘录入的训练中，指法正确是首要的，其次才是速度。通过现场演示、视频观摩等方式向学生展示正确的指法；在训练中注意观察并随时纠正；在录入速度方面的训练中，可将学生分组比赛，既可提高学习兴趣，也可强化训练。

学习引导：本项目学习的关键是练成正确的小键盘指法，指法正确就能做到事半功倍；在正确指法的基础上，如果能盲打，那就如虎添翼了。

教学准备

小键盘（练习用的数字小键盘、电脑键盘上的小键盘均可）、计算器、传票本、账表算练习册、银行员工技能测试系统。

任务一 传票翻打
Mission one

任务描述

认识小键盘、认识传票；了解传票练习本的使用方法；掌握小键盘录入的技能、传票翻打的技能和技巧。

任务分析

训练正确的小键盘指法、熟练运用小键盘准确快速地翻打传票。

任务实施

一、概述

会计工作中的传票是指记账凭证。在日常的会计核算、统计、财务分析、财务检查等工作中常常要对记账凭证上的金额进行加减等计算，这就是所谓的传票翻打。因此传票翻打是会计相关从业人员必须具备的一项基本技能。

传票翻打的工具有算盘、计算器和计算机的小键盘。在目前的经济工作中，特别是商品流通业和银行业，最常用的工具是计算机的小键盘。

二、小键盘

（一）认识小键盘

小键盘区也称为辅助键盘区，位于键盘的最右侧，由阿拉伯数字键、运算符号键、数字锁定键"Num Lock"及回车键"Enter"，共 17 个键组成。主要用于大量数字的输入。在会计、统计工作中使用得非常频繁。该区的大部分按键具有双重功能：一是代表数字和小数点；二是代表某种编辑功能。利用该区的"Num Lock"数字锁定键可以在这两种功能之间进行转换，如图 6 – 1 所示。

（二）小键盘的指法

为了提高输入的速度和准确性，通常将小键盘划分为几个区域，每个区域都由一个手指负责，分工明确。

（1）右手的食指，在小键盘分区中主要负

小键盘区

图 6 – 1　小键盘示意

责"Num Lock""7""4""1"键的击键工作,一般是将食指放于"4"基准键上。

（2）右手的中指,在小键盘分区中主要负责"/""8""5""2"键的击键工作,一般是将中指放于"5"基准键上。

（3）右手的无名指,在小键盘分区中主要负责"＊""9""6""3""."键的击键工作,一般是将无名指放于"6"基准键上。

（4）右手的小指,在小键盘分区中主要负责"－""＋""Enter"键的击键工作,一般是将小指放于"Enter"基准键上。

（5）右手的拇指主要负责"0"键的击键工作,一般将拇指放在"0"基准键上。

小键盘指法如图6-2所示。

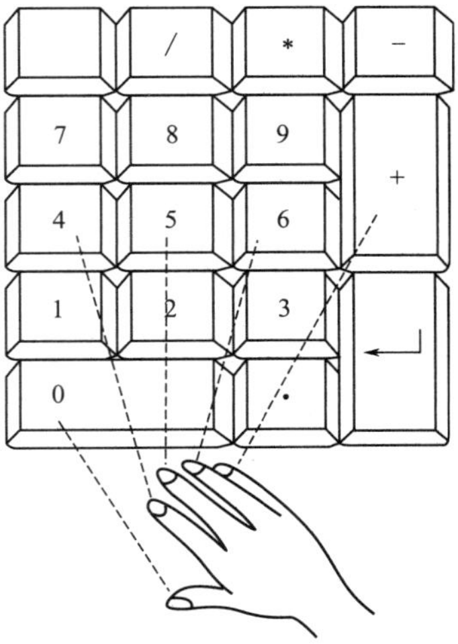

图6-2　小键盘指法

（三）小键盘录入的要点

1. 姿势正确

眼：眼睛先快速看一下需要录入的数字,再看屏幕显示的数字是否正确,而不能看键盘。

手：手腕平直悬空,手臂保持不动,右手手指自然向下弯曲。

2. 击键规范

击键时,指关节轻轻用力使指腹快速而果断地敲打键盘,然后迅速弹起,恢复到基准键上。

三、传票翻打

日常练习传票翻打通常使用的是传票本,传票本格式如图6-3所示。

目前经常使用的传票本每本100页,每页由5行数字构成,如图6-4所示。

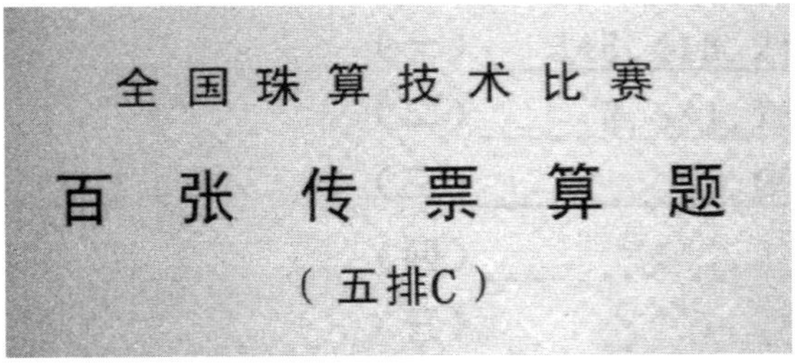

全国珠算技术比赛

百 张 传 票 算 题

（五排C）

图6-3　传票本（样本）

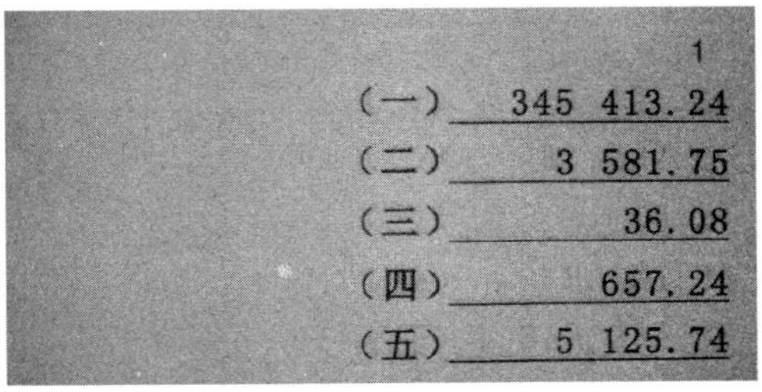

		1
（一）	345 413.24	
（二）	3 581.75	
（三）	36.08	
（四）	657.24	
（五）	5 125.74	

图6-4　传票（样本）

在图6-4中,（一）表示第一行,（二）表示第二行,依次类推。右上角"表示第一页。

练习时从任意一页开始选出连续的20页中的某一行作为一题。计算后,将答案写在答题纸上,答题纸格式如图6-5所示。

传票实训试题（一）

学号：＿＿＿＿＿＿＿＿＿＿＿＿

姓名：＿＿＿＿＿＿＿＿＿＿＿＿　　　　　　　　　　　　　　限时 30 分钟

题号	起讫页数	行数	答　　案
1	24～43	（三）	
2	39～58	（五）	
3	42～61	（一）	
4	55～74	（四）	
5	61～81	（四）	

图 6－5　传票答题纸格式

在图 6－5 中，"题号"表示题目的顺序号，"起讫页数"表示该题开始和结束的页码，"行数"表示所需计算的是这一页的第几行，"答案"表示该题目的计算结果，如图 6－5 中第二行"1，24～43，（三）"则表示：第一道题的题目为第 24 页至第 43 页上第三行的数字相加，结果写在该行的"答案"处。

传票本按是否装订分为订本式和活页式两种。订本式就是使用前就把一定数量（一般是 100 页）的传票在左上角装订成册，常用于比赛；而活页式是没有装订的，多用于日常练习，二者的操作方法大致相同。下文主要介绍使用小键盘翻打活页式传票的步骤和方法。

（一）准备工作

1. 端正坐姿

2. 整洁桌面

小键盘在右边，传票本放在左下方，答题纸应放在传票本与小键盘的中间。答题纸压在传票本的下面，但不应影响看题、写答案。

3. 开启小键盘

检查小键盘上的指示灯是否为绿色，如果否，则按下小键盘上的"Num Lock"键，直到指示灯亮起。

（二）整理传票

（1）检查传票是否有空页、缺页、重页、数码不清等错误。

（2）将传票捻成一个扇形：用两手拇指放在传票的封面上，两手的其余四指放在背面，左手捏住传票的左上角，右手拇指放在传票的右下方，然后右手拇指向顺时针方向捻动，左手配合右手向反方向用力，轻轻捻动即成为扇形，最后用夹子将传票的左上角夹起，防止错乱，具体如图 6－6 所示。

（三）翻打传票

左手翻页，右手敲打，眼睛看数。

左手翻页：左手小指、无名指和中指放在传票本左下方，食指、拇指放在每题的起始

图 6 – 6　传票扇面

页，用拇指的指肚处轻轻靠住传票本应翻起的页码，翻上来后夹在中指与食指之间挡住，以便拇指继续翻下一页。

在翻打传票时，找页和记页如下：

找页：从图 6 – 5 所示的答题纸可以看出，传票翻打的试题并不是按自然顺序排列的，而是相互交叉，如图 6 – 5 中：第一道题是将第 24 页至第 43 页的第三行相加，第二道题则是将第 39 页至第 58 页的第五行相加。也就是首先要从传票的封面翻到 24 页，再一页一页地翻到第 43 页，再从第 43 页翻回第 39 页，依此类推，这就是所谓的找页。由此可知，找页的快慢和准确度，直接影响传票翻打的速度。

找页时，右手应在书写答案的同时，凭借左手的感觉，借助眼睛的余光，迅速翻到所需的页码。一般不应超过三次就要找到所需的页码，否则就会影响翻打的速度了。

记页：传票的题目固定为 20 页一题，但一不小心就会计算过页或少计页，所以为了避免这种情况的出现，在翻打传票时要求边翻页边默记页数，如图 6 – 5 的第一题，翻到第 24 页时默记"1"，翻到第 25 页时默记"2"，直到第 43 页默记"20"，然后与答题纸该题的结束页码相核对，如果无误，则写下答案。

(四) 书写答案

翻打完毕，结果同时显示在屏幕上，右手拿笔将最终答案清晰、工整地抄写在答题纸上。

 拓展阅读

传票翻打的技巧

(1) 传票扇面打开的角度最好在 20°～25°，以便翻开传票。扇面过小，翻动时容易造成传票连张，从而漏打传票；扇面过大，左手难以控制打过的传票，不易翻页。

(2) 左手翻页时，应做到右手同时按键，不能停顿。

(3) 要提高找页的速度和准确度，需练习左手的手感。找一本 100 页的传票，先练习一次翻 10 页，熟练后，再练习一次翻 20 页，依此类推。

(4) 提高传票翻打速度的关键是数字录入时应做到盲打。眼睛主要是看数，只用余光偶尔看一下键盘。

（5）传票翻打时，翻页、看数、按键、写数要协调进行，动作连贯，一气呵成。

（6）传票翻打没有捷径，必须要多练、苦练，持之以恒，才能做到又快又准。

 **课堂训练**

训练任务实施明细表

任务讨论	任务执行	任务总结（包括任务执行的时间、效果）
（1）如何练习正确的小键盘指法		
（2）如何提高小键盘录入的速度		
（3）如何又快又准地翻打传票		

任务二 账表算
Mission two ←

 **任务描述**

了解账表算的含义；掌握账表算的技能和技巧，能在具体工作中运用账表算的技能。

 **任务分析**

能一目两行或三行进行账表纵列计算，能进行账表横行的计算，能将账表轧平。

 **任务实施**

一、概述

账表计算就是对各种账簿、报表中的每一行或每一列进行加或减的计算，也叫表格算，比如日常会计工作中进行的会计账簿和会计报表的发生额、余额、累计数、合计数的计算即属于账表计算。账表计算是经济工作最常见的实务计算之一，因此它也是财经人员必备的一项基本技能。

日常练习账表算使用的是中国珠算协会统一的"账表算"式样和题型。它是由若干行和列构成的一张表格，所以也称为"表格算"。账表算的题量按技能等级设计，一般珠算4—6级的账表算由五列十五行组成，如表6-1所示。纵向十个算题，横向十五个算题，每行由不重复的三至六位数组成，每道题均衡排列，纵向题的三、五题，横向题的四、七、十、十二设有减数题。

而全国珠算比赛中的账表算由五列二十行组成。纵向五个算题，横向二十个算题。每行由不重复的四至八位数组成，每列由4个四位数、4个五位数、4个六位数、4个七位数、4个八位数组成。均为整数，不带角分。每张表中有四个减号，纵向第四、五题中各有两个，并分别排列在横向四个题中。全表共计运算数码600个，如表6-2所示。

表6-1　全国标准珠算技术普通四级鉴定试题

题　号	一	二	三	四	五	合　计
一	672 149	768	10 396	783 251	237 695	
二	30 528	915 473	459 827	546	80 174	
三	435	60 852	213	40 639	981	
四	819	8 047	-5 649	921	1 069	
五	2 086	638	702	8 349	243	
六	7 238	921	804 231	3 097	851	
七	94 371	4 589	570	15 482	-6 712	
八	5 014	1 295	687	6 025	3 427	
九	395	409 786	9 064	798	602 918	
十	687	307	5 916	416	-509	
十一	1 256	130	72 158	2 367	350	
十二	7 862	243	-3 082	8 973	465	
十三	904	1 562	173	207 564	7 042	
十四	106 453	5 029	465	105	3 784	
十五	790	37 614	8 934	810	59 836	
合　计						

表6-2　全国统一标准珠算技术竞赛题

题　号	一	二	三	四	五	合　计
一	77 659	9 382	2 570 101	65 438 218	838 292	
二	3 893	29 039	893 930	8 483 738	25 794 202	
三	9 248 303	733 893	73 802	29 343 720	-9 038	
四	33 903	849 904	7 384 748	3 844	27 319 283	
五	3 711 019	36 239	240 202	42 038 293	1 948	
六	8 281	32 758 933	23 882	-301 837	6 302 982	
七	530 101	3 292	27 184 982	93 820	3 420 124	
八	25 193 720	482 902	6 793	1 949 821	93 028	
九	47 728	52 946 364	598 473	1 482 775	8 684	
十	757 594	4 746	29 463	3 083 920	73 028 383	
十一	39 382	3 865 203	62 740 438	1 028	520 293	
十二	61 409 292	508 373	6 947	74 653	-3 783 939	
十三	4 795	5 872 954	20 984	183 203	41 062 895	
十四	2 784 093	49 265 198	792 035	6 387	20 674	
十五	329 821	6 082 354	16 329 025	42 763	2 834	
十六	8 425	10 473 928	4 690 328	-912 843	61 374	
十七	54 921 273	7 028 351	4 528	512 783	73 026	
十八	4 083 654	3 648	63 051 392	25 489	430 281	
十九	622 630	70 281	4 829	57 316 402	6 192 783	
二十	35 601 872	20 884	4 108 257	7 082	948 763	
合计						

二、账表算的运算方法

在账表算的练习中，要求合计列的总计数与合计行的总计数应相等（俗称"轧平"）。

（一）纵向题的运算方法

账表中的纵向题与珠算等级练习题相同，可采用一目三行简捷算法，把账表放在视线的正下方，计算器放在账表的右边，左手指数，并随着计算把账表向上推，使其计算的行数尽量在视线的正下方，以便看数、按键、抄写答数能快速进行。

（二）横向题的计算方法

账表算中的横向算题因平时练习较少，较好的打法是"钟摆式"，即第一题→（从高位往低位打）、第二题←（从低位往高位打）、第三题→、第四题←、第五题→。左手指数（小拇指指第一组数，无名指指第二组数，中指指第三组数，第四、第五组数不用手指，直接眼看入盘）。

 拓展阅读

账表算的关键是纵横要轧平。一般在比赛中，账表算每列计算正确14分，5列共70分；每行计算正确4分，20行共80分；纵横轧平50分；共计200分。

 课堂训练

训练任务实施明细表

任务讨论	任务执行	任务总结（包括任务执行的时间、效果）
如何又快又准地进行账表平打	自行定时练习	
	分组定时练习	
	分组比赛	

任务三 银行员工技能测评系统
Mission three

 任务描述

以某大型国有商业银行员工业务技能测试系统为背景，学习计算器传票翻打测试、计算器平打（账表）测试和外币折算三项内容。

 任务分析

以选择的某银行员工业务技能测试的要求为标准，明晰内涵和核定能级的标准，达到其考核要求。

一、测试系统介绍

国内许多大型国有商业银行开发和设置了对员工业务技能训练与测试的系统，我们仅以中国银行的员工业务技能测试系统为蓝本予以介绍。

中国银行员工技能测评系统中的计算器项目考试，包括计算器传票翻打测试、计算器平打（账表）测试和外币折算三部分，系统测评时间为 20 分钟。第三部分外币折算在练习中不用此项目，只练习和测试传票翻打、计算器平打（账表）两部分，总时间定为系统测试时间 20 分钟。系统采用倒计时的方法，测试时间终止后，学生可以查看成绩和试卷，了解录入数字的过程和对错情况。

二、中国银行员工技能测评系统的操作过程

第一步：点击中行技能测评系统中的考试系统，点击确定和左上角的笔尖处，进入选择考试类别页面，点击计算器项目考试及下一步操作。

第二步：进入计算器项目考试个人信息页面。在此页面录入姓名、选择所在单位、性别、年龄、录入身份证号码，点击开始考试。

第三步：点击进入后，请注意系统提示："请去掉传票本中第几页！！！"，做好考试准备，点击"确定"按钮考试即开始（在考试中注意将 Num Look 打开，并将输入法设置为英文），做好准备后，点击确定，这时系统开始倒计时。开始录入第一本传票，录入 50 行数字完成后，点击确定键（是 Y），结束第一本传票录入；接着录入第二本传票，录入 50 行完成后，点击确定键（是 Y），结束第二本传票录入；进入第三本传票录入，录入完成后，点击确定键（是 Y），系统提示"翻打部分录入完成，是否进入下一部分考试？"

第四步：点击确定键（是 Y），开始平打账表，"请注意去掉账表中第几行！！！"，并做好考试准备，点击"确定"按钮考试继续。

进入后进行第一列的计算，第一列 50 行数字录入完成后，点击确定键（是 Y），结束第一列的计算；接着录入第二列数字，录入完成后，点击确定键（是 Y），结束第二列的计算；进入第三列的录入，录入完成后，点击确定键（是 Y），系统提示"平打部分录入已经完成，是否进入下一部分考试？"这时学生点击"否"和左上方的"end"终止测试。

终止测试后，立即可以看到学生的成绩，并可以点击查看试卷。

第五步：点击查看试卷。左边为录入数据，右边为标准数据，可以核对录入过程中发生的差错情况，点击退出考试。

三、注意事项

学生在做练习时，要进入管理系统清除原来的考试记录，管理系统口令为 6 个 1，进入后点击左上方记录栏的后最一栏：清空所有数据库记录，然后再点击右上角的关闭键，将改动保存到成绩数据库。做好上述管理系统的工作后，重新进入考试系统练习即可。

关键词（中英文对照）

小键盘　Keypad	账表　Statement of Account
指法训练　Fingering　Training	计算　Calculate
传票　Voucher	轧平　Balance to an Account
技能　Skill	

 **项目训练**

训练一　相关知识

一、判断题

（1）账表平打的关键是纵横轧平。（　　）

（2）传票算中"3，35～54，（一）"则表示：第三道题的题目为第 35 页至第 54 页上第一行的数字相加，结果写在该行的"答案"处。（　　）

二、选择题

（1）小键盘中的（　　）为数字锁定键，即可开启小键盘。（　　）

A．"Num Lock"　　　　　B．"Enter"　　　　　C．任意键　　　　　D．"On"

（2）（　　）工作中需要运用传票算的技能。

A．原始凭证汇总　　　　B．账簿计算　　　　C．记账凭证计算　　　　D．报表计算

训练二　技能训练

一、小键盘录入练习

（一）入门指法训练

使用正确的指法进行同码连加连减。

$1+1+1+1+1+1+1+1+1+1=10$　　　　$10-1-1-1-1-1-1-1-1-1-1=0$

……

$9+9+9+9+9+9+9+9+9+9=90$　　　　$90-9-9-9-9-9-9-9-9-9-9=0$

（二）提高训练

（1）加百子：从 $1+2+3+4+\cdots+99+100$，答案是 5 050。

（2）减百子：先输入 5050，然后用 5050 依次 $-1-2-3\cdots\cdots-99-100$，最后得 0。

（3）正负百子：$1-2+3-4+5-6+7-8+\cdots+97-98+99-100$，答案是 -50。

（4）加减九变九：先录入 123456789，再连加此数 9 次，和为 1 234 567 890；然后再连减此数 9 次，答案为 123456789。

二、传票翻打练习

（一）准备一本 100 页的传票，进行如下计算

（1）计算传票 1～20，21～40，…，81～100 页各行的合计数。

（2）计算 5～24 页第一行的合计数。

（3）计算 81～100 页第四行的合计数。

（4）计算 13～32 页第二行的合计数。

（5）计算 48～67 页第三行的合计数。

（二）准备一本 100 页的传票，按下表（表训 6－1）进行传票翻打测试，将答案填入下表中

表训 6－1

题　号	起讫页数	行　数	答　案	题　号	起讫页数	行　数	答　案
1	65～84	（三）		26	39～58	（五）	
2	72～91	（一）		27	56～75	（四）	
3	57～76	（三）		28	32～51	（二）	
4	17～36	（四）		29	63～82	（三）	
5	48～67	（五）		30	34～53	（三）	
6	64～83	（三）		31	33～52	（一）	
7	37～56	（一）		32	35～54	（四）	
8	29～48	（三）		33	37～56	（五）	
9	30～49	（二）		34	61～80	（一）	
10	11～30	（一）		35	67～86	（五）	
11	74～93	（三）		36	62～81	（五）	
12	29～48	（三）		37	59～78	（四）	
13	33～52	（五）		38	51～70	（四）	
14	39～58	（五）		39	28～47	（四）	
15	69～88	（三）		40	49～68	（一）	
16	28～47	（一）		41	39～58	（二）	
17	53～72	（二）		42	57～76	（四）	
18	35～54	（一）		43	37～56	（四）	
19	12～31	（一）		44	8～27	（四）	
20	65～84	（四）		45	43～62	（五）	
21	41～60	（五）		46	7～26	（三）	
22	65～84	（四）		47	44～63	（一）	
23	31～50	（三）		48	1～20	（五）	
24	52～71	（一）		49	73～92	（二）	
25	17～36	（四）		50	30～49	（四）	

三、练习账表算（见表训6-2和表训6-3）

表训 6 – 2

题号	一	二	三	四	五	合计
一	147 256	973	20 768	369 478	714 823	
二	30 879	582 691	936 145	751	90 546	
三	538	70 324	427	50 192	295	
四	4 917	461	– 7 014	6 239	683	
五	605	8 274	257	403 715	4 067	
六	201 583	2 045	983	807	1 496	
七	460	19 786	1 679	680	– 32 918	
八	8 025	8 452	815	1 047	1 674	
九	368	605 937	6 089	326	807 259	
十	194	109	3 628	581	– 302	
十一	2 781	810	54 231	4 913	130	
十二	926	3 069	– 3 896	248	5 082	
十三	7 091	713	504	6 952	761	
十四	4 739	548	109 472	9 023	935	
十五	65 342	6 235	350	87 564	8 457	
合计						

表训 6 – 3

题号	一	二	三	四	五	合计
一	23 098 743	2 890	89 054	189 043	5 237 190	
二	3 724 901	83 057	758 361	58 492 742	3 401	
三	3 873	529 481	94 561 705	3 720 489	47 235	
四	48 215	16 723 491	3 847 091	2 375	753 094	
五	138 904	4 109 375	1 984	– 73 092	70 938 126	
六	9 326	758 923	36 190 832	58 721	7 128 093	
七	39 281	32 758 904	4 163 582	501 837	– 9 586	
八	534 201	9 075 381	7 428	35 409 621	70 942	
九	35 601 872	2 081	79 032	4 098 621	948 763	
十	2 943 786	13 572	654 892	4 902	89 756 423	
十一	23 409	7 689 041	7 845	34 986 715	905 843	
十二	780 432	3 295	10 943	8 976 435	90 487 325	
十三	18 954 326	87 362	489 016	– 9 028	6 709 325	
十四	3 287 406	598 231	91 028 375	50 932	7 358	
十五	7 304	20 943 875	9 304 185	749 631	20 674	
十六	329 801	56 093	16 329 075	4 763	9 012 834	
十七	74 596 031	689 413	9 708 642	13 542	1 374	
十八	5 491 273	97 028 351	4 528	512 783	– 73 026	
十九	7 634	2 753 648	85 627	79 856 321	430 281	
二十	50 938	69 073	780 431	4 709 852	56 192 783	
合计						

项目七
常用办公设备操作

 项目介绍

　　财经工作中除有大量的计算工作外，也有打印复印凭证、账簿和会计报表等及其他文案工作，还包括收银、开具发票等工作，这些工作都需要借助一些办公设备才能完成。本项目将介绍财经工作中常用的打印复印传真一体机、科学计算器、POS 机、防伪税控系统的使用。

 学习目标

　　了解多功能一体机、科学计算器、POS 机、防伪税控系统的构成，掌握多功能一体机、科学计算器、POS 机、防伪税控系统日常使用方法，运用多功能一体机打印复印文档、运用科学计算器进行日常财经工作的计算、运用 POS 机处理日常收银工作、运用防伪税控系统进行开票、抄税及报表处理。

 教学导航

　　教学指引：本项目的内容均为实践操作性的内容，因此教学中实践操作是首要的。教学中可先通过视频或图片了解各种设备的构成及各按键功能，然后边实践操作边讲解操作步骤及要点。

　　学习引导：本项目学习的关键是实践操作，主要的学习方法是在教师的指导下根据案例操作各项设备。

 教学准备

　　多功能一体机、科学计算器、POS 机、防伪税控系统。

任务一 打印机与多功能一体机的操作
Mission one

任务描述

认识打印机与多功能一体机，了解打印机与多功能一体机的分类及构成，熟练掌握打印机和多功能一体机的使用方法。

任务分析

使用打印机打印文档、简单维护打印机，使用多功能一体机进行打印、复印和传真。

任务实施

一、打印机

打印机是计算机的输出设备之一，用来打印各种文字、图形等信息，是最常用的办公设备之一。

（一）打印机的分类

商品化的打印机自 1968 年正式推出，发展到现在，已经开创了功能齐全、操作简便、应用普及、品牌众多的局面。面对众多的打印机，分类方法也各异。目前，使用最普遍的分类方法是按打印原理分为针式打印机、喷墨打印机、激光打印机和热转换打印机等几类。

1. 针式打印机

针式打印机是一种击打式打印机，它利用机械和电路驱动原理，使打印针撞击色带和打印介质，进而打印出点阵，再由点阵组成字符或图形来完成打印任务，如图 7 - 1 所示。

针式打印机结构简单、技术成熟、性价比高、消耗费用低，但噪声很大、分辨率较低、打印针易损坏，故已从主流位置上退下来，逐渐向专用化、专业化方向发展。针式打印机其性能稳定、打印出的资料保存时间长，能满足用户的特别打印需求，如可以打印标签、票据与存折、自带复写纸（发票）、蜡纸等。所以还不能完全将其淘汰，特别是某些财务工作还要求必须使用针式打印机，比如打印发票、一般纳税人的增值税纳税申报表等。

2. 喷墨打印机

喷墨打印机是一种经济型非击打式的高品质彩色打印机。它的工作原理与针式打印机相同，只是喷墨打印机的打印头是由成百上千个直径极其微小（约几微米）的墨水通道组成，当打印头的控制电路接收到驱动信号后，打印机将墨水喷出喷孔，喷出的墨水到达打印纸，即产生图形，如图 7 - 2 所示。

图7-1　针式打印机　　　　　　　　　图7-2　喷墨打印机

喷墨打印机具有打印质量好、无噪声、可以用较低成本实现彩色打印等优点，但它的打印速度较慢，而且配套使用的墨水价格较高，故较适合于打印量小、对打印速度没有过高要求的场合使用。目前此类打印机在家庭中较为常见。

3. 激光打印机

激光打印机应用的是电子成像技术，当计算机主机向打印机发送数据时，打印机将打印内容转变为感光鼓上的以像素点为单位的点阵位图图像，再转印到打印纸上，形成打印内容。激光打印机打印一次成像一整页，是逐页打印，如图7-3所示。

激光打印机具有打印速度快、打印质量高、打印成本低和无任何噪声等优点，因此逐渐成为人们购买打印机时的首选，也是最终全面取代喷墨打印机的产品。

（二）打印机的构成

不同型号和品牌打印机的外观结构会有不同，下面以一款喷墨打印机简单说明其外观结构如图7-4所示。

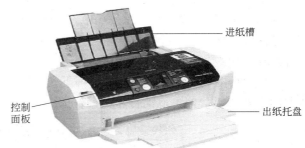

图7-3　激光打印机　　　　　　　　　图7-4　打印机外观

（三）打印机的操作方法

1. 安装打印机

（1）连接打印机：将USB电缆的一端插入打印机，另一端插入电脑主机。

（2）安装打印机驱动程序：打印机接通电源后，将随机附送的光盘放入光驱。计算机将自动执行安装程序，并且屏幕上将显示打印机驱动软件安装的界面，根据屏幕上安装向导的提示进行安装。

（3）检查打印机安装是否成功。

① 重新启动 Windows。

② 进入 Windows 控制面板，双击"打印机"图标，再在默认打印机图标上单击右键并选"属性"菜单项，屏幕上出现打印机设置对话框。

③ 单击"打印测试页"按钮，如果打印正常，则说明打印机安装成功。

④ 退出打印机设置对话框后便可使用打印机。

2. 打印机的日常使用步骤

（1）启动打印机：接通电源，按下电源开关，当电源指示灯变为绿色时，则打印机准备就绪。

（2）执行打印任务：把所需打印的文件设置好页面后，单击"文件"，选择"打印"选项，在对话框中设置好相关参数（如需打印的页面范围、打印份数等）后，单击"确定"按钮，则开始打印，如图 7 - 5 所示。

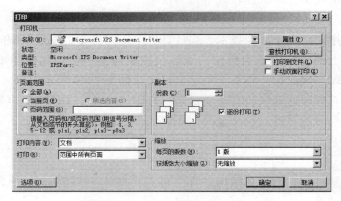

图 7 - 5　打印设置界面

3. 取消打印任务

若打印执行中，发现所打印的文件有错误需取消重新更正，则可"取消打印任务"。取消打印任务的方法有以下两种：

（1）使用打印队列。双击桌面右下角的"打印机"图标，在"打印机"菜单下选择"取消所有文档"即可取消打印文档，如图 7 - 6 所示。

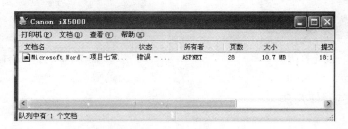

图 7 - 6　取消打印文档

（2）使用控制面板。单击开始→设置→控制面板→打印机和传真，在弹出如图 7 - 6 所示的对话框中选择"取消所有文档"亦可取消打印文档。

4. 关闭打印机

按下电源开关，电源指示灯熄灭后，则打印机关闭。

二、多功能一体机

多功能一体机（AIO，all in one）是指在一台独立的机器上集打印、复印、传真或扫描等多种功能于一体的办公设备，而且多项功能必须可以同时工作。由于其具有操作简单、合理利用有限空间、工作效率高等诸多优势，现在已成为大多数单位必备的办公设备了，如图7－7所示。

图7－7　多功能一体机

理论上多功能一体机的功能有打印、复印、扫描、传真，但对于实际的产品来说，只要具有其中的两种功能就可以称之为多功能一体机了。日常办公常用的是集打印、复印、传真为一体的一体机。

多功能一体机虽然有多种功能，但是打印技术是多功能一体机的基础功能，因为无论是复印功能还是接收传真功能的实现都需要打印功能支持才能够完成。因此多功能一体机可以根据打印方式分为激光型产品和喷墨型产品两大类。同打印机一样，喷墨型多功能一体机的价格较为便宜，同时能够以较低的价格实现彩色打印，但是使用时的单位成本较高，而激光型多功能一体机的价格较贵，若是带有彩色打印功能的，则更贵，但它在使用时的单位成本比喷墨型产品低许多。

多功能一体机的外观、功能和操作方法因品牌、型号各异，但大致相差无几。下文将以HP LaserJet M1536dnf MFP多功能一体机为例作介绍。

（一）HP LaserJet M1536dnf MFP多功能一体机的外观视图及控制面板（图7－8、图7－9）

（二）使用方法

HP LaserJet M1536dnf MFP多功能一体机具有打印、复印、扫描、传真的功能，其中的

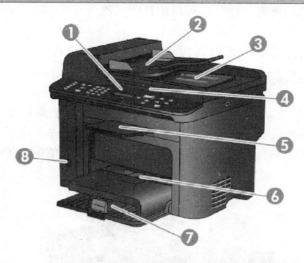

图 7 - 8　HP LaserJet M1536dnf MFP 多功能一体机的外观视图

注：①控制面板；②文档进纸器进纸盘；③文档进纸器出纸槽；④扫描仪盖板；⑤出纸槽；
⑥优先进纸盘；⑦纸盘1；⑧电源按钮

图 7 - 9　HP LaserJet M1536dnf MFP 多功能一体机的键盘

打印、扫描功能需通过执行计算机程序才能实现，而复印和传真功能则通过控制面板上的按键实现。

1. 打印

方法同打印机的使用。

2. 扫描

HP LaserJet M1536dnf MFP 多功能一体机可以通过以下两种方法实现扫描功能：

① 使用 HP 扫描软件从计算机上扫描。

② 使用其他符合 TWAIN 或 Windows 成像应用程序（WIA）的软件进行扫描。

（1）使用"HP LaserJet 扫描"进行扫描（Windows）的操作步骤。

① 双击桌面上的 HP 扫描图标；

② 选择一种符合要求的快捷图标，然后进行调整设置；

③ 单击扫描。

（2）使用其他符合 TWAIN 或 Windows 成像应用程序（WIA）的软件进行扫描。

一种扫描软件并不是适用于任意一种型号的一体机，如 HP LaserJet M1536dnf MFP 多功能一体机除自带的扫描软件外，则只可用符合 TWAIN 或 Windows 成像应用程序（WIA）的软件进行扫描，而不能用其他的扫描软件。

使用其他符合 TWAIN 或 Windows 成像应用程序（WIA）的软件进行扫描的操作步骤如下：

① 将要扫描的原件面朝下装入文档进纸器；

② 打开计算机的"相机和扫描仪"图标；

③ 双击产品图标；

④ 根据扫描向导的提示操作，直至扫描成功。

（3）取消扫描。

要取消扫描作业，可以选择以下步骤中的任意一种：

①在产品控制面板上按下取消按钮；

②单击屏幕对话框中的取消按钮。

3. 复印

复印的大致操作步骤如下：

① 将文档放在扫描仪玻璃板上；

② 在小键盘上输入所需复制的份数（默认为一份）；

③ 按下开始复印 按钮即开始复印。

④ 复印完毕后，关闭电源即可。

4. 传真

（1）安装和连接。传真需要利用电话线路传递信号，因此在第一次使用本一体机进行传真操作前，需将一体机与电话线路相连接。具体方法就是将一条电话线一头接入电话的预留端口，另一头接入一体机的"电话"端口即可，如图 7 – 10 所示。

（2）设置传真机。如果要求发送的传真文件中显示出发送的单位名称、发送的日期和时间，则需要进行相应设置。一般可通过控制面板进行设置，方法如下：

① 在控制面板上按下"设置"按钮，如图 7 – 11 所示。

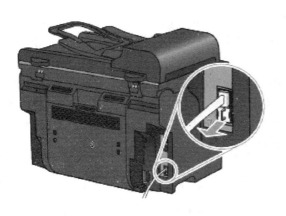

图 7 – 10　一体机与电话线路连接

设置按钮

图 7 – 11　传真设置按钮

② 使用箭头按钮选择系统设置菜单，然后按下"OK"按钮。

③ 使用箭头按钮选择时间/日期菜单，然后按下"OK"按钮。

④ 使用箭头按钮选择 12 小时时钟或 24 小时时钟，然后按下"OK"按钮。

⑤ 使用小键盘输入当前时间，如果采用 12 小时制，则使用箭头按钮移过第四个字符，选择"1"表示上午，或选择"2"表示下午，按下"OK"按钮；如果采用 24 小时制，则在输入当前时间后，直接按下"OK"按钮。

⑥ 使用小键盘输入当前日期，使用两位数来指定月份、日期和年份，然后按下"OK"按钮。

⑦ 使用箭头按钮选择传真设置菜单，然后按下"OK"按钮。

（3）传真机的日常使用。

① 发送传真。

A. 将文稿正面朝上放送稿器中，调整好位置，如图 7－12 所示；或者将文稿正面朝下放在扫描仪玻璃板上，如图 7－13 所示。

图 7－12　发送传真文稿放置示意图（一）　　　　图 7－13　发送传真文稿放置示意图（二）

B. 按下"电话簿"（▭）按钮，从电话簿中选择所要发放的号码，若电话簿中没有所要发放的号码，则使用控制面板上的数字键拨打电话号码。

C. 按下控制面板上"开始传真"（📞）按钮，则开始进行传真作业。

② 接收传真。接收传真的方式有自动接收和手动接收两种。

A. 自动接收。按下控制面板上的"传真菜单"（📠），使用箭头按钮选择接收选项中的"自动"，然后按下"OK"按钮，则将传真设置为自动接收方式。当有传真信号传入时，在电话铃响若干声（可自行设置）后，将自动接收传入的文稿。

B. 手动接收。按下控制面板上的"传真菜单"（📠），使用箭头按钮选择接收选项中的"手动"，然后按下"OK"按钮，则将传真设置为手动接收方式。当传真信号传入时，在电话铃响若干声后，按下"开始传真"（📞）按钮，则开始接收传真。

 拓展阅读

很多人认为，一体机不过是几种设备简单地组合而已，所以在使用时也没有很好地发挥一体机的集成功能。其实一体机并不是简单外设产品的堆积，而是多种设备的组合和功能的优化。比如，扫描仪和打印机集成在一起不仅具有扫描、打印的功能，同时增加了复印功能。所以我们首先要了解一体机具有哪些扩展功能，在使用时要尽量发挥这些扩展功能的优势。传真型一体机给多位客户发送传真的传统方法是先把稿件打印出来，再一位一位地发送，这样不仅浪费时间，工作效率还很低。但是对于具有内存传真和批量传真功能的传真型一体机来说，这件事情就变得轻松多了。首先把需要发送的传真稿件扫描进一体机的内存里，设置好需要发送传真客户的电话号码，就可以轻松地批量完成发送任务，不仅省去多次拨打电话、发传真稿的麻烦，还加快了传真速度，降低了电话费用，避免纸张浪费，同时效率也可大大提高。因此，熟练运用一体机的集成功能，能增加使用的便捷性，降低办公成本。

 课堂训练

（1）观察多功能一体机的外观构成及各按键位置。

（2）使用多功能一体机复印一份文档，发送、接收一份传真。

任务二　科学计算器的运用
Mission two

 任务描述

认识科学计算器，了解科学计算器常用按键的功能，掌握科学计算器在日常财经工作中的使用方法。

 任务分析

在票币计算、税金计算、利息计算及统计工作中能熟练运用科学计算器。

 任务实施

财经工作中有大量的计算工作，工作人员在计算中可以使用的工具有算盘、计算器等。计算器与算盘比较具有体积小、便于携带、使用方法简单等优点，因此在现在的财经工作中被广泛使用。

计算器按功能不同分为标准计算器和科学计算器两种。标准计算器一般按键和显示屏均较大，数字大而清晰，能够进行加、减、乘、除、平方根、百分比等运算，可以满足经济工作中的常用简单计算，标准型计算器如图7-14所示。

但财务工作的预测、预算、决算等工作除了要进行加、减、乘、除、平方根等运算外，还需要乘方、多次方根等运算，这就需要使用科学计算器才能完成，科学计算器如图7-15所示。

图 7 - 14　标准型计算器

图 7 - 15　科学计算器

一、科学计算器的功能及按键说明

（一）科学计算器的功能

科学计算器除了能进行四则运算、百分比计算外，还可进行统计计算和科学计算，其主要功能包括：

（1）简单计算：四则运算、倒数等基础运算。

（2）函数计算：正切、余切等函数运算。

（3）科学计算：可进行函数、对数运算以及阶乘、幂运算等。

（4）数制的转换：可进行十进制、二进制、八进制、十六进制整数的相互转换。

（二）科学计算器的按键说明

目前市面上的科学计算器有许多品牌和型号，不同品牌和型号的计算器的按键分布位置、标识等方面不完全相同，但区别不是很大。下面将以卡西欧 fx - 82ES PLUS 常用功能键为例介绍，如表 7 - 1 所示。

表 7 - 1　卡西欧 fx - 82ES PLUS 常用功能按键说明

按键名称	功能	具 体 说 明
SHIFT	功能转换键	按下此键,显示屏指示符显示为"S",键盘进入转换功能,表示键将进入黄色符号所标识的功能,再按该键则返回原状态
ALPHA	英文字母键	按下此键,显示屏指示符显示为"A",键盘可输入所标的红色字母
REPLAY	光标/重演键	按下此键,可在显示屏上移动光标
MODE	模式键	按下此键,显示屏显示各模式:1——COMP(基本算术模式);2——STAT(统计和回归计算模式);3——TABLE(在表达式的基础上生成数表)

续表

按键名称	功能	具 体 说 明
ON	开机键	按下此键,开启计算器
RCL	叫出键	按下此键后输入一下字母,可调出此字母变量的值
STO	存储键	按下"SHIFT",再按下"RCL",该键则转换成"STO",再输入一个字母,可将计算结果储存于此字母变量
M +	独立存储器	按下此键,可将显示的数值存储于存储器
DEL	删除键	按下此键,可删除光标所在位置的字符
INS	插入键	按下"SHIFT",再按下"DEL",该键则转换成"INS",此时显示屏显示插入光标,则在插入光标处可插入字符或命令
AC	清除键	按下此键,可清除显示屏显示的内容
OFF	关机键	按下"SHIFT",再按下"AC",该键则转换成"OFF",则关闭电源
ANS	答案存储器	按下此键,可调出上一次的计算结果,"ASN"储存的是最近一次的计算结果

二、科学计算器在财经工作中的具体运用

(一)科学计算器在票币计算中的运用

票币计算是指现金的经管人员(如收银员、出纳员)盘点现金时,根据各面值现金的张数计算总计数的方法,如表7-2所示。

表7-2　现金交款单

券 别	张 数	金　　　额								应收记录	
		十	万	仟	百	十	元	角	分	柜　别	金　额
100 元	300										
50 元	120										
20 元	80										
10 元	70										
5 元	100										
2 元											
1 元											
5 角											
2 角											
1 角										童装	
5 分											
2 分											
1 分											
现金小计											
托收											
支票											
合计											
缴款人签字										应收实收溢短额	
复核人签字										收款人签字	

这里使用的是科学计算器"独立存储"的功能，科学计算器的"独立存储器"功能键是"M＋"，具体步骤如下：

1. 清除设置

（1）按下电源键"ON"；

（2）按下"shift"，再按下"CLR"，显示屏出现提示：

Clear？

1：Setup　2：Memory　　3：All

（3）按下"1"键，显示屏出现提示：

Clear　Setup？

"＝"：Yes　　　"AC"：Cancel

（4）按下"＝"键，显示屏出现提示：

Complete！　　　　Press"AC"Key

此时，计算器已清除独立存储器中储存的所有设置，可以开始计算了。

2. 开始计算（表7－3）

表7－3

步　骤	具体操作	显示的结果
① 计算 100×300 并将结果添加到存储器	100×300 M＋	30 000
② 计算 50×120 并将结果添加到存储器	50×120 M＋	6 000
③ 计算 20×80 并将结果添加到存储器	20×80 M＋	1 600
④ 计算 10×70 并将结果添加到存储器	10×70 M＋	700
⑤ 计算 5×100 并将结果添加到存储器	5×100 M＋	500
⑥ 调出计算的结果	"RCL""M＋"	38 800
⑦ 把结果写入现金交款单		
⑧ 清除存储器的内容	"shift""CLR""2""＝""AC"	0

 拓展阅读

"AC"键只能显示显示屏的内容，不能清除已存储的内容，也不能清除已进行的设置。如果要清除已存储的内容或已进行的设置，只能使用"SHIFT""CLR"，在显示屏出现清除提示后，然后根据需要进行选择。若是清除设置则按下"1"键，若是清除存储的内容，则按下"2"键，若是全部清除则按下"3"键。

（二）科学计算器在税金计算中的运用

在财经工作中，要经常计算流转税及附加。由于流转税是根据流转额计算，而附加是根据流转税计算，而且目前的附加是三个项目，如果使用普通计算器的话，就需要先根据流转额把流转税计算出来，再计算第一项附加，把结果记下来。然后清除当前内容，录入前面已计算出的流转税，再计算第二项附加。如此反复，直至计算完成。这样的操作就比较麻烦了。如果使用科学计算器中的"变量存储器"，这个问题就迎刃而解了。

科学计算器的"变量存储器"功能键是"STO"。下面通过例7-1说明运用"变量存储器"计算税金。

[例7-1]　某园林景观设计公司2012年1月设计服务收入378 430元，该公司营业税率为5%，城建税税率为7%，教育费附加为3%，地方教育费附加为2%，请计算该公司2012年1月应交的营业税金及其附加，并加计合计。

计算过程如表7-4所示。

表7-4

步　骤	具　体　操　作	显示的结果
① 计算营业税并将结果指定给变量A，然后将结果存入存储器	378430 × 0.05"SHIFT""STO""A""M +"	18 921.5
② 调出变量计算城建税并将结果存入存储器	"ALPHA""A"×0.07"＝""M +"	1 324.505
③ 调出变量计算教育费附加并将结果存入存储器	"ALPHA""A"×0.03"＝""M +"	567.645
④ 调出变量计算地方教育费附加并将结果存入存储器	"ALPHA""A"×0.02"＝""M +"	378.43
⑤ 加计营业税金及附加的合计数	"RCL""M +"	21 192.08
⑥ 取消变量A	0"SHIFT""STO""A"	0

（三）科学计算器在计算利息中的运用

在财务预测、决策工作中，经常用复利的方式计算现值、终值等指标，在学习时一般是利用现值系数、终值系数表查表计算。这种方法虽然简单，但事实上不甚实用。主要原因有两个：一是现值系数、终值系数表中利率都是整数，而在现实经济中，利率不一定都是整数；二是工作人员不可能随时把系数表带在身边。但如果使用科学计算器的高次方功能就可以解决这个问题。

科学计算器的高次方功能键是："x^y"。下面通过例7-2、例7-3说明运用高次方功能键计算复利终值和现值。

[例7-2]　万丰公司准备购入平价面值100万元的债券，该债券票面利率为4.2%，每半年计息一次，复利计息，期限为两年，到期一次还本付息。请问万丰公司到期收回的本金及利息是多少？

$$万丰公司到期收回的本金及利息 = 100 × (1 + 4.2\%/2)^4$$

计算过程如表7-5所示。

表7-5

步　骤	具　体　操　作	显示的结果
录入表达式并执行	100 × (1 + 4.2"SHIFT"% ÷ 2)x^y 4 =	108.668 323 8

[例7-3]　万丰公司预计三年后将购入一台价值80万元的设备，若从现在开始买入一批期限为三年，年利率为3.8%，半年复利一次的债券，该批债券的面值应是多少？

$$万丰公司现在应买入债券的面值 = 80 × (1 + 3.8\%/2)^{-6}$$

计算过程如表7-6所示。

表7-6

步　骤	具　体　操　作	显示的结果
录入表达式并执行	80 × (1 + 3.8"SHIFT"% ÷ 2)x^y -6 =	71.457 017 08

（四）科学计算器在统计中的运用

按下科学计算器的"MODE"键，选择"2"，计算器则进入统计模式，然后根据需要选择显示屏出现的不同统计类型，具体模式如表7-7所示。

表7-7

显示的类型	表 达 式	具体统计类型
1:1—VAR		单变量X
2:A+BX	$Y=a+bx$	双变量(X,Y)，线性回归
3:__+CX^2	$Y=a+bx+ex^2$	双变量(X,Y)，二次回归
4:ln X	$Y=a+blnx$	双变量(X,Y)，对数回归
5:e^X	$Y=a+e^{bx}$	双变量(X,Y)，e指数回归
6:A.B e^X	$Y=ab^x$	双变量(X,Y)，a、b指数回归
7:A. X^B	$Y=ax^b$	双变量(X,Y)，乘方回归
8:1/X	$Y=a+\dfrac{b}{x}$	双变量(X,Y)，逆回归

在统计的日常工作中，最常用的是"1：1—VAR"单变量类型。可以用计算平均值$\bar{x}$，样本标准差SX，总体标准差σx，样本量n，变量和$\sum X$，平方和$\sum X^2$。

下面举例说明运用科学计算器来计算以上指标。

[例7-4] 请对下面这批数据进行统计分析：

55、54、51、55、53、53、54、52

计算过程如表7-8所示。

表7-8

步 骤	具 体 操 作	显示的结果	
一、进入统计(STAT)模式	"MODE""2""1"	1 2 3	X
二、录入数据	"55""="54""="51""=" "55""="53""="53""=" "54""="52""="		
三、检查输入数据的正确性	如果有错误,则移动光标至错误数据,将其修改正确		
四、开始计算			
(一)计算样本量n	"AC""SHIFT""1""4""1"	8	
(二)计算平均值$\bar{x}$	"AC""SHIFT""1""4""2"	53.375	
(三)计算总体标准差σx	"AC""SHIFT""1""4""3"	1.316 956 719	
(四)计算样本标准差SX	"AC""SHIFT""1""4""4"	1.407 885 953	
(五)计算变量和$\sum X$	"AC""SHIFT""1""3""2"	427	
(六)计算平方和$\sum X^2$	"AC""SHIFT""1""3""1"	22 805	

三、科学计算器使用的注意事项

（1）科学计算器是用精密的配件所制成，绝对不要将其拆解。

（2）避免掉落计算器和使其受到其他强烈撞击。

（3）不要将计算器保存或放置于高温或高湿度或灰尘多的地方。

（4）无论 5 年期间进行了多少计算，都必须更换一次电池，不要让耗尽的电池留在电池舱内。

（5）当"Low battery！（电力低下）"信息出现于显示屏时，应尽快更换主电源电池。更换电池时，应确认电源已处于关闭状态。

 拓展阅读

计算器与计算机

"计算器"（calculator，counter）一词是由日本传入中国的。它是能进行数学运算的手持机器，拥有集成电路芯片，但结构简单，比现代电脑结构简单得多，功能也较弱，但由于体积小、携带方便且价格低廉，广泛运用于商业交易中，是必备的办公用品之一。

与电子计算机相比，区别在于：

（1）计算器只是简单的计算工具，虽然有些机型具备函数计算功能，有些机型具备一定的储存功能，但一般只能存储几组数据。计算机则具备复杂存储功能、控制功能，更加强大，所以俗称"电脑"。

（2）计算器和计算机一样都能够实现数据的录入、处理、存储和输出，但它不能自动地实现这些操作过程，必须由人来操作完成。而计算机通过编制程序能够自动进行处理。所以以自动化程度来区别二者，就在于是否需要人工干预其运行。

（3）二者还有另一个本质性的区别。计算器使用的是固化的处理程序，只能完成特定的计算任务，而计算机借助操作系统平台和各类应用软硬件，可以无限扩展其应用领域。也就是说，是否具有扩展性是二者的本质区别。

 课堂训练

（1）万丰公司目前有一笔暂时闲置不用的 500 000 元，公司希望该笔资金三年能购入时价 560 000 元的一台设备，若该公司现在将该资金用于一项一年复利一次、到期还本付息的债券投资，请问该债券的年利息应达到多少？

（2）使用科学计算器对以下一组数据进行统计分析：

27、35、34、23、46、50、51

任务三 POS机的运用
Mission three ←

 任务描述

了解 POS 系统的构成，了解 POS 机键盘各按键功能，掌握 POS 机的使用。

任务分析

熟悉 POS 收银流程，能熟练使用 POS 机进行收银工作。

任务实施

POS（Point of Sales）通常被译为"销售终端"，全称为销售点情报管理系统，是一种配有条码或 OCR 码（Optical Character Recognition，光字符码）的终端阅读器，有现金或交易额度出纳功能。POS 机与结算系统相连，对商品交易提供数据服务和管理功能，并进行货款结算。

以前零售业使用的常规收银机只能处理简单收银、开具发票、结账等简单销售作业，仅能提供销售总金额、部门销售情况等基本统计资料，而其他的管理信息极为有限，对于零售业管理中非常重要的信息如营业毛利分析、单品销售资料、畅滞销商品、商品库存等却无法提供。而 POS 系统则能解决上述零售业管理的盲点。因此目前已广泛地使用在超市、连锁店、大卖场、大中型饭店等商业领域中。

一、POS 机的基本原理

POS 系统基本原理是先将每一商品编码，各编码以条形码的形式附在商品外包装上，然后将商品信息（如品名、规格、型号、供应商、单价、折扣等）创建于计算机收银系统内，通过计算机与收银机的联机系统，使用收银外置设备条码阅读器直接读入商品编码（或由键盘直接输入编码），POS 机就马上可以显示商品信息（品名、规格、型号、单价、折扣、部门等），这样就大大提高了收银的速度与正确性。

结算时，POS 机是通过读卡器读取银行卡上的持卡人磁条信息，由 POS 机操作人员输入交易金额，持卡人输入个人识别信息（一般为密码），POS 机把这些信息通过银联中心，传送至发卡银行系统，完成联机交易，给出成功与否的信息，并打印相应的票据。POS 的应用实现了信用卡、借记卡等银行卡的联机消费，保证了交易的安全、快捷和准确，避免了手工查询黑名单和压单等繁杂劳动，提高了工作效率。

交易时，将每笔商品销售明细资料（售价、部门、时段、折扣等）自动记录下来，再由联机系统传回计算机。经由计算机计算处理即能生成各种销售统计分析信息作为经营管理的依据。

二、POS 机的分类

按 POS 系统分为两大类：商业 POS 机和金融 POS 机，如图 7 - 16 和图 7 - 17 所示。

商业 POS 机主要用于商铺的销售及收银管理。它可以完成收款、到货确认、验货、销售数据组织等功能，其收款方式可以是现金、银行转账、礼券等。如果客户购物用银行卡支付，实际上是客户先用金融 POS 机完成了银联卡支付交易，拿到"银联小票"，然后商家确认客户已用银联卡支付了交易款后，再在商业 POS 机的收银机上完成交易，开出"购物小票"。在商业领域广泛使用的就是这种商业 POS 机，如图 7 - 16 所示。

金融 POS 机仅用于银行卡支付，即通过在金融 POS 机上刷银行卡的方式，把付款账号、付款金额等付款信息读入 POS 系统，付款人确认转账消费的金额和商户，然后银联定期把钱转给商户。金融 POS 系统的硬件就是通常见到的银联读卡器，如图 7 – 17 所示。

图 7 – 16　商业 POS 机

图 7 – 17　金融 POS 机

三、POS 系统的构成

事实上仅有 POS 机是不能工作的，它必须是一个完整的系统，包括硬件和软件两部分。其软件包括操作系统和应用系统（POS 软件）。也就是说，事实上 POS 机也就是一台计算机，只是一台专用于销售及收款管理的计算机，必须要有计算机的硬件（主机、键盘、显示器等），要有操作系统（如 Windows XP），还要有 POS 软件。

POS 机硬件结构如图 7 – 18 所示。

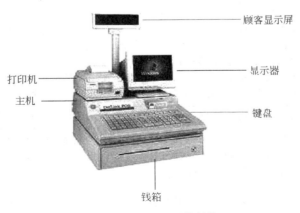

图 7 – 18　POS 机硬件结构

随着 POS 机功能的增加，POS 机除了自身的软件、硬件外，还有许多的外围设备：

（1）打印机，POS 机除了自带的打印机外，还可连接外置打印机，如餐饮业中所用的厨房打印机和税控打印机。

（2）条码阅读器，是条形码的读入设备，用于读入商品的编码。其读入的速度和准确度都不是手工录入编码可比的。

（3）磁卡阅读器，是一种将磁记录信号读入 POS 系统的设备，主要用于读入会员卡、电子礼券等 IC 卡信息。

（4）密码键盘，是用于输入银联卡或其他支付卡密码的一种设备。

（5）电子秤，现场称重计量商品时，电子秤将商品重量及其数据传递给 POS 系统。

（6）调制解调器，即 MODEM，主要是将 POS 前台信息传递给后台管理系统。

四、POS 机的键盘

不同品牌和型号的 POS 机键盘在布局上略有不同，但键盘中各按键的功能大致相同。下面以 Beetle/M POS 机为例介绍 POS 机键盘各按键的分布及功能。

（1）POS 机键盘如图 7 - 19 所示。

主菜单	暂停恢复		倍增		退格	清除			退货	管理员菜单
登入退出	价格修正	发票	7	8	9				称重	培训模式
安全模式	作废		4	5	6					
	上一行	上页	1	2	3	回车确认	结账方式	是	否	
价格查询	下一行	下页	0		00					

图 7 - 19　POS 机键盘

（2）POS 机主要按键功能，如表 7 - 9 所示。

表 7 - 9

按键名称	主 要 功 能
主菜单	① 清点钱箱：收银员在开机和关机清点备用金时使用 ② 恢复打印机：使打印机重新工作，当出现打印机错误信息时，请尝试使用此功能 ③ POS 报告：打印收银机销售情况的报告即硬盘总计报告 ④ 更改密码：可以更改收银员的密码 ⑤ 打印最后一次信用卡单：打印 POS 机最后一次交易的银行卡单 ⑥ 输入发票序号：打印卷式发票时，输入发票上的当前发票号码
登入/退出	输入收银员代码和密码登入系统进行收银操作，离开收银机时可以用该键退出系统
安全模式	当收银员暂时离开收银台时，可以用该键进入安全模式，以防止不相关的人员操作收银机，当收银员需继续收银操作时，在此模式下按登入/退出键，并输入密码即可
价格查询	按此键，并扫描商品，可以查询该商品的价格等
暂停/恢复	当收银员由于某种原因暂时不能完成此交易时使用，该笔交易暂时在系统中保留，以待需要的时候恢复并继续此交易
价格修正	当所要销售商品的价格与系统价格不一致时，确认后可以用此键作价格修正处理
作废	需要取消一个商品或付款时，用此功能作废以前的输入
上一行	用此键在屏幕上，向上选择所需的商品
下一行	用此键在屏幕上，向下选择所需的商品

续表

按键名称	主　要　功　能
倍增	相同商品6件(含6件)以上可以用倍增键,先在输入区域输入想要倍增的倍数,再按倍增键,再扫描所要销售的商品
清除	错误清除键,或取消操作
退格	清除前一次输入
退货	用于收银机的退货交易,由服务台操作此菜单
管理员菜单	此项功能只能由授权的管理员以上的人才能操作: ① 打印最后一次交易:重打印最后一次交易的收银条 ② 后期作废交易:后期作废已销售的交易 ③ 作废交易:作废当前的整笔未结账的交易 ④ 打开收银箱:在非销售状态下打开收银箱 ⑤ 重启POS机:重新启动POS机 ⑥ 关闭POS机:关闭POS机
培训模式	用于培训新收银员,该数据不会作为销售数据进行处理。进入培训模式,需要在初始界面按此键,此时会提示进入管理权限,当操作员完成培训退出系统时,系统会提示"是"/"否"退出培训模式,如果想继续培训下一个收银员,则按"是",否则按"否"以退出培训模式进入正常销售模式,培训菜单需卖场主管以上人员操作
结账方式	按结账方式键,屏幕会出现几种付款方式,选择相应的付款方式并输入金额,以结束交易

五、POS机的操作流程

POS机操作流程如图7-20所示。

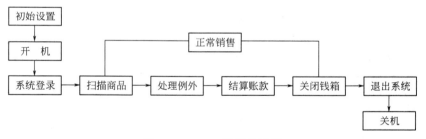

图7-20　POS机操作流程

[例7-5]　以下为一大型超市收银员张林在2012年某天的一个工作片段:早上8:30准时到岗开机,将备用金放入钱箱,马上就有一顾客前来结账,顾客购买了以下商品:250ml可乐1瓶、180ml酸奶6瓶、特价饼干670g(原价条形码、收银处8折)、茶花塑料凳子1张(张林扫描该条码后,顾客以不方便带走为由放弃购买),顾客结账时交付一张100元整的人民币。

张林在这一时段的工作主要操作步骤如表7-10所示。

表7-10

步骤	内容	程　序
一	开机	打开电源→开显示器→开主机
二	准备工作	检查是否联网,打印机是否正常打印,显示器是否正常显示,钱箱是否正常弹开

续表

步　骤	内　容	程　　序
三	登录系统	进入系统登录界面→输入收银员编码、密码→确定
四	放入备用金	主菜单→清点钱箱→回车确定→将备用金放入钱箱→输入各种票面的数量→核对总计数→确认
五	正常销售	(1)扫描可乐条形码并核对显示器显示的信息 (2)按下数字键"6"→按下"倍增"键→扫描酸奶条形码并核对信息 (3)按下"价格修正"键→选择修正原因代码→按下"回车确认"键→扫描饼干的打开条形码→录入变动后的价格 (4)录入茶花塑料凳子条形码(凳子太大,不方便扫描条形码)→按下"作废商品"键→回车确认
六	结账	按下"回车确认"键进入结账模式→选择结账方式"现金"→按下"回车确认"键→输入金额"100"→按下"回车确认"键显示器进入找零界面→钱箱弹出后,放入收到的现金,找补零钱→撕下收银小票,与零钱一起递交顾客→关好钱箱

 **拓展阅读**

收银机的发展历程

电子收银机是微电子技术发展及现代化商品流通管理理念和技术发展相结合的产物,经过几十年的飞速发展,目前已成为现代化、自动化商业管理必不可少的基本电子设备之一。

世界上最早的收银机是在1879年,由美国的詹敏斯·利迪和约翰·利迪兄弟制造,其功能只实现营业记录备忘和监督雇佣人的贪污、挪用行为。

到20世纪60年代后期,随着电子技术的飞跃发展,日本率先研制成功了电子收银机(ECR),这是第二代收银机。电子收银机的发明具有划时代的意义,其技术性能和商业功能远远超过原型的机构式现金收款机,具有智能化、网络化多功能的特点,成为在商业销售上进行劳务管理、会计账务管理、商品管理的有效工具和手段。

到20世纪80年代中期,功能强劲的商业专用终端系统(POS)产生,成为第三代收银机,POS与ECR的最大区别在于它有着直接即时入账的特点,有着很强的网上实时处理能力,POS将计算机硬件和软件集成,形成一个智能型的,既可独立工作,也可在网络环境下工作的商业工作站。

我国的收款机起步较晚,但发展迅速。

1984年,原国家商业部引进了3 000台OMRON ECR,陆续在北京、上海等的一些国有大商场开始使用。90年代,四通公司生产出了我国的第一台ECR。POS机则从90年代后期进入市场,大部分都是进口品牌机。到了21世纪初,跨国公司纷纷进入中国市场,国有大型商场超市也纷纷"跑马圈地"扩张,民营企业也大举进入商业零售业。此外,餐饮、医药、图书等许多行业的连锁加盟店犹如雨后春笋般纷纷冒出,这就使收款机迅速得到了普及,目前已成为商业领域中不可或缺的办公设备之一。

随着国家税控的需要,POS系统将向银税一体化方向发展。所谓银税一体化即指集刷卡、税控、收款功能于同一硬件平台，同时处理商业、税务和金融业务，使三个原本相互独立的系统建立起一个良好的信息交换系统。

任务四 防伪税控系统的运用
Mission four

任务描述

了解防伪税控系统的构成，熟悉防伪税控系统的操作流程，熟练使用防伪税控系统。

任务分析

使用防伪税控系统进行开票、抄税、报表打印及申报，能进行防伪税控系统的简单系统维护。

相关知识

一、我国防伪税控系统产生的背景

自1994年1月1日起，我国开始实行以增值税为主体的流转税制。该次增值税改革的重要内容就是增值税实行凭增值税专用发票注明税额抵扣的方法。在这种制度下，增值税专用发票不仅是记载商品或劳务的销售额和增值税税额的财务收支凭证，而且是兼记销货方纳税义务和购货方进项税额的主要依据，还是购货方据以抵扣税款的证明。由于增值税专用发票不仅能作为购销凭证，而且能够抵扣税款，作为少交税的工具，因而一些不法分子在利益的驱使下，采取虚开、代开、伪造专用发票等手段大肆偷逃国家税款，获得不法巨额利益，造成国家税款的大量流失。为了用高科技手段解决利用增值税专用发票偷税骗税，航天信息股份有限公司研制成功了增值税防伪税控系统。

防伪税控系统是集计算机、微电子、光电技术以及数据加密等技术为一体的先进系统。它取消了手工开票的方法，使用防伪税控开票子系统计算机开具增值税专用发票。整个系统以增值税专用发票为核心，从发售发票时的源头控制，发票填开时的防伪与计税到发票抵扣时的识伪，以及增值税专用发票的抄报税等各个环节提供了强有力的监控手段，即通过票源、税源控制和防伪、识伪技术达到对增值税专用发票防伪和税控的双重功效。

二、我国防伪税控系统的组成

（一）我国防伪税控系统由税务端和企业端两大系统构成（图7-21）

企业用户使用的是企业端子系统，因此以下仅对企业端子系统作相关介绍。

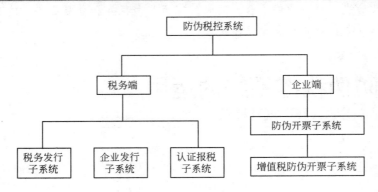

图 7 – 21   防伪税控系统构成

（二）增值税防伪税控开票子系统

目前我国的增值税防伪税控开票子系统采用的是"一机多票"子系统。

所谓一机多票子系统中的"一机"是指一种开票工具，"多票"是指多种发票，因此"一机多票"子系统是指增值税一般纳税人使用一种开票工具，即防伪税控开票系统，同时开具增值税专用发票、增值税普通发票和废旧物资销售发票，并且申报纳税时使用防伪税控的一张税控 IC 卡，同时抄报上述所开各种发票的数据，达到多种发票"一窗式"比对的目的，实现"一机多票"。

一机多票子系统包括企业用户和税务用户两个层次，本书主要介绍的是企业用户层次的一机多票子系统。

一机多票子系统由硬件系统和软件系统组成。

（1）一机多票子系统的硬件一般由防伪税控专用计算机、税控专用打印机、金税卡、IC 卡读卡器、IC 卡组成，如图 7 – 22 所示。

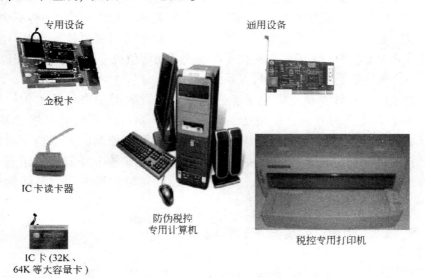

图 7 – 22   防伪税控系统硬件构成

（2）一机多票子系统软件包括操作系统软件和应用软件。操作系统软件使用 Windows 98 第二版以上即可。目前我国使用的应用软件都是航天信息股份有限公司开发的"增值税防伪税控系统开票子系统" 6.10 以上的版本。该系统由系统设置、发票管理、报税处理、系统维护子功能模块构成，如图 7-23 所示。

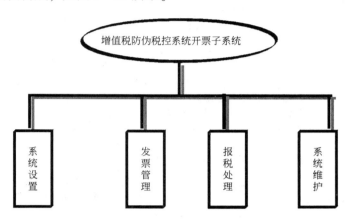

图 7-23　增值税防伪税控系统开票子系统构成

增值税防伪税控系统开票子系统各模块主要功能及操作步骤，如表 7-11 所示。

表 7-11

功能模块	主要功能	功能详解	操作步骤
系统设置	初始设置(初次安装软件时，必须使用该模块进行以下设置)	1. 设置管理员名称及密码	进入系统→系统设置→系统初始化→开始初始化→输入提示信息→确认→初始化成功
		2. 企业税务信息	进入系统→系统设置→系统初始化→企业税务信息→输入提示信息→确认
		3. 结束初始化(此功能是不可逆的操作，一旦使用，系统便进入"正常处理"状态，无法进行某些初始设置工作)	进入系统→系统设置→系统初始化→结束初始化→确认→结束初始化成功
	编码设置(用户将开票时常用的客户编码、商品编码等存入系统内，开票时就可直接选择，从而提高开票的效率)	1. 客户编码	进入系统→系统设置→编码设置→客户编码→数据录入
		2. 商品编码	进入系统→系统设置→编码设置→商品编码→数据录入
		3. 增值税税目编码	进入系统→系统设置→编码设置→税目编码→增值税→数据录入
		4. 发票类别编码	进入系统→系统设置→编码设置→发票类别编码→数据录入
		5. 行政区域编码	进入系统→系统设置→编码设置→行政区编码→数据录入

续表

功能模块	主要功能	功能详解	操作步骤
发票管理	发票领购管理	1. 从 IC 卡读入新购发票	持 IC 卡到税务机关购发票→进入系统→发票管理→发票领用管理→从 IC 卡读入新购发票
		2. 已购发票退回 IC 卡(此功能可将已购入但未使用的发票信息退回到 IC)	进入系统→发票管理→发票领用管理→已购发票退回 IC 卡→选择发票卷→确认
		3. 发票库存查询	进入系统→发票管理→发票领用管理→发票库存查询
	发票开具管理	1. 发票填开(在此菜单下可开正数发票、负数发票和销货清单;查询购方信息时,可以从客户资料编码中选取,也可以直接录入;查询商品信息时,只能从商品编码库中选取)	进入系统→发票管理→发票开具管理→发票填开→发票号码确认→进入"专用发票填开"窗口→填写购方信息→填写商品信息→填写销方信息→打印发票
		2. 已开发票查询	进入系统→发票管理→发票开具管理→已开发票查询→选择月份→选择发票号码→查看明细
		3. 已开发票作废(已报税的发票不能作废,只能填开负数发票冲销;已作废的发票无法取消其作废标志)	进入系统→发票管理→发票开具管理→已开发票作废→选择发票号码→点击作废
		4. 未开发票作废	进入系统→发票管理→发票开具管理→未开发票作废→在弹出的"号码确认"框中点击确认
	票据打印格式设计	1. 发票打印格式	进入系统→发票管理→票据打印格式设计→发票打印格式→选中列表中的发票打印格式模板,单击"设计"→选择发票格式
		2. 销货清单打印格式	进入系统→发票管理→票据打印格式设计→发票清单打印格式选中列表中的一种格式模板,单击"设计→销售清单打印格式"
报税管理	抄报税管理	抄税处理(即是将本期开出的发票信息抄入 IC 卡中;每月 1 日必须抄税,否则无法开票)	进入系统→报税处理→抄报税管理→抄税处理→输入系统维护口令→确认
		发票资料查询打印(可打印本期开具的各种发票的汇总及明细信息)	进入系统→报税处理→抄报税管理→发票资料查询、打印→选择查询条件→打印报表
	金税卡管理	金税卡状态查询	进入系统→报税处理→金税卡管理→金税卡状态查询
		金税卡口令设置	进入系统→报税处理→金税卡管理→金税卡口令设置→输入信息→确认
		金税卡时钟设置(此项功能主要用于校正金税卡时钟为北京标准时间,不得随意修改,否则容易造成硬盘数据库中的数据不准确;在执行此功能前,必须先持 IC 卡到税务部门获得修改金税卡时钟的"授权",然后才能执行该功能)	进入系统→报税处理→金税卡管理→金税卡时钟设置→输入信息→确认

续表

功能模块	主要功能	功能详解	操作步骤
系统维护	数据整理	1. 数据文件整理（创建或重建系统数据库所有索引文件，同时删除不必要的临时文件以及系统数据库中的冗余数）	进入系统→系统维护→数据整理→数据文件整理
		2. 系统文件检查	进入系统→系统维护→数据整理→系统文件检查
	数据备份	1. 备份目录管理	进入系统→系统维护→数据备份→备份目录管理→备份目录设置→退出存盘
		2. 自动备份设置	进入系统→系统维护→数据备份→自动备份设置→设置备份条件→确认生效
		3. 数据备份（此功能将当前工作目录的所有数据复制到某个指定的硬盘备份目录中，属于非自动备份）	进入系统→系统维护→数据备份→选择备份目录→双击选择的备份目录或点击工具栏的"选择"进行数据备份
		4. 数据恢复（此功能可将指定的硬盘备份目录中的所有数据文件复制到当前工作目录，并重建所有索引文件）	进入系统→系统维护→数据备份→数据恢复→选择备份目录→双击选择的备份目录或点击工具栏的"选择"进行数据恢复
	操作员管理	1. 操作员管理	进入系统→系统维护→操作员管理→设置操作员→退出存盘
		2. 菜单信息管理	进入系统→系统维护→操作员管理→菜单信息管理→通过双击编辑数据→退出存盘

三、发票真伪的识别

发票，是指在购销商品，提供或者接受服务以及从事其他经营活动中，开具、收取的收付款项凭证。现行税制发票按监管机构不同分为国税发票和地税发票两种，按功能不同分为普通发票和增值税专用发票两类。为了加强发票管理和财务监督，保障国家税收收入，维护经济秩序，国家对发票有严格的管理制度和措施。《发票管理办法》规定："购买、窝藏、使用假发票，处八千元以上一万元以下罚款"。因此作为财经从业人员必须具备识别发票真伪的技能。

（一）什么是假发票

只要具备下列之一者，即为假发票：一是发票本身是假的；二是发票是真的，但开票人（开票单位）是假的；三是发票是真的，但发票购买者与开票人（开票单位）不一致。

（二）如何识别发票的真伪

1. 物理鉴别方法

真假对照法。将可疑发票与真发票进行对照，仔细观察两种发票在纸张、字体、油墨等方面的差异。

（1）"重庆市国家税务局通用机打发票"的识别方法：一是观察水印图案是否为"税徽＋重庆国税"；二是观察发票背面有一条2～4mm宽度的桃红色线条，加热至42℃以上，桃红色消失，降温后恢复；三是用紫光灯照射桃红色线条，会出现一条荧光线。

（2）"重庆市国家税务局通用手工发票"的识别方法是：观察水印图案是否为"税徽＋重庆国税"，对着自然光观察，税徽为白水印，"重庆国税"为黑水印。在深色背景下，白水印会变为黑水印，黑水印变为白水印。

（3）假发票纸张较为光滑、硬、脆，菱形水印透过光线好像用实线描画成，无通透感，从纸张背面看，菱形标志的线条有外力压制痕迹。油墨色泽暗淡偏差较大。字迹模糊不清、字间距不成比例、粗制滥造。

（4）如果发票没有代码，或者发票专用章印迹模糊不清无法辨认，或者发票专用章的名称与店名不一致，或者非定额发票防伪标志过于明显，这些都有可能是假发票。

2. 专业鉴别方法

（1）网站查询。可以通过互联网登录主管的省、自治区、直辖市税务机关网站，访问发票查询栏目，根据网站的提示输入发票的发票代码和发票号码就可以迅速查询手中发票的真伪以及此发票的开具单位。在查询时应在发票管辖的税务机关网站中查询，比如查询重庆某公司开具的建安发票应登录重庆市地税局网站查询，若查询重庆某公司开具的增值税发票则应登录重庆市国税局查询。

（2）电话查询。可拨打发票管辖地的税务服务热线"12366"查询。

（3）求助税务专业人员查询。某些特殊发票（如冠名发票）目前还不能通过以上两种方式查询，若要确认其真伪，只有携带发票到发票管辖的税务机关求助税务专业人员查询。

 关键词（中英文对照）

打印机（Printer）   POS 系统（POS System）

打印（Type）   收银（Cashier）

多功能一体机（Multi-functional Integrated Machine）   防伪税控系统（Anit-counterfeit Fax Audit System for Vat）

复印（Copy）   增值税（VAT）

传真（Fax）   开票（Invoice or Make out an Invoice）

科学计算器（Scientific Calculator）   报税（Tax）

统计（Statistics）

 **项目训练**

训练一　相关知识

一、选择题

1. 打印机按打印原理分为（　　）。

A．针式打印机   B．喷墨打印机   C．激光打印机   D．热转换打印机

2. 打印发票必须使用（　　）。

A．针式打印机   B．喷墨打印机   C．激光打印机   D．热转换打印机

3. 取消打印任务的方法有（　　）。

　　A. 使用打印队列　　　B. 使用控制面板　　　C. 关闭打印机电源　　　D. 关闭计算机电源

4. 传真发放和接收的方式有（　　）。

　　A. 自动　　　　　　　B. 手动

5. 科学计算器的功能有（　　）。

　　A. 简单计算　　　　　B. 函数计算　　　　　C. 科学计算　　　　　D. 数制的转换

6. POS 系统的外围设备有（　　）。

　　A. 打印机　　　　　　B. 条码阅读器　　　　C. 磁卡阅读器　　　　D. 密码键盘

7. 目前商业 POS 系统若要完成转账结算，还需借助于（　　）实现。

　　A. 金融 POS 系统　　B. 键盘　　　　　　　C. 网络　　　　　　　D. 手工

8. 目前已实施的企业端防伪税控系统是（　　）。

　　A. 税务发行子系统　　　　　　　　　　B. 企业发行子系统

　　C. 认证报税子系统　　　　　　　　　　D. 增值税防伪税控开票子系统

二、判断题

1. 多功能一体机的打印、复印、扫描、传真等功能都可通过控制面板上的按键实现。（　　）

2. 多功能一体机就是打印机、复印机、传真机的简单组合。（　　）

3. 按下科学计算器中的"SHIFT"键，表示键将进入黄色符号所标识的功能。（　　）

4. 按下科学计算器中的"ANS"键，可调出最近一次的计算结果。（　　）

5. 按下科学计算器中的"MODE"键，选择"3"，计算器进入统计模式。（　　）

6. POS 机使用的前提是将商品进行编码，而且编码唯一。（　　）

7. 防伪税控系统通过票源、税源控制和防伪、识伪技术达到对增值税专用发票防伪和税控的双重功效。（　　）

8. 一机多票开票子系统可以同时开具增值税专用发票、增值税普通发票和废旧物资销售发票。（　　）

训练二　技能实训

一、以下为一商场财务部 2012 年某日营业结束后各柜组交来的现金清单，请用科学计算器完成该清单

现金清单

券别	日化	童装	男装	女装	文具	合　计
	张(枚)数	张(枚)数	张(枚)数	张(枚)数	张(枚)数	
100 元	29	25	18	45	46	
50 元	52	93	41	27	79	
20 元	84	51	65	17	45	
10 元	79	28	89	63	49	
5 元	21	56	27	71	26	
2 元	42	47	36	41	51	
1 元	64	39	73	57	69	
5 角	58	65	96	19	37	
1 角	77	76	57	42	58	
合计金额						

二、以下为重庆万达公司 2012 年 2 月部分经济业务，请使用增值税防伪税控开票系统处理相关事项

（1）2 月 2 日，去税务机关购入增值税专用发票 10 份，增值税普通发票 5 份；

（2）2 月 3 日，上月已开具并申报的重庆海联公司发票由于结算单价有错，现需开负数发票冲销，并按正确的单价重开；

（3）2 月 7 日，向重庆秋林公司开具增值税普通发票；

（4）2 月 8 日，向重庆三利公司开具增值税专用发票；

（5）2 月 18 日，向重庆华丰公司开具增值税专用发票，其中有一项产品为新产品；

（6）2 月 28 日，抄报本月增值税信息并打印销项税报表。

项目八
会计档案整理

项目介绍

　　会计信息是会计工作的最终成果，而会计凭证、账簿、报表等会计档案是记录会计信息的重要载体，为保证会计信息的真实可靠性及连续性，必须要及时对会计档案进行归档并依法妥善保管。

学习目标

　　能识别判断会计档案，掌握会计凭证的整理和装订的技能和技巧，掌握会计账簿及会计报表的归档。

教学导航

　　教学指引：本项目的内容均为实践操作性的内容，在教学中主要采用现场演示的方法，在演示中强调各任务的操作要点。

　　学习引导：本项目学习的关键是实践操作。主要的学习方法是通过观察教师的演示，了解各会计档案的归档方法，并通过实践练习掌握各档案的归档方法。

教学准备

　　会计凭证，会计账簿，会计报表，凭证封面、封底，会计账簿封面、封底，会计报表封面、封底，装订机，剪刀，装订线，钢针，胶水，密封装订线用的牛皮纸等，其中的装订线、胶水等工具要符合档案用的要求。

RAPIDESIGN

任务一 会计凭证归档
Mission one

任务描述

了解会计档案的构成，掌握会计凭证的归档流程和方法。

任务分析

整理会计凭证、装订会计凭证、准确填写会计凭证封面。

任务实施

一、会计档案概述

会计工作的结果是会计信息，而会计档案是记录会计信息的重要载体之一。所谓会计档案是指会计凭证、会计账簿和财务会计报告等会计核算专业材料，它是记录和反映单位经济业务的重要史料和证据，具体包括：

（1）会计凭证类，包括原始凭证、记账凭证、汇总凭证和其他凭证。

（2）会计账簿类，包括总账、明细账、日记账、固定资产卡片账、辅助账簿和其他会计账簿。

（3）财务会计报告类，包括月度、季度、半年度和年度财务会计报告，具体包括财务报表、附注及文字说明、其他财务报告。

（4）其他会计资料，包括银行存款余额调节表、银行对账单、其他应当保存的会计核算专业资料、会计档案移交清册、会计档案保管清册、会计档案销毁清册。实行会计电算化单位存储在磁性介质上的会计数据、程序文件及其他会计核算资料均应视同会计档案一并管理。

会计档案是企业重要的史料和证据，财政部、国家档案局联合发布了《会计档案管理办法》。在《会计档案管理办法》中明确要求：各单位每年形成的会计档案，都应由会计机构按照归档的要求，负责整理立卷，装订成册，编制会计档案保管清册。

二、会计凭证归档的流程

会计凭证归档的流程如图 8 - 1 所示。

图 8 - 1　会计凭证归档流程

三、整理会计凭证

（1）将会计凭证分类整理，每类按序号排列，检查日期、编号是否齐全。

（2）摘除凭证内的金属物（如订书钉、大头针、回形针等）。

原始凭证应附在记账凭证后面，对于纸张面积过小的原始凭证，可先按一定次序和类别排列，再粘贴在一张同记账凭证大小相同的白纸上，粘贴时宜用胶水；对于纸张面积略小于记账凭证的原始凭证，直接用大头针或回形针别在记账凭证的后面；对于纸张面积大于记账凭证的原始凭证，可按记账凭证的面积尺寸，先自右向后，再自下向后两次折叠。注意应把凭证的左上角或左侧面让出来，以便装订后还可以展开查阅；原始凭证较多时可单独装订，但应在凭证封面注明所属记账凭证的日期、编号和种类，同时在所属的记账凭证上应注明"附件另订"及原始凭证的名称和编号，以便查阅。

（3）整理检查凭证顺序号。如有颠倒要重新排列，发现缺号要查明原因并补充完整，如果是作废凭证，应将会计凭证打印并装订，保证序号的完整。检查附件是否漏缺，如领料单、入库单、工资、奖金发放单是否齐全。

（4）检查记账凭证上有关人员（如复核、记账、制单等）等签名是否齐全。

（5）按凭证的多少确定凭证的册数，若当月凭证过多，可分成几册装订；若凭证过少，可几个月装订成一册。一般每册凭证的厚度在 1.5～2cm。在每册第一张凭证的上方从下往上依次放上记账凭证汇总表、凭证封面及包角纸（用于包角，根据凭证厚度确定大小）；在凭证的最下方放上凭证封底（抽出凭证登记表）。

（6）将每册凭证以左边缘和上边缘为齐蹴齐，然后用大夹子把上边缘和左边缘夹住，但应把左上角留出来，以便打孔。

四、装订会计凭证

会计凭证常用的装订方法有"两孔包角法"和"三孔包角法"两种，这两种方法差不多，只是打孔的个数不同而已。

1. 打孔

在凭证的左上角适当的位置打三个（或两个孔），如图 8－2 所示。如果打孔离边缘太

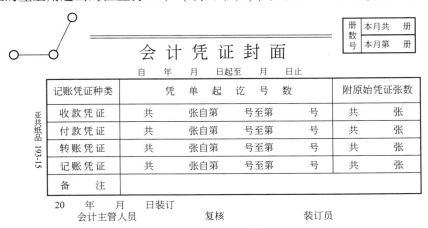

图 8－2　会计凭证装订打孔

近，可能会装订不牢，如出现左右摆动等现象；离边缘太远（太靠中间）又会把凭证里的字订住，不便于阅读。

2. 穿线

用装订线将各孔连接起来，保证凭证的上边缘、左边缘均用线封住，就是常说的"循环走线法"。无论从正面还是背面看每两个孔之间均有线连接。为了在穿好线后，在凭证的背面打结，起针应该从凭证的背面开始。

3. 包角密封

将最上面的包角纸向后折，剪去多余的部分，并用胶水粘住，以密封装订线。

4. 在包角纸与凭证封面交接处盖上齐缝章

5. 每本封面上填写好凭证种类、起止号码、凭证张数、会计主管人员和装订人员签章

五、编号

在每册会计凭证封面上写上册数编号。会计凭证册数编号的方法有两种，一种是在年度内拉通按顺序编制，如一月装订了两本凭证，则这两本凭证的册数号分别为第一册、第二册，二月凭证的册数号则应从第三册开始编制。第二种方法是用带分数的方法表示，带分数中的整数表示凭证所属的月份，真分数中的分母表示该凭证的总册数，分子则表示该本凭证的分册数。如一月装订了两本凭证，则这两本凭证的册数编号分别为 $1\frac{1}{2}$、$1\frac{2}{2}$。

六、装盒

按会计凭证的排列顺序，依次将凭证装入凭证盒内。一盒可装一册或数册，填写凭证盒封面、盒脊（图8-3）等内容。

会计凭证归档完毕后，就作为会计档案的一部分按会计档案管理办法进行保管了。

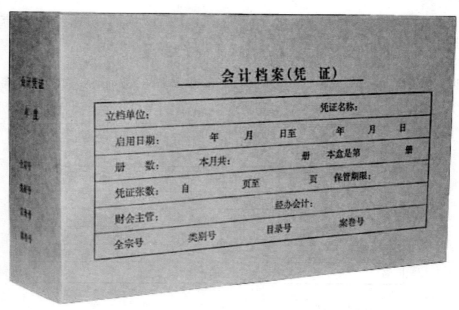

图8-3 会计凭证档案盒

七、会计凭证的保管

会计凭证的保管主要有下列要求：

（1）会计凭证不得外借，其他单位如有特殊原因确实需要使用时，经本单位会计机构负责人、会计主管人员批准，方可调档、借阅，提供复印件。向外单位提供的原始凭证复制件，应在专设的登记簿上登记，并由提供人员和收取人员共同签名、盖章。

（2）严格遵守会计凭证的保管期限要求，期满前不得任意销毁。会计凭证的保管期限和销毁方法，必须严格按照国家会计法规、会计制度的有关规定执行。对于一般的会计凭证，保管期限为15年，银行对账单为5年。对于重要的会计凭证，如涉外业务凭证，按照国家法规应长期保存。对于保存期满的会计凭证必须开列清单，经本单位负责人审批后，方可销毁。

 拓展阅读

企业会计档案保管期限，如表8-1所示。

表8-1　企业会计档案保管期限表

序号	档 案 名 称	保管期限	备　　注
（一）	会计凭证类		
1	原始凭证	15年	
2	记凭账证	15年	
3	汇总凭证	15年	
（二）	会计簿类		
4	总账	15年	包括日记总账
5	明细账	15年	
6	日记账	15年	现金和银行存款日记账保管25年
7	固定资产卡片		固定资产投资清理后保管5年
8	辅助账簿	15年	
（三）	财务报告类		包括各级主管部门汇总财务报告
9	月、季度财务报告	3年	包括文字分析
10	年度财务报告(决算)	永久	包括文字分析
（四）	其他类		
11	会计移交清册	15年	
12	会计档案保管清册	永久	
13	会计档案销毁清册	永久	
14	银行余额调节表	5年	
15	银行对账单	5年	

任务二 会计账簿归档
Mission two

 任务描述

了解常见的企业会计账簿体系，掌握会计账簿的归档流程和方法。

 任务分析

整理会计账簿、分类装订会计账簿

 任务实施

一、会计账簿的体系

会计账簿是指由一定格式、相互联系的账页组成，以经过审核的会计凭证为依据，全面、系统、连续地记录各项经济业务的簿籍。会计账簿也是会计档案的重要组成部分。

不同外观和账页格式的会计账簿作用不同，企业根据用途不同设置各种类型的账簿。常见的企业账簿体系如表 8-2 所示。

表 8-2 常见的企业账簿体系

账簿类别	外观格式	账页格式	登记方法	设置要求	设置账户
日记账	订本式	三栏式	逐日逐笔	必须设置	库存现金、银行存款
总分类账	订本式	三栏式	根据科目汇总表汇总登记	必须设置	所有账户
明细分类账	活页式	不同账户账页格式不同	逐笔登记	根据企业实际情况自行确定	一般情况下，往来类、实物类、成本费用类需设置

二、会计账簿的更换要求

大多数的会计账簿在一个会计年度结束后，都应结束旧账，更换新账簿。总账、日记账和大多数明细账应每年更换一次，固定资产明细账、备查账簿可以不用每年更换，可以跨年连续使用。

结束的旧账簿应作为会计档案进行归档保管。

三、会计账簿的装订和保管

（一）会计账簿装订前的准备工作

（1）按规定进行年度结账。若是订本式账簿则保持账簿的完整性，不能把空白账页取下或撕下，只需在空白页和空白栏划线注销，并盖上（写上）此页（行）空白的印章（字样）即可；若是活页式账簿，则将空白页和账夹取下，并在空白栏处划线注销，盖（写）上此行空白的印章（字样）。

（2）按账簿启用表的使用页数核对各个账户是否相符，账页数是否齐全，序号排列是否连续。

（二）会计账簿的装订

（1）若是订本式账簿，则不需再装订，整理好后即可进入保管程序。

（2）若是活页式账簿，在账簿的最上面加上会计账簿封面，然后按封面、账簿启用表、账户目录、该账簿按页数顺序排列的账页的顺序整理并装订。

（三）账簿装订后的其他要求

（1）会计账簿应牢固、平整，不得有折角、缺角、错页、掉页、加空白纸的现象。

（2）会计账簿的封口要严密，封口处要加盖有关印章。

（3）封面应齐全、平整，并注明所属年度及账簿名称、编号，编号为一年一编，编号顺序为总账、现金日记账、银行存（借）款日记账、分类明细账。

（4）会计账簿按保管期限分别编制卷号，永久保管的财务报告按年度顺序依次排列。定期保管的会计账簿、财务报告及其他类会计档案，按年度顺序依次排列，同一年内按保管期限从高至低排列，也可区分保管期限按年度顺序排列。

（四）会计账簿的保管

会计账簿与会计凭证及会计报表一样，都是重要的会计档案，按照会计制度统一的保管年限妥善保管，不得丢失和任意销毁。

会计人员应在年度终了，将各种账簿装订成册统一编号后，归档保管。会计账簿暂由本单位财务会计部门保管一年，期满之后，由财务会计部门编造清册移交本单位的档案部门保管。

任务三 会计报告及其他会计资料归档
Mission three

任务描述

了解财务会计报告的类别，掌握财务会计报告的归档方法。

任务分析

整理并装订年度财务会计报告会计凭证、整理并装订月度财务会计报告。

任务实施

财务会计报告是指企业对外提供的反映企业某一特定日期的财务状况和某一会计期间的经营成果、现金流量等会计信息的文件。在实践中，财务会计报告按编报的时间不同分为月度（季度）财务会计报告和年度财务会计报告。一般而言，月度（季度）财务会计报告仅包括资产负债表、利润表和现金流量表，而年度财务会计报告则包括会计报表及其附注和其他应当在财务会计报告中披露的相关信息和资料（至少包括财务情况说明书）。

一、年度财务会计报告的归档

（一）年度财务会计报告的整理

会计年度终了，先按以下顺序整理年度财务会计报告：封面；财务情况说明书；会计报表及报表附注；封底，如图8-4所示。

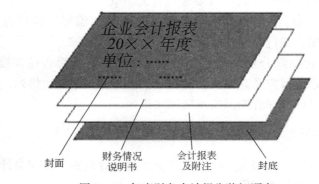

图8-4 年度财务会计报告装订顺序

（二）装订年度财务会计报告

（三）年度财务会计报告归档

把若干年的年度报告按时间顺序装订在一起组成一卷，编制页码及目录。在档案盒的背面填写全宗号及案卷号，将档案装盒入柜，归档的顺序如图8-5所示。

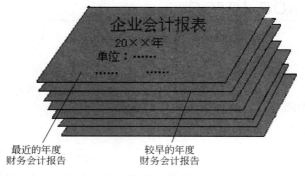

图8-5 年度财务会计报告归档的顺序

二、月（季）度财务会计报告的归档

（1）每个月的财务报表按以下顺序整理装订：封面；会计报表；封底。

（2）将年内各个月份的报表按时间顺序装订在一起组成一卷，编页码及目录；与年度财务报告类似，时间最近的放上面，较早的放下面。

（3）在档案盒的背面填写全宗号及案卷号，将档案装盒入柜。

三、其他会计资料归档

其他会计资料包括财务收支计划；工资计算表；银行存款余额调节表和银行对账单；经济活动分析报告、审计报告；比较重要的经济合同等。这些资料不需全部移交档案部门，有的在一个很长的时期内由财会部门保存，这就需要认真筛选，把收集起来的这些资料，逐件进行鉴别，将需移交档案部门保管存放的，另行组卷装订，按要求移交。

一般来说，其他会计资料应按照银行存款余额调节表和银行对账单类，财务收支计划类，重要合同类，会计档案保管清册和会计档案销毁清册类，会计档案移交清册和查阅登记清册类，增设或合并会计科目说明、会计科目名称对比明细表、会计印章启用交接封存或销毁材料类，财产清查类，经济活动分析、审计报告类等其他应保存的会计核算专业资料的顺序整理立卷，类内按照时间顺序，分册或合并装订，并编制年度案卷总序号。

总之，会计资料的收集整理要规范化。卷脊、封面的内容要按统一的项目印制、填写，封面、盒、袋要按统一的尺寸、规格制作，做到收集按范围，整理按规范，装订按标准。

 拓展阅读

一、会计档案的保管

当年形成的会计档案，在会计年度终了后，可暂由本单位会计机构保管1年。期满之后，应由会计机构编制移交清册，移交本单位的档案机构统一保管；未设立档案机构的，应当在会计机构内部指定专人保管。出纳人员不得兼管会计档案。

移交本单位档案机构保管的会计档案，原则上应当保持原卷册的封装。个别需要拆封重新整理的，档案机构应当会同会计机构和经办人员共同拆封整理，以分清责任。

二、会计档案的查阅和复制

各单位保存的会计档案不得借出。如有特殊需要，经本单位负责人批准，可以提供查阅或者复制，并办理登记手续。

外部借阅会计档案时，应持有单位正式介绍信，经会计主管人员或单位领导人批准后，方可办理借阅手续；单位内部人员借阅会计档案时，应经会计主管人员或单位领导人批准后，办理借阅手续。借阅人应认真填写档案借阅登记簿，将借阅人姓名、单位、日期、数量、内容、归期等情况登记清楚。借阅会计档案人员应妥善保管会计档案，严禁在会计档案上涂画、拆封和抽换。

三、会计档案的销毁

对于保管期满的会计档案需要销毁时，由本单位档案机构提出销毁意见，与财会部门共同鉴定、审查，编制会计档案销毁清册，单位负责人应当在会计档案销毁清册上签署意见。

对于保管期满但未结清的债权债务原始凭证和涉及其他未了事项的原始凭证，不得销毁，应单独抽出立卷，由档案部门保管到未了事项完结时为止。单独抽出立卷的会计档案应当在会计档案销毁清册和会计档案保管清册中列明。

正在项目建设期间的建设单位，其保管期满的会计档案不得销毁。

销毁会计档案时，应由单位档案机构和会计机构共同派员监销。

监销人在销毁会计档案前，应当按照会计档案销毁清册所列内容清点核对所要销毁的会计档案；销毁后，应当在销毁清册上签名盖章，并将监销情况报告本单位负责人。

——摘自《会计档案管理办法》

关键词（中英文名词对照）

会计档案　Financial　Files

会计凭证　Accounting Documents

整理装订　Collation and Binding

归档　Put on Files

项目训练

训练一　相关知识

一、选择题

1. 会计档案包括（　　　）。

A. 会计凭证　　　　　B. 会计账簿　　　　　C. 购销合同　　　　　D. 财务会计报告

2. 会计凭证的保管期限是（　　　）。

A. 5 年　　　　　B. 10 年　　　　　C. 15 年　　　　　D. 暂时

3. （　　　）账簿可跨年连续使用而不用每年更换。

A. 现金日记账　　　　　　　　　　　B. 总分类账

C. 应收账款明细账　　　　　　　　　D. 固定资产明细账

二、判断题

1. 会计账簿装订时将空白账页取下另存。（　　　）

2. 为方便查阅，应将一年内的月度、季度、年度财务会计报告装订成一卷，统一编号保管。

3. 会计档案保管期满，档案保管人员可以自行销毁。（　　　）

4. 为方便会计人员查阅会计档案，会计人员可自行保管本人经管的会计档案。（　　　）

训练二　技能训练

会计凭证、会计账簿和会计报告的整理与装订，填写装订后的会计档案封面。

提示：各个教学院校可以利用学生在校内集中实训的会计资料，作为会计档案装订保管的原始材料。

附 录

"会计职业技能"课程学时分配建议

序号	项目名称	学时分配
1	会计文字读写	4
2	会计计算	18
3	钞票点验	8
4	票据运用	16
5	结算方式运用	8
6	会计小键盘录入	8
7	常用办公设备操作	8
8	会计档案整理	4
合　计		74

参 考 文 献

[1]　戚素文 . 会计基本技能 [M]. 北京：中国科学出版社，2005.

[2]　杨印山 . 会计基本技能 [M]. 北京：中国人民大学出版社，2010.

[3]　《计算技术》编写组 . 计算技术 [M]. 北京：中国财政经济出版社，1991.

[4]　朱圻贤 . 会计基本技能 [M]. 北京：经济科学出版社，2010.

[5]　张筱仲 . 计算技术 [M]. 北京：中国财政经济出版社，1998.

[6]　郭启庶 . 会计基本技能 [M]. 北京：中国财政经济出版社，2011.

[7]　姚克贤 . 珠算教程 [M]. 大连：东北财经大学出版社，1994.

[8]　赵孝廉 . 会计基本技能 [M]. 北京：中国财政经济出版社，2010.

[9]　张成武 . 计算技术 [M]. 北京：中国商业出版社，1994.

[10]　高翠莲 . 出纳业务操作 [M]. 北京：高等教育出版社，2011.

[11]　汪正明 . 计算技术 [M]. 合肥：中国科学技术大学出版社，1998.

[12]　姚珑珑 . 计算技术 [M]. 大连：东北财经大学出版社，2000.

[13]　曹先海 . 计算技术习题集 [M]. 合肥：安徽省新闻出版局，1995.

[14]　中国人民银行 . 中华人民共和国票据法实用图解 [M]. 北京：新华出版社，1995.

[15]　中国人民银行支付结算管理办公室 . 支付结算汇编 [G]. 北京：新华出版社，2002.

[16]　中国人民银行总行 . 正确填写票据和结算凭证的基本规定 .

[17]　财政部，国家档案局 . 会计档案管理办法 .1998.

[18]　财政部 . 会计基础工作规范 . 财会字 [1996] 19 号 .